Reinmar Tschirch

Bibel für Kinder

Die Kinderbibel
in Kirche, Gemeinde,
Schule und Familie

Verlag W. Kohlhammer
Stuttgart Berlin Köln

Die Deutsche Bibliothek – CIP-Einheitsaufnahme

Tschirch, Reinmar:
Bibel für Kinder : die Kinderbibel in Kirche, Gemeinde, Schule
und Familie / Reinmar Tschirch. – Stuttgart ; Berlin ; Köln :
Kohlhammer, 1995
    ISBN 3-17-013093-5

Umschlagabbildung:
Annegert Fuchshuber: „Versuchung Jesu".
Aus: W. Laubi/A. Fuchshuber, Kinderbibel.
© Verlag Ernst Kaufmann, Lahr

Umschlag: Data Images
            audiovisuelle Kommunikation GmbH
Gesamtherstellung:
W. Kohlhammer Druckerei GmbH + Co. Stuttgart
Printed in Germany

Inhaltsverzeichnis

Vorwort

> Mit den Märchen geht's wohl jedem so, daß er sie in den Flegeljahren
> verächtlich in den Winkel der Kinderstube wirft, um sie zeitlebens
> nicht mehr aufzuheben, und manchem auch mit der *Bibel*. Er hat sie
> beiseite gelegt, als er an Gott zu zweifeln begann, und seit damals, da
> sie ihm nicht mehr das heilige Buch schien, war sie ihm überhaupt
> keines mehr. Nie schlägt er sie vielleicht mehr auf, obzwar er tausend
> und tausend andere liest, und vergißt, daß dieses Buch auch neben der
> Religion schön ist und auch jenseits des Glaubens heilig als eines der
> edelsten Kunstwerke der Welt.
>
> Stefan Zweig[1]

Diesen Vorspruch las ich in einer heutigen Bibelausgabe. Zu meiner Kinderstube gehört die Erinnerung an eine verlorene Kinderbibel: Nur einige
Bilder daraus zeigen sich noch vor meinem inneren Auge. Aber so zart auch
nur sich diese Erinnerungsspur darstellen mag, ich spüre: Meine Geschichte
mit der Bibel und mit dem Glauben und – nicht zuletzt – mit der Theologie
beginnt mit diesem Buch in Kindertagen.
Und nach vielen Jahren des Studiums, der inneren Auseinandersetzung und
des pastörlichen Umgangs mit der Bibel bin ich in der letzten Zeit an den
Anfang zurückgekehrt: zur Kinderbibel. Gewiß – Kinderbibeln heutzutage
sehen sehr anders aus als das alte Buch, in dessen schon vergilbten und am
Rande ausgefransten Seiten ich damals gelesen und Bilder geschaut habe.
Bunter sind sie geworden und zahlreicher allemal! Es ist lange her, daß ich
als Erwachsener wieder zu einer Kinderbibel gegriffen habe – diesmal für
Kinder. Und erst allmählich habe ich gemerkt, daß eine Kinderbibel nicht
wie die andere ist. Und daß es wichtig sein könnte, welche Art Kinderbibel
für Kinder am Beginn ihrer Geschichte mit diesem Buch steht. Denn damit
könnte zu tun haben, daß viele als Heranwachsende sie „in den Winkel der
Kinderstube geworfen haben, um sie zeitlebens nicht mehr aufzuheben", wie
Stefan Zweig davon gesagt hat.
Und dann zeigte sich mir ein Tatbestand, der mich mehr und mehr in Er-
staunen versetzte: Daß – so verbreitet und so wichtig die Kinderbibel unter
uns ist – sie offensichtlich kein Thema darstellt, mit dem Theologen und
Religionspädagogen sich ausdrücklich beschäftigen: Offensichtlich benutzt
man sie schlicht oder benutzt sie auch nicht. Und welche – das scheint eher
eine Geschmacksfrage zu sein – mehr nicht.
Aber die Verantwortung, die man mit diesem Buch gegenüber Kindern hat,
muß dazu zwingen, genau hinzuschauen und genau zu lesen: Was ist es, was
dem Leser da als biblische Botschaft vermittelt wird? Da ist manches, was

---

[1] Zitiert in: Die Bibel. Eine Auswahl der schönsten Geschichten und Dichtungen. Zürich: Diogenes Verlag 1993 S. 1

man nicht – wenn man seine theologische und pädagogische Aufgabe ernst nehmen möchte – hinüberbringen kann zum kindlichen Leser. Und da ist vieles, was hilft und anregt, wenn man Kindern die Bibel in ihre Sprache, in ihre Welt hinein „übersetzen" will.

Darauf bin ich aufmerksam geworden. Aufmerksam geworden durch Erfahrungen, die ich mit Kindern gemacht oder von ihnen gelesen habe. Durch Gespräche mit LehrerInnen, ErzieherInnen, PfarrerInnen, Eltern und vielen andern. Und so möchte ich wiederum andere darauf aufmerksam machen: Aufmerksam und gespannt. Denn in einem guten Kinderbuch läßt sich auch für Erwachsene Wichtiges und Interessantes entdecken. Vielleicht ist für manchen, der sich aufmerksam mit der Kinderbibel beschäftigt, auch die eine oder andere Entdeckung über die Bibel selbst und über anderes mehr „drin".

Hier ist nun auch der Ort Dank zu sagen denjenigen, die mit ihrem Interesse und ihren Anregungen an der vorgelegten Arbeit ihren besonderen Anteil haben. Dank vor allem meiner Frau Eva: Uns hat ja von Anbeginn in Familie und Gemeindearbeit die Geschichte mit der Kinderbibel – von Anne de Vries bis Werner Laubi, von Hermine Schäfer bis Annegert Fuchshuber – verbunden. Nun – da dieses Thema für mich in den letzten Jahren ausdrücklich wurde, hat sie meine Arbeit daran kritisch und ermutigend begleitet.

Dank gesagt sei Frau Professorin Christine Reents und den Herren Professoren Ulrich Becker und Friedrich Johannsen für kritische Durchsicht dieser Arbeit und fachliche Anregung. Dank schließlich auch dem Fachbereich Erziehungswissenschaften der Universität Hannover, der mir in den letzten Semestern Gelegenheit bot, mit LehrerstudentInnen über Kinderbibeln zu arbeiten und zu diskutieren: Auch daraus ist mancher Gedanke, manche kritische Idee, manch neues Interesse erwachsen. Dank schließlich dem Lektor des Verlages, Herrn Jürgen Schneider, der dem Manuskript den Weg zum Druck eröffnet hat: Es lag bei ihm in wirklich guten Händen.

12

1 Einleitung

Die Bibel – ein Buch für Kinder? Die Praxis zeigt seit eh und je: Ja – sie ist es. Immer neue Autoren und Autorinnen versuchen sich an der Umsetzung der Bibel für die Lesebedürfnisse der Kinder. Ständig bieten Verlage neue Kinderbibel-Bücher an – besonders zum „Jahr mit der Bibel" 1992 ist eine Reihe neuer interessanter Kinderbibel-Ausgaben herausgekommen.[1] Eltern in den Familien, ErzieherInnen in Kindergärten, LehrerInnen in der Grundschule, PfarrerInnen im Kindergottesdienst greifen für ihre Arbeit auf die Hilfe von Kinderbibeln zurück. Die Kinderbibel wird gelesen: Viele Lebensgeschichten mit der Bibel fangen bei einer Kinderbibel, ihren Nacherzählungen und Bildern an. Und sie ist ein Buch, das sich verkauft: In zahllosen Ausgaben unterschiedlichster Qualität finden sich Kinderbibeln in den Auslagen konfessioneller Buchhandlungen, auf den Büchertischen von Kirchengemeinden und selbst in den Buchabteilungen der Kaufhäuser und im Sortiment von Supermärkten. Unser Büchermarkt scheint überzufließen von einem reichhaltigen Angebot an Kinderbibeln.

„Die Bibel können schon kleine Kinder verstehen in ihrer Art,"[2] lautete das Urteil von ERNST BLOCH über das Buch der Bücher: Wie kaum eine andere Religionsschrift der Erde könne sie überall gelesen und auch verstanden werden. „Ist die Bibel ein Buch für Kinder?", fragte dagegen die holländische Pastorin JOHANNA KLINK: „Ein Erwachsenenbuch für Kinder: Es ist eigentlich merkwürdig, daß man daraus nie oder kaum ein Problem gemacht hat."[3] Ihre Anfrage galt dabei keineswegs nur im Hinblick auf die unter Erwachsenen gebräuchliche Vollbibel. Sie zielte vielmehr gerade auch auf die Menge von Kinderbibel-Ausgaben.[4] Denn obgleich in Kindergärten und

---

[1] Der kommentierte Katalog „Neuere Kinderbibeln" des Schweizerischen Jugendbuch-Instituts zählte 1989 allein 42 ganze Bibelausgaben, die sich mühelos auf über 50 ergänzen ließen, daneben Bibelteile und Bücher zu einzelnen Bibelgeschichten. – Die deutschsprachige Ausgabe der bekannten Kinderbibel von Anne de Vries hat seit 1954 eine Gesamtauflage von 1,65 Millionen. Dem entspricht eine Verkaufszahl pro Jahr von ca. 40.000 Exemplaren!

[2] In: HANS JÜRGEN SCHULTZ (Hg): Sie werden lachen – die Bibel. Erfahrungen mit dem Buch der Bücher. München: Deutscher Taschenbuch Verlag 1985 S. 56.

[3] JOHANNA KLINK, 1978 S.7. Schon der Pädagoge CHRISTIAN GOTTHILF SALZMANN hat sich in seiner Schrift: „Über die wirksamsten Mittel, Kindern Religion beizubringen" (1780) mit dieser Frage befaßt. Er kam zu dem Schluß: „Die biblische Geschichte halte ich zur ersten Unterweisung der Kinder für unbrauchbar." (Zit. nach WOLFGANG PHILIPP (Hg) S.336. s. u. Kap.9.1.1 S. 177.)

[4] „Trotz des großen Angebots an Kinderbibeln gibt es nur sehr wenige wirklich brauchbare Ausgaben", urteilt WOLFGANG LANGER (in: GOTTFRIED BITTER und GABRIELE MILLER (Hg): Handbuch religionspädagogischer Grundbegriffe Bd.1 München: Kösel Verlag 1986 S.284); dies allerdings ohne für sein Urteil entsprechende Kriterien anzu-

Schulen viele ansprechende Bibelausgaben für Kinder und Lehrbücher für den Religionsunterricht mit biblischen Lesestücken in Gebrauch sind, ist dennoch Tatsache: die Bibel ist heute für viele – eben auch für viele Erwachsene – ein schwieriges, verschlossenes, unvertrautes Buch. Kenntnisse über Bibel kann man außerhalb von bewußt christlich orientierten Familien kaum voraussetzen. Und nur eine Minderheit der Bevölkerung zählt dies Buch zur persönlichen Lektüre.[5]

Der weiten Verbreitung und dem ungeminderten Gebrauch von Kinderbibeln zum Trotz ist das Thema „Kinderbibel" in der Theologie und hier speziell auch in der Religionspädagogik schwach vertreten, wie ein Blick in die Fachliteratur zeigt[6]. Die Religionspädagogik – seit jeher sehr stark auf Schule und Konfirmandenunterricht zentriert – befaßt sich wohl intensiv mit den Problemen der Vermittlung biblischer Stoffe an Kinder (Stichwort „Bibel im Unterricht" und „Biblisches Erzählen"); aber das Medium „Kinderbibel" ist dabei weitgehend ausgespart. Gemessen etwa an der Aufmerksamkeit, die der Revision des Luthcrbibeltextes seinerzeit in der kirchlichen Öffentlichkeit bei Theologen und Nichttheologen zukam, findet das Problem, wie man Kindern biblische Stoffe im Medium der Buchgattung „Kinderbibel" in ihre Sprache „übersetzt", in ihr Denken hinein vermittelt, keineswegs die Beachtung, die ihm angemessen wäre. Weder ist die Übersetzungsarbeit, die Kinderbibeln in Illustration und Textgestaltung leisten, theologisch hinreichend reflektiert noch ist deren Wirkung auf das lesende Kind systematisch untersucht. AutorInnen wie BenutzerInnen von Kinderbibeln

---

geben: Woran entscheidet sich die Brauchbarkeit von Kinderbibeln? Für wen und was brauchbar?

5   1987 gab es zwar in 72% der Haushalte mindestens eine Bibel, doch gaben nur 5% der befragten Evangelischen an, sie würden häufig, 14%, sie würden hin und wieder, 28%, sie würden selten in der Bibel lesen, dagegen 52%, sie würden nie zur Bibel greifen (Jugendliche zwischen 14 und 20 Jahren: 65%) s. HEINER BARZ: Religion ohne Institution? Jugend und Religion 1. Opladen: Lesker und Budrich 1992 S.63. „Häufig" bzw. „hin und wieder" bedeutet bei den Betreffenden, daß davon knapp die Hälfte meinen, sie könnten sich an eigene Bibellektüre innerhalb der letzten vier Wochen erinnern, für die übrigen bedeutet das eine Lektüre, die bis zu einem Jahr zurückliegen kann (DAIBER/LUKATIS S.79f). Um vorschnellen Urteilen auf Grund ihrer Befragungsergebnisse vorzubeugen, weisen die Verfasser ausdrücklich darauf hin, daß auch in vergangenen Perioden der evangelischen Kirchen „Bibelfrömmigkeit eine Sache von kleinen Gruppen und einzelnen Engagierten" war (S.189) – Solche Erfahrungen haben die christlichen Kirchen in der Bundesrepublik veranlaßt, das Jahr 1992 als „Jahr mit der Bibel" auszurufen. Eine Reihe gezielter Aktivitäten sollte neues Interesse für dieses auflagenstarke, aber wenig gelesene Buch wecken. Freilich war in dem umfangreichen Programm dieses Bibeljahres das Thema „Bibel für Kinder" nur selten zu finden.

6   s. unten zur Forschungslage S.16ff.

sind hier weithin sich selbst überlassen und müssen auf eigene Faust operieren.

Um diesem Mangel abzuhelfen, möchte diese Arbeit einen ersten Schritt machen. Sie wendet sich an die kirchlichen Praktiker: PastorInnen, ReligionslehrerInnen besonders in der Grundschule, ErzieherInnen im Kindergarten, kirchliche MitarbeiterInnen in Kindergottesdienst und Kinderarbeit, in Gemeindebüchereien und Familienbildung u.a.m., aber auch an interessierte Eltern, und möchte sie umfassend, praxisbezogen und kritisch informieren. Sie will dem Leser Überblick über das so bunte Angebot an Kinderbibel-Ausgaben bieten, ihm kritische Gesichtspunkte zur Beurteilung von Kinderbibeln und Anregungen zum Umgang mit ihnen an die Hand geben. Dabei geht es etwa um folgende Fragen:

1. Wie kann man sich für die eigene Praxis einen gegründeten *Überblick* über den fast unüberschaubaren Markt an Kinderbibel-Ausgaben verschaffen und die für die eigenen Zwecke geeignete Kinderbibel in dem so verwirrenden Angebot finden?

2. Wie sind die *Verstehensvoraussetzungen auf seiten des Kindes* für biblische Geschichten und wie wird darauf in Kinderbibeln jeweils eingegangen? Welche Kinderinteressen verbinden sich mit biblischen Geschichten?

3. Wie sind die (überaus wirksamen) *Illustrationen* in Kinderbibeln theologisch (und ästhetisch) einzuschätzen? Was machen die Bilder mit den Bibelgeschichten?

4. Wie ist die „*Arbeitsweise*" von Kinderbibel-AutorInnen: Wie gehen sie erzählerisch mit den biblischen Texten um und wie ist dies theologisch zu beurteilen?

5. Welche theologischen und pädagogischen Kriterien helfen bei der *Beurteilung* von Kinderbibelausgaben? Hier ist auch ein Vergleich mit einigen wichtigen Kinder- und Schulbibelausgaben aus den vergangenen Jahrhunderten nützlich.

6. Wie ist die *Auswahl* an biblischen Stoffen in Kinderbibeln zu beurteilen? Welche *Auswahlgesichtspunkte* sind wichtig im

Hinblick auf die eine theologisch und pädagogisch zu verant-
wortende Auswahl von biblischen Geschichten?

7. Welche theologischen und pädagogisch-moralischen Tendenzen sind in Kinderbibeln enthalten und wie sind sie zu beurteilen (Eine kritische Auseinandersetzung mit der *„Theologie"
in Kinderbibeln*)?

8. Wie können Kinderbibeln in der *kirchlichen Bildungsarbeit*:
Fortbildung von Kindergottesdienstmitarbeitern und Erziehern, Lehrern und Pastoren, biblische Bildung von Erwachsenen, Eltern verwendet werden (alternative Form von Bibelarbeit)?

Daß sich neben einer umfassenden praxisbezogenen Orientierung über das
Medium „Kinderbibel" auch Anregungen für den Erzähler biblischer Geschichten ergeben, ist ein durchaus beabsichtigter Nebeneffekt der Arbeit,
obwohl man hierzu natürlich seit langem Unterstützung durch einschlägige
Literatur findet. So hat diese Arbeit nicht nur diejenigen im Auge, die Kinderbibeln lesen oder aus ihnen vorlesen, sondern auch die, die selber erzählen und dafür vielleicht Hilfe und Ideen in Kinderbibeln suchen. Freilich
steht hier das Erzählen – schriftlich festgehalten wie in Kinderbibelausgaben
oder eben mündlich – nicht allein als gestalterische Aufgabe (*Wie* erzählen?)
im Vordergrund, sondern mehr noch als eine Aufgabe, die nach theologischer und pädagogischer Verantwortung verlangt (*Was* und *wozu* erzählen?).

Exkurs
Zur Forschungslage: Kinderbibel – ein in der Theologie vernachlässigtes Medium

Wie schon vermerkt, muß – wenn man sich die marktmäßige Verbreitung und die
lebensgeschichtliche Wirksamkeit von Kinderbibeln vergegenwärtigt – überraschen, eine wie geringe Aufmerksamkeit dem Phänomen „Kinderbibel" bislang in
der theologischen Forschung zugewendet worden ist. So z.B. findet sich in der
RGG 3.Auflage noch kein Beitrag zum Stichwort „Kinderbibel", ebenso fehlt ein
entsprechender Hinweis im Register. Genau so verhält es sich auch im „Lexikon
für Kirche und Theologie" (Herder 1961). Selbst das neue Evangelische Kirchen-
lexikon (Vandenhoeck und Ruprecht) verzichtet auf einen Beitrag über „Kinderbibel". Erst die neue „Theologische Realenzyklopädie" widmet dem Thema
„Kinderbibel" einen eigenen sechsseitigen Spezialartikel (CHRISTINE REENTS
1989). Daneben gibt es zwei historisch ausgerichtete Arbeiten von CHRISTINE
REENTS (1984) über die HÜBNERsche Schulbibel und von SYBILLE PETER-PERRET
(1990).

Auch die *praktisch-theologische Literatur* weist hier eine beklagenswerte Lücke auf. In der von WILHELM KASCH herausgegebenen „Ökumenischen Bibliographie. Religionsunterricht. Religionspädagogik. Christliche Erziehung" sucht man vergeblich nach dem Stichwort „Kinderbibel". Vereinzelt sind dort Kinderbibel-Ausgaben (Was uns die Bibel erzählt, POKRANDT, STEINWEDE) in die Literaturhinweise aufgenommen. Das seinerzeit in der DDR erschienene „Handbuch der Praktischen Theologie" (Bd III Berlin 1978) enthält keinen Hinweis auf Kinderbibeln und beschäftigt sich nur mit dem biblischen Erzählen im Rahmen des kirchlichen Unterrichts. Im „Handbuch der Praktischen Theologie" (Gütersloh 1981) ist zwar das Erzählen biblischer Geschichten selbst (WALTER NEIDHART) zum ausdrücklichen Thema gemacht, bei der Behandlung der Medien religiöser Erziehung aber fehlt die Kinderbibel. Nur das „Handbuch der Religionspädagogik" Bd 3 (Gütersloh 1975) bringt neben entsprechenden Registerhinweisen zum Stichwort „Bibel und Kind" auch einen Beitrag zum Thema (DIETRICH STEINWEDE), der sich aber vorwiegend mit der Ausarbeitung von Kriterien zum biblischen Erzählen befaßt[7].

In gleicher Weise fehlt in Arbeiten zur religiösen Sozialisation eine angemessene systematische Behandlung des Themas. HANS-JÜRGEN FRAAS[8] widmet zwar der „Bedeutung der Bibel für die religiöse Erziehung" ein kurzes Teilkapitel, dies aber ohne mit einem Wort auf das Medium „Kinderbibel" einzugehen. Bei ihm steht im Vordergrund der schulische Religionsunterricht zur Bibel und das Erzählen in Kindergarten und Kindergottesdienst. FRANK JEHLE[9] stellt zum Thema Kinderbibel kritisch die Behandlung von zwei biblischen Erzählungen in Kinderbibelausgaben (A. DE VRIES und RUTH und OTTO WULLSCHLEGER) vor. Auch in für die Praxis bestimmten Büchern wie das für die sozialpädagogische Ausbildung verfaßte Arbeitsbuch von BERNHARD BUSCHBECK und WOLF-ECKART FAILING[10] wird die Verwendung von Kinderbibeln nur oberflächlich angesprochen und kaum problematisiert.

So ist es nicht verwunderlich, daß auch Rezeption und Gebrauch von Kinderbibeln im Dunkeln liegen. Die neueste Untersuchung zu Gebrauch und Einschätzung von Bibel (LUKATIS/DAIBER), die durch die „Bibel"-Synode der EKD von 1981 veranlaßt ist, thematisiert an keiner Stelle ausdrücklich „Kinderbibel". Vermutlich sind Erfahrungen mit dieser Bibelart unter der Erinnerung an die im Elternhaus erlebte eigene religiöse Sozialisation enthalten[11]. Schließlich muß noch vermerkt werden, daß auch das „Jahr mit der Bibel" (1992) nur am Rande Aktivitäten zum Thema „Kinder und Bibel" aufwies.

---

7 1975 S.232–250.
8 S.199–203.
9 S.127–146.
10 S.94f, 151–157.
11 S.157ff.: Hier berichten 10% der Befragten häufiges Erzählen von Bibelgeschichten im Elternhaus, 40% gelegentliches Erzählen; 50% kennen kein biblisches Erzählen von ihren Eltern. Bei in Gemeinden aktiven Personen nimmt die Erinnerung an das Erzählen biblischer Geschichten in der Familie deutlich zu. Dabei scheint häufigeres heutiges Bibellesen verknüpft zu sein mit der Begegnung mit biblischen Geschichten und mit der Wertschätzung der Bibel im Elternhaus.

Eine theologisch-kritische Bearbeitung der Literaturgattung Kinderbibel wie auch ihrer Wirkungsgeschichte ist also im Grunde noch zu leisten. So konstatiert CHRISTINE REENTS[12]: „Die evangelische Theologie muß die Relevanz des Themas ‚Kinderbibel' mit historischer und praktisch-theologischer Forschungsabsicht wiederentdecken." Ebenfalls fehlt eine eingehende Thematisierung des Phänomens „Kinderbibel" im Hinblick auf deren Verwendung in der (kirchlichen und schulischen) Praxis.

Bei diesem Tatbestand ist es nicht verwunderlich, daß auch auf seiten der Kinderbibel-AutorInnen theologische Reflexion nur schwach vertreten zu sein scheint. Wie sich zeigen wird, leiden eine Reihe Kinderbibeln an mehr oder weniger schwerwiegenden Mängeln im Hinblick auf die notwendige theologische Vorarbeit, die die AutorInnen aufwenden müßten, wenn sie bei der Vermittlung der von ihnen ausgewählten biblischen Stoffe wirklich deren Sinn und Absicht zum heutigen Leser bringen wollten. Dem Urteil von FRIEDEL KRIECHBAUM[13], daß Kinderbibeln weithin die Ergebnisse historisch-theologischer Forschung unberücksichtigt lassen, kann man nach Durchsicht einer Vielzahl von Kinderbibelausgaben, wie sie heute auf dem Markt sind, kaum widersprechen.

---

12   1989 S.181.
13   Band 2 S.170.

2 Kinder und Bibel

Kinder verstehen die biblischen Geschichten vor dem Hintergrund ihrer eigenen Bedürfnisse und Fragen und mit ihrer eigenen Logik.
Darauf muß eine Kinderbibel bezogen sein, wenn sie die biblische Botschaft in die Sprache der Kinder „übersetzen" will.

2.1 Was denken Kinder über die Bibel?

„Die Bibel können schon kleine Kinder verstehen in ihrer Art", behauptete ERNST BLOCH. Aber was ist „ihre Art" zu verstehen? Was interessiert sie an diesem Buch und seinen Geschichten? Und wie nehmen sie diese alten Erzählungen von Gott und den Menschen auf? Was sagen Kinder selbst darüber?

> „Lieber Gott! Unser Lehrer hat uns die Geschichte vorgelesen, wo alle Juden durch das Wasser gingen und trocken hindurchkamen. Da hast Du ein gutes Werk getan. Beschütze doch auch heute alle Menschen. In Liebe, Paula."
>
> „Lieber Gott, Dein Buch ist sehr spannend. Ich mag Abenteuergeschichten gern. Du hast tolle Einfälle, ich möchte wissen, wo du die her hast. Dein Leser Karl."
>
> „Lieber Gott! Ich habe alles gelesen, was vor langer Zeit passiert ist. Wie die Sonne still stand und von David und Goliath und von Daniel in der Löwengrube und die Geschichte vom Fall Jerichos. Zu Deiner Zeit ist ja allerhand passiert. Viele Grüße Dein Rudolf."

Solche und andere Gedanken, die Kinder zur Bibel bewegen, finden wir z.B. in den „Kinderbriefen an den lieben Gott".[1] Erfreulich, wenn kleine Leser die Bibel als spannenden Lesestoff erleben. Aber ist dieses Buch richtig verstanden, wenn es dem einen Leser als Sammlung von „Abenteuergeschichten" gilt? Und wenn ein anderer die ferne Vergangenheit biblischer Erzählungen als „Gottes Zeit" nimmt und sie folglich von unserer Gegenwart als einer Zeit ohne Gott abzuheben scheint, bahnt sich dann hier nicht schon das verbreitete Mißverständnis an, Glaube sei eine Sache von gestern und Gott und unser Leben hätten nichts miteinander zu tun?

---

[1] Gütersloh: Gütersloher Verlagshaus Gerd Mohn 1973. Ebenso: „Wer hat den lieben Gott auf die Welt gebracht?" Gottesvorstellungen von Kindern. Ebenda 1974. Mir ist nicht durchsichtig, wie weit hier wirklich originale Gedanken von Kindern wiedergegeben werden oder wieweit diese „Kinder"briefe eine schriftstellerische Fiktion darstellen, in der Kinderüberlegungen nachempfunden sind.

Aber auch *Zweifel* treffen wir unter Kindern an:

> „Es heißt, Gott wäre ein Geist. Wir wissen nicht, ob es ihn wirklich gibt oder nicht. Wahrscheinlich gibt es ihn, wenn man an die Geschichten über Jesus glaubt, die in der Bibel stehen. Ich finde, sie klingen so, als ob sie wirklich passiert wären. Ich kann mir nicht vorstellen, daß sich jemand so etwas nur ausdenken könnte. … Monika."

> „Wie ist es möglich", so fragt ein achtjähriger Junge, „ daß in der Bibel steht, Gott habe die Erde in sieben Tagen erschaffen, wenn es Millionen Jahre gedauert hat? Ist Gott also immer noch am Erschaffen?"

Eine Fünfzehnjährige schildert ihre Zweifel an der Bibel, die sich seit einer vorweihnachtlichen Religionsstunde zu Wort meldeten, so:

> Seitdem „lassen mich diese Gedanken nicht mehr los. Nicht nur das Wunder der [jungfräulichen] Geburt Christi, nein, auch zum Beispiel die Geschichte von Sodom und Gomorrha, von Kain und Abel, von Adam und Eva. Woher weiß man denn das alles? Man konnte doch damals noch nicht schreiben. Wenn man es aber nicht sicher weiß, muß man es dann unbedingt glauben? Sind das alles nicht einfach Legenden, Märchen? … Muß man denn diese Geschichten einfach hinnehmen wie ein hungriger Hund, dem man einen Teller voll Fressen hinstellt?"[2]

Vogel (bzw. Hund) friß oder stirb! – das kann heute nicht mehr das angemessene Motto für heranwachsende Bibelleser sein, auch wenn viele Generationen von Kindern vor uns mit diesem Eindruck aufgewachsen sind, man müsse die Geschichten aus der Bibel so hinnehmen, wie sie eben dastehen. Was diese Kinder mit ihren Fragen und Zweifeln auf jeden Fall begriffen haben ist, daß die Bibel ein Buch mit Geschichten ist, über die man sich gerade auch seine eigenen Gedanken machen kann und zu denen man persönlich Stellung nehmen muß.

Wie ihre kritischen Fragen zu den Schöpfungserzählungen und den Geschichten aus der Urzeit zeigen, lassen sich die beiden letzten Leser nicht mehr weismachen, die Erzählung von dem Sieben-Tage-Werk sei ein naturwissenschaftlicher „Bericht" oder die Geschichte von Sodom und Gomorra ein historisches Augenzeugendokument. „Legende", „Märchen" – diese Stichworte tauchen auf. Freilich ist notwendig, daß Kindern ein erweitertes Verständnis für die Wahrheit von Erzählung erschlossen wird, das das simple Kriterium: Wirklich passiert oder nur ausgedacht – hinter sich lassen kann.

> „Was willst du wissen?", fragte ein Kollege auf Bali den Schriftsteller PETER BICHSEL, als der den Wahrheitsgehalt der Erzählungen über den Prinzen Rama an-

---

2   BERNHARD GROM S. 292.

zweifelte. „Willst du wissen, ob die Geschichte *wahr* ist oder nur, ob sie *stattge-fundet* hat? Es ist gut möglich, daß einer die Geschichte erfunden hat. Wahr ist sie trotzdem."[3]

Aber nicht nur spannende Unterhaltung oder auch geschichtliche Informa-tion ist es, was das Interesse des kindlichen Lesers an der Bibel wachrufen kann. In dem, was den Menschen in den biblischen Erzählungen widerfährt, sucht er unbewußt sich selber: Seine Sache, sein Leben, seine Gefühle müs-sen vorkommen in dem, was er liest.

Wenn z.B. Paula die Geschichte von der Rettung der Juden am Schilfmeer hört, dann schwingen bei ihr im Hintergrund eigene Erfahrungen von menschlicher Ohnmacht und Gefährdung mit. Sie sind angedeutet, wenn Paulas knappe Nacherzählung unvermittelt übergeht in das Gebet: „Beschüt-ze doch auch heute alle Menschen." Und die Gedanken des achtjährigen Le-sers der Schöpfungserzählung scheinen bewegt von der Frage, ob es denn noch heute mit der Welt weiterginge – eine Frage, die angesichts der Sorgen verständlich wird, die der ökologischen und politischen Entwicklung der Er-de gelten und die ja durchaus auch in das Bewußtsein heutiger Kinder kom-men.

Ein besonders eindrückliches Beispiel dafür, was kindliche Leser in bibli-schen Erzählungen ansprechen kann (und das ist oft etwas ganz anderes, als was sich Theologen und Pädagogen von der Vermittlung biblischer Stoffe erhoffen), hat ein Schüler geliefert, wenn er die Geschichte von Zachäus (Lukas 19,1–10) so nacherzählt:

> „Johlende Menschen und Kinder winkten mit Palmblättern Jesus und seinen neuen Aposteln zu, die ihn sein ganzes Leben lang begleiten sollten beim Predigen zu den Menschen. Es gab einen Mann, der mit seinem Schicksal nicht zufrieden war; er war zu *klein* und zu unterdrückt. Dieser Mann hatte bei seiner Geburt den Na-men Zachäus erhalten. Seine Eltern waren vor geraumer Zeit gestorben zum Kummer des Zachäus, der als Mann schon 33 Jahre alt ist. Er war arm und müde; er hatte eine *kleine* Hütte außerhalb der Stadt mit einem kleinen Gärtchen davor. Er lebte dort glücklich. Aber ... wenn er nur Jesus einmal gesehen hätte. Und das hatte er noch nie, weil er zu *klein* war. Und diesmal faßte er einen Entschluß und kletterte in eine Dattelpalme. Es war drei Uhr mittags. Jesus sah im Nu den *kleinen* Zachäus im Baum. Er sprach zu ihm und sagte: ,Warum sitzt du in dem Baum?' Er sprach zu ihm und sagte: ,Weil ich zu *klein* bin, um dich zu sehen, Herr.' Jesus antwortete: ,Klettere aus dem Baum, und du bist genauso *groß* wie jeder normale Mensch.' Das tat er. Zum Erstaunen der Menschen war er so *groß* geworden, daß sein Kopf einen Dezimeter über eines jeden Kopf hinausragte. Alle Menschen sagten: ,Es ist ein Wunder geschehen!' Und das war richtig. Zachäus fiel vor die Füße Jesu und dankte ihm. Überglücklich ging er nach Hause. Er ergriff einen an-

---

3   PETER BICHSEL S.14.

deren Beruf: und das war der Beruf: Er wollte Sklave Jesu sein. Und damit verdiente er Dankbarkeit und 10 Bronzemünzen."[4]

„Groß" und „Klein" – diese häufig wiederholten Stichwörter verraten das Interesse, das den Schüler bei seiner Nacherzählung leitet und ihn die Ursprungsgeschichte so auffällig ändern läßt. Der Erzähler identifiziert sich ganz unverhüllt mit dem „kleinen, unterdrückten" Zachäus und verwandelt die Geschichte in eine Erzählung – fast möchte man sagen: in ein Wundermärchen – darüber, wie bei Jesus ein Kleiner (= Kind) „genauso groß wie jeder normale Mensch" wird, ja noch einen ganzen Dezimeter größer! Daß er die Originalgeschichte als eine Jüngerberufung versteht, ist im übrigen dem Ursprungssinn der Erzählung sehr angemessen: „Er ergriff einen anderen Beruf: Und das war der Beruf: Er wollte Sklave Jesu sein."

Dieses existentielle, in ihrer eigenen Lebenssituation begründete Interesse von Kindern an dem Thema „Groß und Klein" macht verständlich, wie auch andere biblische Geschichten kindliche Leser besonders anziehen können: so etwa die Erzählung vom Sieg des kleinen David über den Riesen Goliat (1. Samuel 17).

Ähnliches gilt für die Geschichten von Josef und seinen Brüdern (1.Mose 37–50). Auch hier ist es die eigene Lebenssituation von Kindern, sind es ihre Erlebnisse in der Familie mit Streit, Rivalität und Versöhnung, die im Hintergrund unbewußt mitschwingen.[5]

2.2   Die Kinderbibel in der Lebensgeschichte

Welch tiefen Eindruck die Kinderbibel mit ihren Geschichten und Bildern beim kindlichen Leser hinterläßt und wie das zusammenhängt mit dessen eigener gefühlsmäßiger Situation, dafür kann hier der Schriftsteller PETER WEISS als Zeuge genommen werden. In seiner autobiografischen Darstellung „Abschied von den Eltern"[6] erinnert er sich an Bücher, die er als Kind gelesen hat. Darunter erscheint auch eine Kinderbibel:

---

[4]   JOHANNA KLINK S.118.
[5]   s. dazu auch BRUNO BETTELHEIM, S.53f und 225. Bettelheim zieht hier Parallelen zwischen dem Leserinteresse an Märchen, in denen Rivalität unter Geschwistern thematisiert wird (z.B. Aschenputtel), und dem Interesse an biblischen Geschichten, die in ähnlicher Weise soziale und innere Konflikte aus der Lebenswelt des Kindes ansprechen wie z.B. Kain und Abel, Jakob und Esau, die Josefsgeschichte.
[6]   S.77f.

22

2.2.1 Peter Weiss: Das dunkle Auge der Mutter

> „Ich erinnere mich an ein anderes Buch, in einem biegsamen, graugrünen Einband, eine Kinderbibel, versehen mit Illustrationen in altmeisterlicher Manier. Ich sehe ein Bild vor mir, auf dem geschildert wird, wie die Prinzessin am Strand des Nils das Kästchen findet, in dem Moses liegt. Die Prinzessin ist in Schleier gekleidet, unter deren Durchsichtigkeit die Formen ihres Körpers zu ahnen sind, eine Sklavin hält einen beschirmenden Fächer aus Palmwedeln über sie. In meinem Block zeichnete ich die Prinzessin ab, anfangs in ihrer ganzen Gestalt, mit stark hervorgehobenen Geschlechtsmerkmalen, später nur noch ihr Gesicht, das immer mächtiger wurde, bis es das ganze Blatt mit seinem dunklen Profil und dem riesenhaft spähenden Auge ausfüllte.“

Die Gestalt einer *Frau* ist es, die der junge PETER WEISS in dem Bild jener ägyptischen Prinzessin so intensiv aufnimmt. Es ist, als wäre es „die erste Frau seines Lebens“, hinter deren Geheimnis er kommen möchte, wenn er sich so eingehend mit dem Aussehen des weiblichen Körpers beschäftigt. Und in der Tat kommt ihm dabei die wirkliche erste Frau seines Lebens, seine *Mutter*, vor die Augen, wenn er in seinen Erinnerungen fortfährt:

> „… und da begann das Gesicht der Prinzessin meiner Mutter zu ähneln, das herrschsüchtige, dunkle Auge, das war das Auge meiner Mutter, das Auge, das alles sah.“

Nicht das zeitlich ferne Geschehen am Nil – damals, zu Gottes Zeit – ist es, also, was den kleinen Leser an dieser Geschichte so in Bann schlägt. Nein, es ist etwas höchst Aktuelles, was in seine Gedanken kommt und ihn zutiefst bewegt: die Beziehung zu seiner Mutter. Wie der kleine, am Leben bedrohte, hilflose Mosesjunge vor der Prinzessin, so mag sich das Kind PETER WEISS dem herrschsüchtigen, dunklen Auge der Mutter ausgeliefert gefühlt haben! Und das Unheimliche an seiner Mutter versucht er nun aufzuklären und zu bewältigen in kindlicher zeichnerischer Kreativität, die ihn am Bild der Prinzessin Mal um Mal weiter arbeiten läßt, bis er auf den Kern seines Rätsels stößt: Es ist das Gesicht, das Auge dieser Frau, das alles sieht – wie der liebe Gott selbst! „Der liebe Gott sieht alles und hat dich längst entdeckt!“, so sang HILDEGARD KNEEF in einem ihrer bekannten Chansons davon.
Der Schriftsteller fährt in seinen biblischen Erinnerungen fort:

> „Auf einem anderen Blatt der Bibel war der Bau einer Pyramide abgebildet. Unter den Peitschenschlägen der Wächter schleppten Sklaven riesenhafte Steine die schrägen Laufgänge empor, hier und da brach einer zusammen und verreckte im Staub. Die Ausstrahlung dieses Bildes gab meinen Spielen Nahrung, ich lebte un-

ter den Wächtern, deren Riemen mich zuschanden schlugen, ich kostete alle Leiden der Erniedrigung aus."

Die Bilder gerade in seiner Kinderbibel sind es, auf die sich die Erinnerungen von PETER WEISS beziehen: Sie haben ihn nachhaltig beeindruckt. Der kleine Leser hat sich in seiner Fantasie so lebhaft in das hineinversetzt, was er da abgebildet sah, daß er es gleichsam an sich selbst erlebte, ja erlitt: „Ich lebte unter den Wächtern, deren Riemen mich zuschanden schlugen, ich kostete alle Leiden der Erniedrigung aus." Eigenes Leiden, die Niedrigkeit und die Ängste des Kindes mögen die erlebnismäßige Folie für das Gelesene bieten. Und zugleich kündigt sich in der Identifikation des kindlichen Lesers mit den unterdrückten Israeliten eine wichtige Fähigkeit an: die des „Mitleidens", der „Sympathie" für Andere in ihrem Elend. Diese Erinnerungen lassen ahnen, wie beeindruckend die biblische Bilder- und Geschichtenwelt für Kinder sein kann.

2.2.2 Wilhelm von Kügelgen: ... und am Ende wäre gar kein lieber Gott da!

Wie intensiv sich Kinder mit den biblischen Erzählungen gedanklich und emotional auseinandersetzen können, dafür bietet WILHELM VON KÜGELGEN (1802–1867) in seinen „Jugenderinnerungen eines alten Mannes"[7] ein weiteres beredtes Zeugnis. Auch diesen Verfasser beschäftigt die Weise, wie ihn als Kind die biblischen Geschichten und dabei besonders ein Bild, das Gott den Schöpfer über der Erdkugel schwebend zeigte, beeindruckt haben:

> „Adam und Eva, die Arche Noä, die Geschichten der Erzväter und des Moses, diese uralten, ewig neuen Sachen erfüllten mich mit Teilnahme und mit Staunen. Am merkwürdigsten war mir Gott Vater über der Erdkugel schwebend, nicht nur wegen dieses beneidenswerten Schwebens, sondern ich war auch bemüht, mir seine Gesichtszüge einzuprägen, damit ich wisse, wie er aussähe, wenn ich mein Gebet hersagte.
>
> Da kam mir einst ein sehr natürlicher Gedanke, den freilich eben wie das folgende Gespräch mehr das Gedächtnis meines Vaters als das meinige bewahrt hat. Ich fragte nämlich, woher man es denn wisse, daß Gott die Welt erschaffen habe.
>
> Ob ich denn glaube, erwiderte der Vater, daß das Bild, an dem er male, ebensogut auch von sich selbst entstehen könne. ‚Nein', sagte ich, ‚du mußt es malen.' – ‚Nun denn, wenn ein so kleines Ding nicht ohne Meister sein kann, wie sollte da die ganze große Welt von selbst entstanden sein?'

---

[7]   S. 56f.

Ich wandte ein, ob sie nicht jemand anderes gemacht haben könne; aber Vater sagte, der Meister sei allezeit größer als sein Werk; wer aber größer als die ganze Welt wäre, könne niemand anders als der liebe Gott sein.

Ein Blick auf mein Bild bestätigte mir die Wahrheit dieser Worte, denn allerdings war Gott hier größer als der angedeutete Kreisabschnitt der Erde, über der er schwebte.

‚Wer aber‘, fragte ich weiter, ‚wer hat denn eigentlich den lieben Gott gemacht?‘ Da antwortete mein Vater, der sei von Ewigkeit, ohne Anfang und ohne Ende, wandte sich herum und malte weiter.

Diese Worte imponierten mir. Ohne Anfang, ohne Ende! – Ich sah mein Bild genau darauf an und war sehr nachdenklich geworden. Endlich sagte ich: ‚Das wäre aber eine schöne Geschichte, Vater, wenn wir nun sterben und in den Himmel kommen, und am Ende wäre gar kein lieber Gott da!‘

Dafür nannte mich mein Vater einen dummen Jungen, … und die gelehrte Unterhaltung war zu Ende. Später aber … gestand er, wie jener Kindereinfall, so natürlich aus seiner Deduktion [logischen Schlußfolgerung] hervorgegangen, ihn in Verlegenheit gebracht, da er nichts anderes enthalten habe als seinen eigenen Hintergedanken.“

Hier ist es ein anderes mit starken Gefühlen verbundenes Bedürfnis, das die gedankliche Beschäftigung des jungen WILHELM VON KÜGELGEN mit der Schöpfungserzählung leitet. Es ist die Suche nach Sinn und Grund, das Bedürfnis, sich die Wirklichkeit zu konstruieren, die Welt so zu verstehen, daß sie nicht als zufälliges, chaotisches Wirrwarr (als die Wüste und Leere des „Tohuwabohu“ der Schöpfungsgeschichte 1.Mose 1,2) erscheint, sondern als ein sinnvoll nach Ursache und Wirkung geordneter Kosmos. Alle Dinge haben ihren Grund. Alles kommt von etwas, von jemandem her. Keine kalte, allem Menschlichen fremde Mechanik bewegt die Welt, sondern ein dem Menschen zugewandter und freundlicher Wille. Diese unerschütterliche Grundüberzeugung, die Welt sei nicht ein regelloses Chaos, sondern folge in ihrem Lauf erkennbaren Gesetzen, dieses „Grundvertrauen“ ist existentiell wichtig. Später einmal im Leben wird es den Antrieb dafür bieten, in Wissenschaft und Technik nach dem gesetzmäßigen Zusammenhang der Welt zu forschen.

Diese von Zweifel und Frage vorangetriebene Suche nach sinnvoller Ordnung – sie ist nicht allein Sache von Kindern: Später kann der Vater seinem Sohn eingestehen, dessen Kinderzweifel, es könne keinen lieben Gott geben, sei auch sein eigener heimlicher Gedanke gewesen! Kinder denken noch laut, was Erwachsene nicht mehr offen zu denken wagen.

Es läßt sich sehen: Kinder sind – in ihrer Art – an den Geschichten der Bibel interessiert. Sie sind dabei noch unbefangen genug, dem Leitfaden ihrer eigenen Bedürfnisse und Fantasien zu folgen und so mit den Bibelgeschichten mitunter auch auf eine von keinerlei frommen Hemmungen behinderte Weise umzuspringen. Darin greift ihr Interesse sehr viel weiter, als man von der Beschäftigung mit „religiösen" Geschichten erwarten möchte. Es ist umfassender und lebenspraktischer. An der Geschichte mit der ägyptischen Prinzessin durchschaute der kleine PETER WEISS das Geheimnis seiner Mutter. An der Zachäus-Erzählung gewann der Schüler in Jesus einen verständnisvollen Verbündeten für seinen Wunsch, groß zu werden und als Mensch zu gelten wie jeder andere. An der Schöpfungserzählung erarbeitete sich der junge WILHELM VON KÜGELGEN die Grundlagen für sein Bild von einer gesetzmäßig zusammenhängenden Welt.

Demgegenüber sind viele Erwachsene durch ihre längere Geschichte mit der Bibel einen anderen Umgang mit diesem Buch gewöhnt: Es gilt ihnen zum vorneherein als ein besonderes, heiliges, religiöses Buch. Diese Gewöhnung aber erweist sich leicht auch als hinderlich, führt sie doch zu zwei problematischen Vorwegannahmen, die den erwachsenen Bibelleser bei seiner Lektüre leiten: Dieses Buch enthielte (nur) religiöse Geschichten. Und: Als gläubiger Leser dürfe man sich bei diesen Geschichten keinen Zweifel oder gar Widerspruch leisten.

Von diesen verengenden Vorwegannahmen sind Kinder zunächst noch weitgehend frei. Und das bedeutet: Sie haben Chancen, diese Geschichten mit ihren Fragen und Einsprüchen in einer unbefangeneren und darin weiter ausgreifenden Weise verstehen zu können.

Wer Kindern biblische Stoffe anbietet, muß also darauf eingestellt sein, daß sie sie nach ihrer eigenen gedanklichen, aber auch ihrer gefühlsmäßigen Logik verarbeiten. So warnt der Religionspädagoge KARL ERNST NIPKOW vor der schlichten Annahme, „man brauche die biblischen Geschichten nur einfach weiterzusagen ohne pädagogische Überlegungen, die Kinder würden es schon richtig verstehen. Tatsache ist, daß sie … die Texte an ihre Verständnismöglichkeiten assimilieren. Sie verarbeiten sie nach ihrer eigenen kindlichen Logik. Die Inhalte von Bibel … müssen daher *im Horizont der Fragen und Verarbeitungsweisen der Kinder erschlossen* werden."[8] Der Wunsch, Kindern biblische Erzählungen zu vermitteln, fordert also – neben theologischen – auch pädagogische Überlegungen heraus: Eine Vorausfan-

---

[8]   S.36.

tasie darüber ist nötig, was biblische Motive bei Kindern erlebnismäßig ansprechen und wie diese mit ihnen gedanklich umgehen könnten.

Der Erwachsene sollte für die Verständnisart von Kindern auch in dem
Sinne offen sein, daß ihm möglicherweise durch die Kinder eine neue Sicht
von biblischen Stoffen erschlossen werden könnte. Die Inhalte von Bibel
können auch für den Erwachsenen wieder dadurch ein neues Gesicht erhalten, daß sie im Zusammenhang der Fragen und Verarbeitungsweisen von
Kindern erscheinen. Dem Erwachsenen, der sich der Art zu öffnen vermag,
wie Kinder mit Geschichten in der Bibel umgehen, und darin den Kindern
ein interessierter und verständnisvoller Gesprächspartner wird, bietet sich
dabei für sich selber oft eine unvermutete Gelegenheit zu neuem, reicherem,
umfassenderen Verständnis der Bibel.

3 Mit der Bibel Groß werden: Vom biblischen Bilderbuch bis zum Bibellexikon – ein Überblick

> Kinderbibeln bieten biblische Geschichten in *Auswahl*. Sie sind in einer *kindgemäßen Erzählsprache* abgefaßt und *mit Bilder*n veranschaulicht.[1]
> Daneben gibt es eine Reihe Sachbücher zur Bibel für Kinder

In Kinderbibel-Ausgaben für Vorschulkinder herrscht die *Bild*seite vor: So wird darauf Rücksicht genommen, daß die kleinen Leser noch nicht Schrift, sondern nur Bilder „lesen" können. Später für das Schulalter wird das Verhältnis von Bild und Text in Kinderbibeln anders balanciert. Auswahl, Illustrationsweise und Erzählstile in den Kinderbibeln versuchen, den altersentsprechenden Lese- und Verstehensfähigkeiten entgegenzukommen.
Zur ersten Orientierung kann man im Angebot von Kinderbibeln etwa folgende Arten unterscheiden:

3.1 Biblische Bilderbücher

In Biblischen Bilderbüchern für die Vorschulzeit ist *das Bild dominant.* Inhalt sind jeweils grundlegende *Einzelgeschichten* aus der Bibel (zuweilen ein Geschichtenzusammenhang: Passion und Ostern). Zu großen, „erzählenden" Bildern steuert ein kurzer, elementarer Text gleichsam nur die Unterschrift bei. Nur in Bilderbuchserien (etwa die Reihe: „WAS UNS DIE BIBEL ERZÄHLT" oder die Bilderbücher von EMIL MAIER-F.) findet sich dabei eine breitere Auswahl an biblischen Geschichten. Die übrige Bilderbuchlandschaft beschränkt sich überwiegend auf wenige beliebte Themen: Schöpfung, Arche Noah, Turmbau zu Babel, Jona und der Fisch, Weihnachten.

3.2. Kinderbibeln

Kinderbibeln bringen wesentliche *Bibelgeschichten in Auswahl*: Leben Jesu, Geschichte des Volkes Israel, Urzeit, Schöpfung. Schien es hier hinsichtlich

---

[1] So können die Stichworte „Auswahl" und „Bild" auch schon im Titel von Kinderbibeln erscheinen.

der Auswahl an Texten über längere Zeit eine Art klassischen Kanons zu geben, innerhalb dessen sich das Angebot an biblischen Stoffen mehr oder weniger bewegte, so zeigen Erzählsprache (frei bis Abdruck des Luthertextes) und Bebilderung (elementare Bilder, Kinderzeichnungen, sehr monumental und realistisch ausgeführte Illustrationen, symbolisierender Stil) größere Unterschiede. Manche Kinderbibel-Ausgabe ist in ihrer Art auch für Erwachsene interessant und kann ihnen als (Erzähl-) Anregung dienen (DIETRICH STEINWEDE: „Kommt und schaut die Taten Gottes"). Je älter der kindliche Leser ist, um so mehr sollte eine Kinderbibel auch sein wachsendes Sachinteresse berücksichtigen: Orientierung über die Entstehung der biblischen Schriften, über biblische Geschichte, Umwelt und Geografie, Fotos, Karten (so z.B. die „Neue Schulbibel").

Unter den Kinderbibel-Ausgaben hat es in letzter Zeit in verschiedener Hinsicht Bewegung gegeben. Die in acht Teilbände gegliederte ELEMENTARBIBEL von ANNELIESE POKRANDT, die inzwischen vollständig vorliegt, erhält ihren besonderen Wert dadurch, daß ihr eine sehr intensive und genaue theologisch-bibelwissenschaftliche Vorarbeit der Autorin zugrundeliegt. Das macht sich bemerkbar in Auswahl und Zuordnung biblischer Stoffe, in vielen elementar gehaltenen historischen und theologischen Einführungen und Verknüpfungen von Texten und Textzusammenhängen, in dem Angebot wichtiger biblischer Stoffe, die bislang dem Kinderbibel-Leser vorenthalten wurden (Psalmen, Profeten, Weisheit, das Buch Tobit u.a.m.) und in einer sehr sorgfältigen Illustration (REINHARD HERRMANN), die zwischen historischer Veranschaulichung und symbolisierender Darstellung liegend den Leser begleitet.
Ähnliches läßt sich von der anderen Kinderbibel-Ausgabe aus dem Kaufmann Verlag sagen, der Kinderbibel von WERNER LAUBI. Sie bietet zwar in gewohnter Weise ausgewählte, unverbundene Einzelgeschichten, geht aber in Auswahl und Illustration (ANNEGERT FUCHSHUBER) neue Wege. Sehr ins Auge fällt die oft auf eine symbolische Ebene hinübergehende Illustrationsweise, die an zentralen Punkten auch den Übersprung in die heutige Lebenswelt des Lesers ermöglichen möchte.[2]

---

2   s. dazu unten Kap.5 S. 70f.

3.3 Bibelcomics

Im Hinblick auf die verbreitete Lektüre von *Comics* unter Kindern und Jugendlichen hat die Deutsche Bibelgesellschaft mehrfach Versuche unternommen, die Bibel auch mit Hilfe dieses Mediums den heranwachsenden Lesern zu nahezubringen.

> Begonnen hatte dieses Unternehmen mit der aus den USA übernommenen Serie „DIE BIBEL IM BILD". Sie hat sich als „Longseller" erwiesen und ist auch nach zwei Jahrzehnten immer noch im Verkauf. Freilich handelt es sich hier eher um Bildergeschichten als um Comics im eigentlichen Sinn. Einen eigenen Versuch stellte dann die Reihe „DER MESSIAS" dar, die seit 1980 herauskam und von allen deutschsprachigen Bibelgesellschaften (mit einer seinerzeit bemerkenswerten Ausnahme: die Bibelgesellschaft der DDR) getragen wurde.
> Am Dichtesten an die Gattung Comic hat sich das jüngste Projekt aus Stuttgart herangewagt: Jesus der Galiläer. Der Autor RÜDIGER PFEFFER nutzt extensiv die Stilmittel (z.B. Perspektiven- und Formatwechsel, Pengwörter u.a.) und die Atmosphäre von Comics (Gags: Verfremdungen und Anachronismen: Josef und Maria auf dem Motorroller, Lukas an der Schreibmaschine, der Engel aus dem Fernsehkasten etc.). Die Jesusgeschichten werden aus der Sicht des Lukas dargestellt.

Neben solchen umfassenderen Serien gibt es auch comicartige Wiedergaben von Einzelgeschichten, so etwa die in Schwarz/Weiß gehaltenen Ausgaben aus dem Aussaat- und Schriftenmissionsverlag. Hier wird z.B. das Gleichnis vom Verlorenen Sohn restlos in die moderne Lebenswelt einer Großstadt verlegt und ist nicht mehr als von Jesus erzählte Geschichte erkennbar.

3.4 Biblische Erzählbücher

Unter den Bibelausgaben für Kinder findet sich seit einiger Zeit eine spezielle Gattung, die die gewohnten Stoffe aus dem Alten und Neuen Testament in eine fiktive *Rahmenerzählung* eingebettet anbietet. Diese Rahmenerzählungen können *auf verschiedenen Zeitebenen* spielen:

- Auf der Ebene der biblischen (Jesus-) Zeit. So etwa bei JÖRG ZINK in seinem biblischen Kinderroman „Der Morgen weiß mehr als der Abend". ZINK macht seine beiden Handlungsfiguren, den

Jungen David, und seinen väterlichen Freund, den Fischer Raffael, zu unmittelbaren Augenzeugen der Jesusgeschichten. In gleicher Weise verfährt er mit seinen Tierfiguren, der Eselfamilie Joram, Suleika und der kleinen Laila. – Noch stärker in die Jesusgeschichte hineinverflochten sind die fiktiven Handlungsfiguren in den „Geschichten zur Bibel" von WERNER LAUBI. Auf einer ausgearbeiteten, kommunikationstheoretisch und theologisch begründeten Erzähltheorie beruht die „Neue Jesusgeschichte" von OTTO WULLSCHLEGER.

- Auf der Ebene der heutigen Zeit. So sehr ausgedehnt in den beiden Büchern von HANS HEINRICH STRUBE, die die Lebensgeschichte des Erzählers Samuel Weiss und seine Gespräche mit den ihm zuhörenden Kindern zur tragenden Ebene machen. – Knapper und weniger erzählend, mehr dialoghaft ist der Rahmen bei WILFRIED PIOCHs neuer Kinderbibel gestaltet: Gespräche zwischen der erzählenden Mutter und ihren beiden Kindern Stefan und Katrin.
  Ein besonderes, aber sachlich wenig überzeugendes Angebot hat der Kreuz Verlag mit einem schwedischen Kinderbuch von LARS COLLMAR auf den Markt gebracht: „Die wunderbaren Abenteuer des kleinen Johannes Larsson in der Welt der Bibel". Inhalt ist die Traumreise eines Stockholmer Jungen in die Welt Jesu, die immer wieder – recht künstlich konstruiert – durch Alltagserlebnisse motiviert wird. Der vorgegebene Rahmen der Phantasiereisen zerstückelt allerdings das Leben Jesu und läßt Wichtiges weg.

- Auf der Ebene der Nach-Jesuszeit. Hierher gehört der Versuch des Autors (RT), mit einer spannenden Geschichtserzählung über die Lukaszeit den Rahmen zu schaffen, in dem die zentralen Stoffe des Lukas-Evangelium aus dem Lebenszusammenhang von Christen der zweiten Generation in neuer Weise verständlich werden sollen.

Daneben gibt es eine Reihe von Büchern, die Erzählanregungen zur Darbietung biblischer Stoffe in Unterricht und Gottesdienst vermitteln möchten: Umweltgeschichten, Geschichten zur literarischen Ursprungssituation, Rahmen- und Verlaufsgeschichten. Schon klassisches Beispiel hierfür sind die beiden von WALTER NEIDHART (und HANS EGGENBERGER) herausgegebenen Bände „Erzählbuch zur Bibel".

3.5 Sach(bilder)bücher zur Bibel

Biblische Sach(bilder)bücher kommen dem zunehmenden Sachinteresse des Schulkindes am stärksten entgegen und sind eine gute Ergänzung zur Kinderbibel. Die Sachbilderbücher zur Bibel von DIETRICH STEINWEDE z.B. konzentrieren den biblischen Stoff unter einem Thema: Weihnachten, Leben Jesu, Gott, Ostern, Wunder usw.

Hierher gehören auch andere Sachbücher zur Bibel und Bibellexika für Kinder. So finden sich heute auf dem Buchmarkt zunehmend Bücher, die den jungen Leser über biblische Zeitgeschichte, über die Entstehung der biblischen Schriften und über Landschaft und Natur in Palästina anschaulich unterrichten wollen. Besonders ist auf Autoren hinzuweisen wie z.B. PETER CONOLLY oder JONATHAN N.TUBB mit ihren über ärchäologisches Material zur Bibel informierenden Büchern für Heranwachsende.

3.6 Kommentierte Kinderbibel-Kataloge

Neben Prospekten einzelner Institutionen, die in mehr oder weniger zufälliger Auswahl Kinderbibelausgaben auflisten, gibt es nur einige Kinderbibel-Kataloge, die mit Inhaltsangaben und Kommentaren den Überblick über das Kinderbibel-Angebot für den Benutzer erleichtern wollen. Ein unerläßliches Hilfsmittel ist dabei der von FRANK JEHLE und REGINE SCHINDLER erarbeitete Katalog (letzte Ausgabe von 1989). Wesentlich bescheidener in Umfang und auch in kritischer Bewertung sind die Kinderbibel-Listen von ROSWITHA LOHSE und HILDE ROSENAU, die von Bibelgesellschaften herausgegeben wurden.

4 Zur Geschichte der Kinderbibel

> Bibelausgaben für Kinder haben eine lange Tradition, die bis ins Mittelalter und in das Reformationsjahrhundert zurückreicht. Solche Ausgaben finden wir unter den verschiedensten Bezeichnungen als Spruchbücher, Biblische Historien oder Geschichten, Kinderbibeln und Bilderbibeln.
>
> Als Beispiele für diese reiche Tradition sollen hier drei „klassische" Bibelausgaben vorgestellt werden, die weit über ihre Zeit hinaus wirksam waren.

4.1 Johann Hübner: Zweymahl zwey und funffzig Auserwählte Biblische Historien (1714)

4.1.1 Die Bibel als Schulfibel

In seinen Jugenderinnerungen erzählt FRIEDRICH VON KLÖDEN (1786–1856) aus seiner Zeit als Schüler an der Stadtschule von Preußisch Friedland (Westpreußen). Dabei denkt er auch an den Bibelunterricht zurück, in dem er mit HÜBNERS Schulbibel ausführlich Bekanntschaft machte:

> „Dienstags und Freitags von 9 bis 10 Uhr lasen wir HÜBNERs biblische Historien, deren Inhalt nachher abgefragt wurde. Erklärungen wurden auch hier nicht gegeben. Wiedererzählt wurde mit den Worten der Erzählung …"

Die HÜBNERsche Bibel wurde also auch als Schulbuch zum Lesenlernen benutzt. Aber diese Art von Bibelunterricht scheint nicht besonders ertragreich für die Schüler gewesen sein.

> „Uns war die Bibel nichts als ein Leseübungsstück, das nur dadurch für uns Interesse hatte, daß wir an ihm zeigen konnten, wie wir fertig und schnell zu lesen vermöchten. Den Inhalt verstanden wir, besonders die plattdeutsch redenden Schüler, meist nicht, auch achteten wir wenig darauf. Zwar wußten wir, die Bibel sei Gottes Wort; doch hatte das für uns keine rechte Bedeutung. Uns waren der Titel, die Vorreden, die Kapitelüberschriften[1] ebensogut Gotteswort, weil sie in der Bibel standen, und hätte es dem Buchbinder gefallen, noch ein anderes Buch mit der Bibel zusammenzubinden, wir hätten nicht bezweifelt, daß es ebenfalls Gottes Wort sei. Diese völlige Gedankenlosigkeit beim Lesen war es auch, die da machte, daß wir bei solchen Stellen der Bibel, die man Kindern billig vorenthalten

---

[1] s. dazu Kap. 6.5 S. 98ff: „Überschriften".

sollte[2], ohne irgendeinen Anstoß wie bei allen andern vorübereilten; denn wir wußten nicht, was wir gelesen hatten."[3]

JOHANN HÜBNER (1668–1731) stammte aus dem lutherischen Kursachsen, absolvierte die städtische Lateinschule in Zittau. Nach dem Studium wurde er bald als Rektor an die Domschule in Merseburg berufen. Schließlich wirkte er ab 1711, durch seine vielfältigen Schriften bekannt geworden, als Rektor am Johanneum in Hamburg. Seine Biblischen Historien[4] waren über lange Zeit die verbreitetste Bibelausgabe für Kinder in der Schule und auch in der Familie. Sie wurde bis weit in das 19.Jahrhundert hinein in immer neuen Variationen herausgegeben.

Wie der Titel sagt, bot die HÜBNERsche Schulbibel insgesamt 104 ausgewählte Geschichten aus dem Alten und Neuen Testament. An der Auswahl fällt auf, daß HÜBNER die apokryphen Schriften des Alten Testaments verhältnismäßig stark berücksichtigt hat: Daniel (Stücke zu Daniel), Judith, das Buch Tobit, dem vier ganze Kapitel gewidmet sind, und Susanna im Bade. Im Neuen Testament ist ein größerer Anteil den Geburts- und Kindheitsgeschichten zugeteilt. Am Ende steht die Pfingsterzählung und die Bekehrung des Paulus.

Die biblischen Erzählungen werden von HÜBNER mehr oder weniger auf das Wesentliche verkürzt angeboten: Maßvollen Hinzufügungen und Zusammenfassungen stehen in stärkerem Maß Auslassungen gegenüber. Sprachlich hält sich der Autor nahe am biblischen Text. An die in einzelne durchnumerierte Sätze eingeteilte Nacherzählung schließen sich jeweils zugehörige „deutliche Fragen" an, die den Inhalt einprägen lassen wollen.[5] Vervollständigt wird die Präsentation der biblischen Erzählungen durch je drei angefügte „Nützliche Lehren" und durch in Reimform gebrachte und zugleich auch in lateinischer Übersetzung wiederholte sechszeilige „Gottselige Gedanken". Damit will HÜBNER Gedächtnis (Fragen, die der Leser aus der Geschichte beantworten muß)[6], Vernunft (Nachdenken über die nützli-

---

2   s. dazu Kap. 9 S. 176ff Probleme der Auswahl.
3   KARL FRIEDRICH KLÖDEN: Jugenderinnerungen. Zitiert in: PETER LAHNSTEIN: Report einer guten alten Zeit. Zeugnisse und Berichte 1750 bis 1805. Stuttgart: Kohlhammer Verlag 1970 S.168f. Zu Klöden s. auch REENTS S.53f.
4   JOHANN HÜBNER 1731.
5   Dazu die Erinnerung von HEINRICH SOHNREY. Er führt die Faszination, die die HÜBNER-Bibel auf ihn als Kind ausgeübt hat, auf die packenden Bilder und auf die an jede Geschichte angeschlossenen Fragen zurück, „die mich so lange reizten, bis ich sie alle für mich beantwortet hatte." (Bei CHRISTINE REENTS 1986. S.VII.) Das läßt an den Unterhaltungs- und Spannungswert heutiger Bibelquiz-Spiele denken.
6   HÜBNERs Fragemethodik läßt denken an die Methodik des programmierten Lernens, wie sie etwa HORST HEINEMANN (Wie lesen wir das Neue Testament? Lernprogramm Hannover: Schroedel Verlag 1970) einmal auf die Bibel anzuwenden probiert hat.

Man kan die grosse Weisheit des Schöpffers
daraus erkennen lernen.

III. GOtt hat das andere alles um des Menschen
willen erschaffen: Was hat man daraus zu lernen?

Man kan die grosse Güte GOttes daraus erkennen lernen.

Gottselige Gedancken.

Im Anfang schuff der HErr den Himmel und die Erde,
Das alles ward uns nichts durch GOttes Wort allein:
So offt ich diesen Bau fortyin betrachten werde,
So offte wird dabey diß mein Gedancken seyn:
Der dieses alles hat aus nichts erschaffen können,
Der ist ja wohl mit Recht ein grosser HErr zu nennen.

Lateinisch.

Principio cælum terramque JEHOVA creavit
Verbo, materia deficiente, suo.
Hoc ad opus vastum quoties mea lumina verto,
Hæc mecum tacita volvere mente juvat :
Ex nihilo tantam valuit qui condere molem,
Is solus DOMINUS jure vocandus erit.

Die 2. Historie.
Von der Schöpffung des Menschen.
1. Mose I. und II. Cap.

WJe GOtt mit denen andern Ge- 1. M. r.
schöpffen fertig war, so sprach er: 1. v. 26.
Laßt uns Menschen machen, ein Bild, das
uns gleich sey. 2. Hierauf machte GOtt v. 27.
zwey Menschen, ein Männlein und ein

Deutliche Fragen.

1. Was sagte dann GOtt zum Beschluß der Schöpffung?
2. Wie viel Menschen schuff GOtt zum Anfang?

A 2 Fräu

Fräulein: 3. Der Mann bekam von GOtt
1. M 3 den Nahmen Adam; die Frau aber ward
v. 20. von ihrem Mann Eva genennet. 4. Erst-
C. 2. v.7. lich schuff GOtt den Mann 5. aus einem
Erden-Klosse, 6. und bließ ihm einen lebendigen Odem in seine Nase. Wie Adam
v. 18. fertig war, so sagte GOtt: 7. Es ist nicht
gut, daß der Mensch alleine sey, ich will
ihm eine Gehülffin machen, die um ihn sey.
v. 21. 8. Hierauf nahm er dem Manne eine Ribbe aus dem Leibe heraus, wie er schlief und
v. 22. schloß die Stäte zu mit Fleisch. 9. Aus
dieser Ribbe bauete GOtt der HErr ein
Weib, und brachte sie zu ihm. Da sagte
v. 23. Adam: 10. Das ist doch Bein von meinen Beinen, und Fleisch von meinem
v. 24. Fleisch. 11. Darauf setzte GOtt den heiligen Ehestand ein, und segnete das erste
1. M. 1. Paar mit diesen Worten : 12. Seyd
v. 28. fruchtbar und mehret euch, und füllet die

3. Wie hiessen die beyden ersten Menschen?
4. Welcher ward zum ersten geschaffen?
5. Woraus ward Adam gebildet?
6. Wo kam seine Seele her?
7. Was saate GOtt, wie Adam fertig war?
8. Was nahm GOtt mit Adam vor?
9. Was machte GOtt der HErr aus der Ribbe?
10. Was saate Adam, wie er aufwachte?
11. Was satze GOtt gleich nach der Schöpffung ein?
12. Was für einen Seegen sprach GOtt über das erste
Paar Ehe-Leute?

Erde,

Erde, und machet sie euch unterthan, und
herrschet über die Fische im Meer, und
über die Vögel unter dem Himmel, und
über alles Thier das auf Erden kreucht.

Nützliche Lehren.

I. Der erste Mensch ist aus einem Erden-Kloß erschaffen worden: Was folget daraus?

Das folget daraus, daß der Mensch sein demüthig
seyn soll.

II. GOtt hat den Ehestand im Paradiese eingesetzt, und einen schönen Segen darüber gesprochen:
Was folget daraus?

Das folget daraus, daß der Ehestand nicht ein
sündlicher, sondern ein heiliger und GOtt-wohl-
gefälliger Stand sey.

III. GOtt hat im Anfange nur ein Paar Menschen erschaffen: Was folget daraus?

Das folget daraus, daß ein Mann nicht mehr als
eine Frau; und eine Frau nicht mehr als einen
Mann auf einmal nehmen soll.

Gottselige Gedancken.

Aus Erde ward von GOtt der erste Mensch erschaffen,
Dem GOtt sein Ebenbild aus Gnaden hat geschenckt:
Wie kan doch nun ein Mensch sich in sich selbst vergaffen,
Wenn er nur dann und wann an seinen Ursprung denckt!
Mir soll der Erden-Kloß allzeit vor Augen schweben,
Soofft mein Hertze will nach hohen Dingen streben.

Lateinisch.

Adam primus homo, de quo descendimus omnes,
Ex gleba terræ factus imago Dei est.
Cur igitur fastu turgentia corda gerimus,
Humani generis cum sit origo lutum?
Audebit quoties mea mens extollere cristas,
Ante oculos aderit terrea gleba meos.

A 3 Die

Die Schöpffung des Menschen.
I. Mose I. II. Cap.

chen Lehren) und Willen (der Leser soll einen Vorsatz fassen, das Böse verwerfen und das Gute erwählen) ansprechen und entwickeln. Die nützlichen Lehren bringen die moralischen Konsequenzen, volkstümliche Alltagsweisheiten, Begründungen für gesellschaftliche Einrichtungen (so z.B. Schulbesuch und Kirchgang) und Sacherklärungen (z.B. zur Beschneidung, zu antik-jüdischer Zeiteinteilung, römischer Herrschaft usw.).

Einen anschaulichen Eindruck von der Machart der HÜBNERschen Bibel mag ein Blick auf die zweite Historie: Von der Schöpffung des Menschen bieten. Man sieht hier: HÜBNER verdichtet die Historie zu einem Konzentrat der Genesiserzählung: die zwölf kurzen Sätze werden durch zugehörige Fragen wieder aufgenommen (s. S. 35). Der Blick auf die Versangaben am Seitenrand zeigt, daß der Autor hier die beiden biblischen Schöpfungserzählungen harmonisierend miteinander zu einer Einheit verflochten hat: 1.Mose 1 bildet den Rahmen, in den die Paradieserzählung eingefügt ist. Die Gleichzeitigkeit der Erschaffung von Mann und Frau (1.Mose 1,27) ist überspielt durch den ausdrücklichen Hinweis: „Erstlich schuf GOtt den Mann", der durch die entsprechende Frage noch verstärkt wird: „4. Welcher ward zum ersten geschaffen?" Zugleich ist die Schöpfungserzählung als ein locus classicus für die Einsetzung der monogamen Ehe genommen, wenn HÜBNER den biblischen Text erweitert: „Darauf setzt GOtt den heiligen Ehestand ein, und segnete das erste Paar mit diesen Worten: …"

4.1.2   Moralische Exempel

HÜBNERS Buch will – wie er in seiner Vorrede erklärt – „den lieben Kinder-Catechismum" LUTHERs, der von den Kindern weithin nur auswendig gelernt, aber ihnen nicht gründlich erklärt wird, mit Hilfe biblischer Historien verständlich machen. Die biblischen Geschichten dienen ihm so als Exempel z.B. für das vierte Gebot, das am Unglück des Priesters Eli, der sich wegen der bösen Kinder-Zucht den Hals gebrochen hat, am schrecklichen Ende des aufständischen Absalom und am Elend des verlorenen Sohnes unter den Schweinen veranschaulicht wird. So heißt es zu Absaloms Ende in eindringlicher Anrede an den kindlichen Leser:

> Kommt, Kinder, kommt, ich will euch einen Eichbaum zeigen, …
> Ein Königlicher Printz hängt an den grünen Zweigen! …
> Betrachtet ihn recht wohl, er wird euch deutlich lehren,
> Daß ihr den Vater sollt und auch die Mutter ehren.[7]

---

[7]   S.143, auch S.328 (zum Gleichnis vom Verlorenen Sohn).

So liegt der Schwerpunkt der Nützlichen Lehren in pädagogisch-moralischen Mahnungen. Gehorsam, Dankbarkeit, Demut, Keuschheit, Arbeitsamkeit und Sparsamkeit werden dem Leser als wichtige Tugenden ans Herz gelegt. Den Eltern wird eindrücklich die Notwendigkeit einer guten Erziehung vorgestellt:

> Tobias hatte seinen Sohn von Jugend auf in der Gottesfurcht erzogen.
>
> Das ist recht: Nicht von der Galanterie, sondern von der Gottesfurcht muß man den Anfang machen, wenn man wohl gezogene Kinder haben will.[8]

Und über den Priester Eli, der es bekanntlich an der gewissenhaften Erziehung seiner Söhne fehlen ließ, heißt es:

> Die Eltern haben schwere Straffe zu gewarten, wenn sie was in der Kinder-Zucht versehen …
> Der Priester Eli ließ die Kinder Sünde treiben,
> Und sahe nicht einmahl darüber sauer aus:
> Das aber ließ der Herr nicht ungerochen bleiben,
> Er straffte durch den Tod ihn und sein gantzes Haus.
> Ihr Eltern, habet Danck vor eure Zucht und Lehren,
> Ihr habet GOtt geehrt, GOtt wird euch wieder ehren.[9]

Pharao mußte mit Hilfe der Plagen, mit Schicksals„schlägen" zum Besseren bewegt werden. Das soll Kindern als Gegenbild einer wünschenswerten Erziehung dienen:

> Die Kinder, welche man mit Ruthen und mit Schlägen
> zum Guten ziehen muß, sind auch von solcher Art;
> Ich aber will also die Eltern nicht bemühen,
> Viel lieber will ich mich mit Worten lassen ziehen.[10]

Das war der gute Vorsatz, den HÜBNER dem kindlichen Leser als Konsequenz der Geschichte gleichsam in den Mund legen wollte. Beachtenswert ist immerhin, daß er bei aller Betonung des Gehorsams kritische Gegengedanken nicht unterschlägt. Zu Jonathan, der sich den Mordabsichten seines Vaters gegen David verweigert, heißt es:

> Wenn Eltern ihren Kindern etwas sündliches befehlen, so müssen sie es nicht thun, sondern sie müssen GOTT mehr gehorchen, als den Eltern.[11]

---

8 S.213.
9 S.117f.
10 S.88.
11 S.132. Als Beispiel für Gehorsamsverweigerung gegenüber der Obrigkeit benutzt Hübner auch das Beispiel der ägyptischen Hebammen S.81.

Einerseits sollen Kinder nicht gegen den Willen der Eltern heiraten – so vermerkt HÜBNER etwa kritisch zu Samson. Andererseits heißt es zur Heirat von Isaak und Rebekka, die Eltern sollen ihre Kinder auch nicht zu einer Heirat zwingen wollen.[12]

Pharao, David, Ahab und Herodes bieten dem Verfasser Gelegenheit zu der Feststellung:

> Die Zehn Gebote sind nicht nur vor die Unterthanen, sondern auch vor die Obrigkeit gemacht …

> GOtt der HErr kan auch die grossen Potentaten kirre machen, wenn sie auch noch so sehr wüten und toben. Das siehet man am König Pharao.[13]

Freilich begegnen hier auch Lehren und Nutzanwendungen, die uns recht weit hergeholt erscheinen mögen. So wenn die Tatsache, daß der verhaftete Jesus in der Nacht zwischen den Behörden hin und her verbracht wird, zur Warnung vor der Nachtschwärmerei dienen muß, oder wenn aus Anlaß des David'schen Ehebruchs mit Batseba die Frauenspersonen gemahnt werden, sie sollten sich in Acht nehmen, daß sie niemand Ärgernis geben. Und was mit dem Ärgernisgeben gemeint ist, sagt HÜBNER dann auch noch genauer:

> Hätte sich Bathseba nicht in ihrem Garten entblösset, so hätte David keinen Ehebruch und auch keinen Mord begangen.[14]

Eine seltsame Moral, wie dem heutigen Leser scheinen will: Der König wird geschont – nicht er, das Opfer ist schuld.

Mag der heutige Leser sich bei der Lektüre dieser alten Kinderbibel des Eindrucks nicht erwehren können, hier sei ein Übermaß an Moral und Pädagogik eingeflossen, so sollte doch zweierlei darüber nicht vergessen werden: Mit diesen vielfältigen Nützlichen Lehren und Gottseligen Gedanken verknüpft HÜBNER die biblischen Geschichten sehr eindrucksvoll mit dem realen Leben seiner Zeit. Der Glaube von Christen hat entscheidende Bedeutung für den Alltag: für Familienleben und Erziehung, für Schule und Kirche, für Beruf und öffentliches Leben. Und: Während in heutigen Kinderbibeln pädagogisch-moralische Wertungen und Tendenzen unter fantasievoll ausschmückender Erzählung versteckt dem Leser oft sehr subtil verborgen

---

[12] S.110 und 36.
[13] S.159 und 92. ERNST BLOCH spricht von den „anderen Intentionen der Bibel, die nicht den Herren und ihrer Herrschaft dienen", und kann die Bibel geradezu ein „subversives Buch" nennen. a.a.O.S.54. (s. Anm.2 S.13). Diesen „anderen Intentionen" haben Kinderbibeln oft nicht Ausdruck gegeben.
[14] S.376 und 137.

und in homöopathischen Dosen verpackt angeboten werden, ist HÜBNER in dieser Hinsicht sehr offen und direkt. Aber was er den Leser für Gedanken und Vorsätze aus einer biblischen Geschichte ziehen lassen möchte, das hebt er doch sehr klar von der eigentlichen Nacherzählung ab und gibt sich damit als Autor deutlich zu erkennen.

4.1.3   Christliche Dogmatik in der Kinderbibel

Die Katechismusorientierung der HÜBNERschen Bibelausgabe zeigt sich auch in der Aufnahme dogmatischer Elemente aus der Gotteslehre, der Christologie und der lutherischen Sakramentslehre. Gottes Vorauswissen und Vorsehung, seine Allmacht und Güte, seine Allwissenheit werden verschiedentlich zum Thema. Die Dreieinigkeitslehre wird bei Jesu Taufe und Himmelfahrt wie auch bei der Erzählung von Jakobs Traum abgehandelt. Dort fügt HÜBNER zum Bild von der Himmelsleiter als gottselige Gedanken an:

> Doch zeigt mir GOttes Wort dergleichen in der That:
> Ich sehe vor mir stehn auch eine solche Leiter,
> Die bis gen Himmel reicht, und nur drey Stufen hat:
> Die sind des *Vaters* Huld; HErr *JEsu!* deine Schmertzen;
> Und HErr *GOtt Heil'ger Geist!* dein Glaub in meinem Hertzen.[15]

Christi Gottmenschheit wird zur Engelsverkündigung an Maria thematisiert:

> Maria war „verlobte Jungfrau, aber keine Ehefrau, deswegen die Alten gesagt haben: Das Kindlein JEsus hätte nach seiner *menschlichen Natur* keinen Vater, nach der *göttlichen Natur* im Himmel keine Mutter."[16]

In der 42.Historie „Von der Einsetzung des heiligen Abendmahls" setzt HÜBNER den zwei Sakramenten der jüdischen Gemeinde, der Beschneidung und dem Oster-Lamm, die von Christus für die Kirche eingesetzten Sakramente entgegen: die Taufe und das Abendmahl. Über dieses Sakrament sagt er in seinen Nützlichen Lehren – in Aufnahme lutherscher Katechismusformulierungen:

> Diese Worte Christi nehmen wir ja billig an, wie sie lauten, und gläuben also, daß *in, mit, und unter* dem gesegneten Brodte der wahre Leib; imgleichen *in, mit, und unter* dem gesegneten Kelche das wahre Blut JEsu Christi, dargereicht werde.[17]

---

[15]   S.44.
[16]   S.247.
[17]   S.361.

Zur Aneignung von Jesu erlösendem Werk ermuntert das zur Identifikation mit dem Autor auffordernde „Ich" in Bildern des barocken Blut- und Seitenwundenglaubens, wenn HÜBNER etwa zum Auszug der Kinder Israel aus Ägypten anmerkt:

> O JEsu, GOttes Lamm! das Blut aus deinen Wunden
> Hat noch viel grössre Krafft in Noth und in Gefahr.
> Mit deinem Blute will ich Seel und Leib bestreichen,
> So wird von mir der Tod, ja selbst der Teufel weichen.[18]

Das Blut des Heilandes ist also noch wirksamer als das Blut der geschlachteten Lämmer, mit dem die Israeliten ihre Haustür gegenüber dem Todesengel kenntlich machen sollten. Und als Abschluß der Noahgeschichte prägt HÜBNER als gottseligen Gedanken ein:

> Ich will, HErr JEsu! mir aus deiner offnen Seiten,
> Wenn alles wird vergehn, ein Arche zubereiten![19]

Es bleibt natürlich zu fragen, in wie weit diese dogmatischen Belehrungen Schülern zugänglich waren, die wie FRIEDRICH VON KLÖDEN alles in gleicher Weise als Gottes Wort nahmen und denen möglicherweise gerade die Unverständlichkeit der Texte als Beweis ihres göttlichen Charakters gelten mochte. Jedenfalls konnten diese dogmatischen Stücke das HÜBNERsche Buch vor dem Verdacht der geistlichen Genehmigungsbehörde absichern, der Verfasser wolle damit den bewährten LUTHERschen Katechismus aus der Schule verdrängen.[20]

4.2 Johann Peter Hebel: Biblische Geschichten. Für die Jugend bearbeitet ... (1824)

4.2.1 Die Bibel auf „Alemannisch"

JOHANN PETER HEBEL (1760–1826), Theologe und Schulmann in Baden, schließlich in der Kirchen- und Schulbehörde seines Landes und beliebter Schriftsteller in der alemannischen Mundart: Sein Alterswerk sind die Biblischen Geschichten, die für den Gebrauch in den evangelischen Schulen Badens bestimmt waren. Das wachsende Ungenügen an der HÜBNERschen Schulbibel weckte das Bedürfnis nach einem neuen biblischen Schulbuch.

---

[18] S.92.
[19] S.20.
[20] s.o. S. 36.

Ihm hatte HEBEL mit einem Gutachten vorgearbeitet: Dann übernahm er auch die Ausführung.

HEBELs Biblische Geschichten waren von Anfang an umstritten. Knapp dreißig Jahre nach HEBELs Tod werden sie aus dem Schulgebrauch durch die kirchliche Obrigkeit zurückgezogen und durch eine sich enger an den Bibeltext haltende Bearbeitung ersetzt. Konservativ eingestellte Kritiker haben HEBEL angekreidet, daß er die Bibel durch die Brille des Aufklärers gelesen und so erzählend weitergegeben hat. Aber es war kein platter Rationalismus, wenn er konsequent die „Bedeutung der Taten Gottes von den Wundergeschichten der Bibel in das Wunderbare der Natur" verlagerte und, „wo es natürliche Erklärungen für Geschehnisse der Bibel gibt, sie nicht unausgesprochen lassen will."[21] Beleg für sein kritisch redliches Verhältnis zur biblischen Überlieferung ist, daß er zu sagen wagt: „Nicht alles, was Jesus seinen Zeitgenossen sagt, gilt auch für alle Menschen und für alle Zeiten."[22]

Im Unterschied zu der strengen, verdichteten und am biblischen Text orientierten Erzählweise von HÜBNER ist der Erzählstil von HEBEL sehr frei, breit ausmalend und paraphrasierend, dabei fantasievoll und lebendig wirkend. Wichtig ist dem Erzähler, die ausgewählten Geschichten miteinander in Zusammenhang zu bringen. Vital wirkt dieser Stil durch die „Farbklekse", die HEBEL mit kräftigen gefühlsgeprägten Wendungen setzt: So läßt er Adam „mit kindlicher Freude" die Schöpfung sehen und „mit freudigem Schrecken" seine Partnerin erkennen. Für David war die Empörung seines Sohnes Absalom „das schmerzhafteste unter allen Unglücken" – wie für Jesus der verräterische Kuß, mit dem Judas „das schöne Zeichen der Freundschaft und der Liebe zu einer so schändlichen Treulosigkeit mißbrauchen" konnte, ein „tiefer Schmerz" war. Am Ostermorgen aber war der „tränenreiche Sabbat" vorüber: „Die Verheißung kann nicht sterben."

Andererseits würzt HEBEL seine Erzählung mit spontan anmutenden gefühlvollen Zwischenbemerkungen, in denen er sich als Autor in seinem Empfinden zu erkennen gibt. So klagt er zum Lobgesang der Maria:

> Arme Jungfrau, es kommt noch eine Stunde, in welcher dich niemand wird selig preisen.[23]

Und die Aufnahme der Predigt Jesu in der Synagoge von Nazaret kommentiert er mit der Bemerkung:

---

21   Zitiert nach ISO CAMARTIN S.353f.
22   Bei ISO CAMARTIN S.354.
23   S.176.

> Darüber hätten sie sich billig freuen sollen, daß der bei ihnen klein war und groß wuchs, den Gott zum Heiland der Menschen geheiligt hatte. Sie hätten billig die ersten sein sollen, welche ihn als den Heiland anerkannten und liebhatten, weil er als ein frommes Kind unter ihren Augen aufgewachsen war.[24]

Zum Abschluß einer Geschichte kann sich HEBEL auch mit einer Bemerkung direkt an den Leser wenden wie etwa zum Gleichnis vom reichen Mann und armen Lazarus:

> Mache dich auf Erden würdig für das heilige und selige Reich Gottes, das im Himmel ist. Werde reich in Gott![25]

Die handelnden Personen bedenkt HEBEL oft mit gefühlvollen, oft auch moralisch bewertenden Beifügungen: Im Paradies „kam mit farbenreichen, schimmernden Schuppen und in schönen Windungen eine glatte Schlange: denn also kommt die Verführung." Rebekka wird als „feine, sittsame Jungfrau" eingeführt, Joseph „der gutherzige Bruder " genannt. Der junge Samuel war ein „frommer und aufgeweckter Knabe", David ein „edler Held, den man nicht genug liebhaben kann" und der Täufer Johannes ein „frommer und unerschrockener Mann". Natürlich geht es auch andersherum, daß der Autor seine sittliche Verachtung in kräftigen Ausdrücken kundtut: Elis Söhne waren zwei „leichtfertige und unwürdige Menschen", der „nichtswürdige" Absalom ein „tückischer Mensch", der den „verruchten Gedanken" an einen Umsturz hatte und zu dessen Tod es dann bündig heißt: „Wer Vater zerstört und Mutter verjagt, der ist ein schändliches und verfluchtes Kind." Und Judas schließlich ist ein „Tückischer und Verworfener", ein „verstockter Sünder".

Die kürzer oder breiter ausgeführten Einleitungs-, Zwischen- und Schlußbemerkungen stellen die Geschichten in ihren *Zusammenhang* und bringen urteilende Zusammenfassungen, oft in sentenzenhaft anmutender Form. So wird die Batseba-David-Geschichte eingeleitet:

> Es folgt nun eine schlimme Geschichte, und es wäre ja wohl besser, daß sie sich nicht zugetragen hätte. David fiel in eine große Sünde. Ein mächtiger König hat größere Gelegenheit und Versuchung zur Befriedigung seiner Begierden als ein anderer, wenn er nicht Gott stets vor Augen behält. Mancher, der sich in seiner Armut und Niedrigkeit wohl für fromm hält, wer weiß, wie er wäre, wenn er in Macht und Reichtum lebte und ungestraft und ungescheut tun könnte, was er wollte.[26]

---

[24] S.200.
[25] S.252.
[26] S.124.

42

Zu Beginn der Josefserzählung gibt HEBEL dem Leser eine Vorahnung des Kommenden:

> Joseph ging [zu seinen Brüdern auf die Weide], aber er kam nicht mehr heim. Er wußte nicht, welchem Unglück und welcher Erhöhung er entgegenging. Des Menschen Gang steht nicht in seiner Gewalt. ... Diese Untat wird den Söhnen Jakobs auch nicht unbezahlt bleiben.[27]

Oder am Schluß zu Josephs Erhebung betont HEBEL zusammenfassend:

> Das ist nun Josephs wunderbarer Weg, den er wandeln mußte: aus des Vaters Haus in eine tiefe Grube, aus der Grube ... in das Haus des Potiphar, aus dem Haus des Potiphar in das Gefängnis, aus dem Gefängnis in des Königs Palast.[28]

„Was die Erde schuldig bleibt, darüber wird Rechnung im Himmel gehalten werden", lautet die Einleitung zum Gleichnis vom reichen Mann und dem armen Lazarus. Und des öfteren tröstet der Autor den Leser mit der Sentenz: Wenn die Not am größten, ist oft ihr Trost am nächsten – so in der Josefserzählung, aber auch in der Erzählung von der Kreuzigung Jesu:

> Wenn der Schmerz am höchsten ist, ist seine Auflösung am nächsten.[29]

Die Schöpfungserzählung wiederum findet ihren Abschluß in dem lobpreisenden Psalm:

> Herr! wie sind deine Werke so groß und viel! Du hast sie alle weislich geordnet, und die Erde ist voll deiner Güter.[30]

In diese Zwischenbemerkungen bringt der Autor natürlich auch eine Menge historischer Erklärungen und Hinweise auf Heutiges unter: Zur Ganztaufe, zu Synagoge, zum Abendmahl und Kindertaufe, zum Weihnachtsfest. Zum Neuen Testament leitet HEBEL über mit einem Resümee über den Untergang des Reiches Juda und mit einem zusammenfassenden geschichtlichen Überblick über die Entwicklung vom Perserreich bis zur römischen Herrschaft.

4.2.1 Der freundliche Gott

Einen „menschlichen Gott" wollte HEBEL in seiner Bibelausgabe den Schulkindern zeigen[31]: So ist es Gottes freundliche Seite, die in HEBELs

---

[27] S.46 und 48.
[28] S.52.
[29] S.282.
[30] S.8.

43

Nacherzählungen im Vordergrund steht. Deshalb läßt der Autor alles Rohe und Grausame in der Bibel aus wie z.B. Isaaks Opferung, die ägyptischen Plagen werden nur summarisch kurz aufgeführt. Die Tötung der Baalsprofeten durch Elia läßt HEBEL den Leser kritisch sehen: „Zwar die Zeiten brachten es so mit sich", kommentiert er: „Aber der allzu große Eifer im Guten kann zu allen Zeiten selbst das Gute hindern und das Böse befördern."[32] Der Tod des Kindes, das Batseba nach dem Ehebruch mit David geboren hatte, ist als Unglück, nicht als Strafe Gottes zu verstehen.

Erbarmen und Trost, Fürsorge und Liebe sind es, die Gott den Menschen in Fülle zuwendet. Die Speisungserzählung gibt dem Autor Gelegenheit, ausführlich die Fürsorge Gottes zu beschreiben:

> … gleicherweise, wie Gottes Segen in manchen Stücken immer größer wird, je mehr man ihn gebraucht, je dankbarer man ihn genießt und das Überflüssige zu Rat hält. Nährt nicht Gott auch von Jahr zu Jahr von einer geringen Aussaat viele tausend Menschen und vieler tausend Eltern Kinder, noch ohne die zahllosen Geschöpfe, die nicht säen und nicht ernten, und wenn alle gegessen und gelebt haben, ist nicht auch in der großen Haushaltung Gottes jährlich viel mehr noch übrig als anfänglich gesät wurde?[33]

Dabei wird von Gott sehr zurückhaltend erzählt. Die Schöpfung scheint sich wie von selbst zu entwickeln. Die priesterschriftliche Schöpfungserzählung in 1.Mose 1 betont sehr ausdrücklich die göttliche Aktivität: Und Gott sprach. Und Gott sah. Da schied Gott … Da machte Gott. Und Gott nannte. HEBEL dagegen verwendet einen unpersönlichen, neutralen Stil: Da schied sich …, also wölbte sich, es taten sich Wasserquellen auf. Die Sonne erschien, es kamen Tiere auf der Erde zum Vorschein. Der Leser erhält den Eindruck, es handele sich hier um eine selbstlaufende natürliche Entwicklung. Erst am Ende bezieht sich der Autor auf das biblische „Gott sprach", wenn er dort zusammenfaßt:

> „Das alles ist so geworden durch Gottes allmächtigen Willen, durch sein lebendiges Wort. Gott sprach: ‚Es werde!' – und es ward….[34]

---

31 So KLAUS DESSECKER in: Johann Peter Hebel. Eine Biographie mit Skizzen aus seinem Schaffen. Lahr: Verlag Ernst Kaufmann 1990 S.38f. Ähnlich NORBERT GREINACHER, der Hebels biblische Geschichten als ein einziges Zeugnis seiner „Theologie der Menschlichkeit" wertet (in: HERMANN HÄRING und KARL JOSEF KUSCHEL: Gegenentwürfe. 24 Lebensläufe für eine andere Theologie. München: Piper 1988 S.20).

32 S.142.

33 S.233.

34 S.7f. Diese zurückhaltende Weise HEBELS, von Gott zu sprechen, findet ihre Entsprechung in der Erzählweise von heutigen KinderbibelautorInnen: LAUBI, EYKMAN, BLOCK. Die Frage ist, wieweit biblische Geschichten, die ursprünglich „von oben" gedacht sind (Gott als direktes Handlungssubjekt einer Geschichte), übersetzt werden

4.2.2 Jesus – der Menschenfreund

In ähnlicher Weise steht Jesus als Menschenfreund und Wohltäter im Vordergrund. „Sein Wort, sein Werk und jeder Schritt waren Segen und Erbarmen", heißt es zum Ende der Geschichte von Jairus' Tochter.[35] Auf dem Berg der Verklärung „sahen die drei Jünger etwas von der Herrlichkeit Jesu, wie das irdische Auge sie wahrnehmen konnte. Aber noch viel herrlicher verklärte er sich ihnen in seiner Liebe, in seinen fortgesetzten wohltätigen Handlungen und in seinen erfreulichen Himmelslehren."[36]

Klingt in der betonten Bezeichnung Josefs als des „Pflegevaters" Jesu und Marias als „Jungfrau" die traditionelle kirchliche Christologie hindurch, so ist doch die Göttlichkeit Jesu weithin unbetont. Die Wundergeschichten werden, wo es geht, „entmythologisiert": Die wundersame Speisung wird durch den Hinweis auf Gottes wundersame Versorgung, die er der gesamten Menschheit angedeihen läßt[37], relativiert. Die Auferweckung der Tochter des Jairus bringt HEBEL für den Leser in Beziehung zum alltäglichen Erweckungsvorgang:

> Als sie nun so allein an dem Bett des erblaßten Mägdleins standen, ergriff es Jesus bei der Hand und sprach: „Kind, stehe auf!" *wie wenn am Morgen eine Mutter ihre Kinder weckt. Sie stehen frisch und munter auf und begrüßen das Tageslicht.* Also stand auch auf den Ruf Jesu das entschlafene Töchterlein des Jairus auf ...[38]

So wird ein mirakelhaftes Mißverständnis abgewehrt. Jesus ist kein alleskönnender Zauberer, der über geheimnisvolle Wunderkräfte aus sich selbst verfügt. Nein – er „hatte von Gott auch wundersame Gaben erhalten, kranke und gebrechliche Menschen" durch sein Wort gesund zu machen."[39]

Diese Tendenz, Wunder nicht überzubetonen und wenn möglich auf natürliche Weise verständlich zu machen, begegnet uns bei HEBEL auch sonst. So ist für ihn der Profet Elia ein wetterkundiger Mann und kann deshalb die jahrelange Trockenperiode voraussagen. Daß die Lebensmittelvorräte der armen Witwe in Zarpat nicht ausgehen, dazu sei

> „wohl zu glauben, daß es gute Menschen aus der Nachbarschaft waren, welche der armen Frau täglich so viel zum Unterhalt des Propheten zutrugen, daß sie und ihr

---

können und müssen durch ein Erzählen aus der Position „von unten" (Menschen, die Erfahrungen mit Gott machen, als Handlungssubjekte). s. dazu weiter unten Kap.8.2.1: Geschichten von oben oder von unten? S.151ff.

[35] S.228.
[36] S.237.
[37] s.o. S.44.
[38] S.227f.
[39] S.201.

Kind auch davon zu leben hatten. Wiewohl Gott kann auch wunderbar die Seini-
gen retten und segnen und die Gutmütigkeit einer vertrauenden Seele belohnen."[40]

Die Jesusgeschichte beschließt HEBEL mit einem selbstformulierten Glaubensbekenntnis, das vor allem in den Formulierungen, die über das Traditionelle hinausgehen, das Glaubensverständnis des Autors zeigt und am
Schluß in sehr eigener Weise auf das Bild vom dreieinigen Gott hinweist:

> Das [Jesus] ist der Verheißene, in welchem alle Geschlechter der Erde sollen ge-
> segnet werden, geboren in Bethlehem, schon in seiner Kindheit *verloren, wieder-
> gefunden am dritten Tag* in Jerusalem, getauft von Johannes im Jordan, versucht
> in der Wüste, gesendet von Gott, zu stiften das heilige Reich Gottes auf der Erde
> und *die selige Wiedervereinigung der Menschen mit Gott; geliebt von den Guten,
> verfolgt von den Bösen,* verraten von seinem Jünger, gekreuziget, gestorben und
> begraben; am dritten Tage auferstanden von den Toten, aufgefahren gen Himmel.
>
> Also hat ihn auch Gott erhöht und ihm einen Namen gegeben, der über alle
> Namen ist, daß in seinem Namen sich alle Knie beugen und alle Zungen bekennen
> sollen, daß Jesus Christus der Herr sei.
>
> … Das war das erste christliche Pfingstfest, das ebenfalls noch heutzutage in allen
> Kirchen gefeiert wird, fünfzig Tage nach Ostern, wenn Gottes lebendiger Odem
> durch den blühenden Frühling weht und das Jahr befruchtet. Jeder Sonntag ist ein
> Gedächtnisfest, erstens für Gottes leibliche Wohltaten in der Schöpfung, zweitens
> für die Auferweckung Jesu von den Toten, drittens für die Sendung des Heiligen
> Geistes.[41]

So kommt auch die christliche Lehre in HEBELs Biblischen Geschichten
nicht zu kurz; allerdings gibt er ihrem Kernstück hier einen sehr eigenen,
persönlichen Ausdruck. Wenn sich auch HEBELs Bibelausgabe nicht lange
im Schulgebrauch halten konnte, ihre erzählerische Kraft, ihre geistige Red-
lichkeit und der Brückenschlag, den der Autor von der biblischen Welt zum
Leser hin bietet, waren Grund, daß sich immer wieder Leser für sie fanden.

4.3 Julius Schnorr von Carolsfeld: Die Bibel in Bildern (1860)

4.3.1 Die Bilderbibel als Volksbuch

JULIUS SCHNORR VON CAROLSFELD (1794–1872) wirkte nach einer Schaf-
fensperiode in Rom in München und ab 1846 an der Dresdener Akademie.
Neben einer Reihe von historisierenden Gemälden stellt die von ihm geschaffene Folge von 240 Holzschnitten zur Bibel sein graphisches Haupt-

---

[40] S.140f.
[41] S.295f und 300 (Sperrungen vom Verf.).

werk dar. Der Gedanke daran beschäftigte ihn sein ganzes künstlerisches Schaffen hindurch. Schon im Kreise der Nazarener, dem sich SCHNORR VON CAROLSFELD in Rom anschloß, entstand die Idee, eine Folge biblischer Bilder zu schaffen – ursprünglich als Gemeinschaftswerk dieser Künstlergruppe gedacht. Seit den 1820er Jahren begann SCHNORR VON CAROLSFELD, allmählich biblische Bilder aus eigenen Produktionen zusammenzustellen. So entwarf er ein Verzeichnis der zu schaffenden Bilder und sammelte seine Zeichnungen. Nach Vorabdrucken kam es mit dem Leipziger Buchhändler Georg Wiegand zum Vertragsabschluß über das Werk (240 Zeichnungen für je 50 Taler Honorar) und schließlich 1860 zur Herausgabe der gesamten „Bibel in Bildern".

Wie der Künstler in der Vorrede zu seinem Werk erklärt, soll die Kunst mitwirken „an der Erziehung und Bildung des Menschen": Dies besonders, indem „sie die Geschichte und namentlich die in der Bibel niedergelegte heilige Weltgeschichte zur Anschauung" bringt. So ging es SCHNORR VON CAROLSFELD um das Ganze der biblischen Botschaft: Nicht „Bilder zur Bibel", sondern die „Bibel in Bildern" (statt in Texten) wollte er schaffen.

Ein „Volksbuch" sollte sie werden.[42] Darum entschied der Künstler sich zuletzt für die Technik des elementar wirkenden Holzschnitts, die er für diesen Zweck angemessen hielt. Die Einzelbilder sind mit einem Titel und einem Leitvers aus der zugehörigen biblischen Geschichte versehen. Dem Bildteil stehen Erklärungen zu den einzelnen Bildern (von BRUNO LINDNER zur Teilausgabe von 1853 bzw. von HEINRICH MERZ zur Vollausgabe von 1860) voran: Sie bieten eine paraphrasierende Wiedergabe der betreffenden Geschichten und eine detaillierte Beschreibung und Ausdeutung der auf den Bildern dargestellten Szenen. Die Notwendigkeit solcher Erklärungen begründet MERZ mit dem mangelnden Kunstsinn der Zeitgenossen, der ihnen die Sprache der Kunst noch fremder erscheinen lasse als die Sprache der Bibel. Man spürt hier einen inneren Widerspruch zu der Auffassung des Künstlers selber: Der sah doch gerade den Vorteil der Kunst darin, sie sei „eine Weltsprache, eine Universalsprache", die „Allen zugänglich sei, die Augen haben", – und darum gerade auch eine besondere Wirkung auf Kinder ausübe. Deshalb bedürfe sie keiner Verdolmetschung. BRUNO LINDNER dagegen wollte mit seinen Erklärungen nichts Eigenes bringen und so „ein desto treuerer Auslager sein; meine Feder soll lediglich der *Dolmetscher seines Pinsels* sein." Hatte SCHNORR VON CAROLSFELD im Vertrauen auf die Macht der künstlerischen Sprache eben eine Bibel in Bildern schaffen wol-

---

42 Der Erklärer BRUNO LINDNER konnte sie im national getönten Stil seiner Zeit als *„populäre Dogmatik"* preisen, als ein *„Nationalwerk*, desgleichen sich noch keine andere Nation rühmen kann".

len, Bildern, die in ihrer Weise die biblischen Geschichten erzählen, so scheinen die Erklärer dieses Vertrauen nicht ganz zu teilen.

Wie erwähnt, hatte SCHNORR VON CAROLSFELD schon frühzeitig ein Verzeichnis biblischer Bildmotive festgelegt. Wo er später Lücken bemerkte, ergänzte er dieses Verzeichnis, um seinem Anspruch nach „Vollständigkeit des biblischen Bilder-Cyklus" gerecht zu werden. Darum gehören Anfang: die Schöpfung – und Ende: die neue Schöpfung – in sein Bilderwerk: Sie gelten dem Künstler als die rechten „Widerlager, auf welchen die Weltgeschichte ruht und über denen sie, wie die Wölbung eines heiligen Domes sich ausspannt." Seine endgültige Auswahl bot 160 Motive aus dem Alten Testament (darunter einen nicht geringen Anteil an Motiven aus den apokryphen Schriften: 17 Bilder) und 80 aus dem Neuen Testament (hier beziehen sich 5 Einzelbilder auf Inhalte der Offenbarung des Johannes). Während der Künstler einige biblische Geschichten mit mehreren Bildern (so besonders in der Urgeschichte: die Schöpfung, der Sündenfall, Kain und Abel und die Sintflut) bedacht hat, müssen sich andere (so in aller Regel die neutestamentlichen) mit einem ausgeführten Bild begnügen. Wenn „allein das *Auswählen* bestimmter Szenen, Figuren, Vorgänge, Dinge und Symbole eines Textes für die Wiedergabe im Bild ... *schon eine Interpretation*" darstellt[43], dann wird dies an der Auswahl von Szenen, die SCHNORR VON CAROLSFELD in seiner „Bibel in Bildern" getroffen hat, sehr deutlich: Die Aufmerksamkeit des Lesers wird damit in Bahnen gelenkt, die der Künstler bestimmt.

In der Weise der Auswahl, mehr noch dann der Art der Gestaltung der Bilder bringt der Künstler sein Verständnis, das er von den ausgewählten biblischen Stoffen hat, zum Betrachter hinüber.

Besonders beeindrucken die SCHNORR VON CAROLSFELDschen Bibelbilder durch ihre Monumentalität: Die Handlungspersonen erscheinen stets groß im Vordergrund, den sie voll ausfüllen. Die Szenen sind mit kräftig ausladender Bewegung und Gestik dramatisch ausgeführt. Man betrachte dazu etwa das Bild über Joseph und Potiphars Frau (Bild 39): Die einladend-verführerische, vom Körper in die Arme gehende Bewegung der Frau wird aufgenommen von der Josefsfigur, die in dramatischer Geste aufspringend nach rechts flieht. Oder ein Bild, in dem die motorische Bewegung zurücktritt, aber die Bewegungsgesten der Personen vom Künstler eingesetzt werden, um die Bedeutung der Szene anschaulich hervorzuheben: Nathans Bußpredigt (Nr.102). Der Profet zeigt mit steil nach oben gehobenem Arm und mahnendem Finger auf das Gedankenbild, das die Unglücksgeschichte ins

---

43   So GOTTFRIED WILLEMS: S.420.

48

Bild bringt, die dem schuldig gewordenen David und seinem Haus droht. Der König ist in Reue unter diesen ausgereckten Arm gebeugt. Am Bildrand steht im Schatten Batseba: Sie hält ihren Arm wie schützend über ihr Kind, dessen Tod der Profet angekündigt hat. Am linken Bildrand aber sieht man den Zug der Soldaten, die den gefallenen Uria auf einer Bahre mit sich führen. Wo der Geschichtenerzähler dem Gang der Handlung folgend nacheinander die Begebenheiten erzählen muß, ist der Betrachter mit dem ganzen David-Batseba-Drama in einem konfrontiert: Mit großer Kraft hat hier der Künstler die Abfolge der Erzählung in ein Simultanbild zusammengebracht.

4.3.3   Gott im Bild

SCHNORR VON CAROLSFELD hat keine Scheu gehabt, Gott bildlich darzustellen. Seine umstrittenen Gottesdarstellungen verteidigt er mit der anthropomorphen Bildersprache der Bibel und beruft sich dafür auf LUTHERS Auslegung des Bildergebots[44]. Als Ergebnis des Bilderstreits habe schon die alte Kirche es der Kunst gestattet, „ohne Einwendung in dem Wörterbuch ihrer Sprache das Wort ‚Gott' zu führen, das heißt, den Schöpfer unter der Gestalt eines Menschen darzustellen".

Besonders eindrücklich sind die Schöpfungsbilder, die das Sieben-Tage-Werk nachzeichnen: Sie sind beherrscht von einer übergroßen, das Bildganze ausfüllenden, schwebenden, dynamisch in ihrer Bewegtheit wirkenden Gottesfigur, deren Verwandtschaft mit dem Schöpfergott Michelangelos dem Betrachter ins Auge fallen muß. Unter diesen Darstellungen erscheint das Bild des am Schöpfungssabbat ruhenden Gottes, der seine Füße auf der als sein Fußschemel fungierenden Erdkugel ausruht (Bild Nr.7): das klassische Bild eines männlichen, patriarchalisch über der Welt thronenden Gottes. Dieses Bild, mit dem der Künstler entsprechende biblische Redefiguren[45] nachbildet, wird natürlich sehr eigene Stimmungen und Gedanken beim heutigen Betrachter auslösen. Ganz anders dagegen wirkt etwa jene Collage, die einmal die Titelseite einer deutschen Illustrierten zierte: Der aus

---

[44]   s.u. S.59.

[45]   s. z.B. Jesaja 66,1: So spricht der Herr: Der Himmel ist mein Thron und die Erde der Schemel meiner Füße! Was ist das für ein Haus, das ihr mir bauen könntet, oder welches ist die Stätte, da ich ruhen sollte? – ein tempelkritisches Wort, das in Apostelgeschichte 7,49 in eben diesem Sinn zitiert wird. s. auch Matthäus 5,35.

Der Prophet Jesaia.

Und ist ein Kind geboren, ein Sohn ist uns gegeben, welches Herrschaft ist auf seiner Schulter, und er heißt Wunderbar, Rath, Kraft, Held, Ewig-Vater,
Friede-Fürst. Aber er ist um unserer Missethat willen verwundet, und um unserer Sünde willen zerschlagen. Die Strafe liegt auf ihm, auf das wir Friede hätten,
und durch seine Wunden sind wir geheilet. Darum will ich ihm große Menge zur Beute geben, und er soll die Starken zum Raube haben, darum daß er sein
Leben in den Tod gegeben hat.
Jesaias. Cap. 9. v. 6. Cap. 53. v. 5. Cap. 53. v. 12.

(139.)

Schnorr von Carolsfeld, Bibel in Bildern, Nr. 139: "Der Prophet Jesaia".

Etwa hundert Jahre später
trat in Jerusalem
der Prophet Jesaja auf.
Unruhe und Kriege
erfüllten das Land,
und Jesaja kündete:
Gott wird Gericht halten.
Aber er tröstete auch:
Vertraut unserem Gott!
Wer fest an ihn glaubt,
kann gerettet werden.
Gewaltig schallte sein Wort in die Zeit:
Der Messias wird kommen!

Anneliese Pokrandt,
Elementarbibel 5.
Illustration: Reinhard
Herrmann, "Jesaja".
© Verlag Ernst Kaufmann,
Lahr, Abb. S. 38.

50

einer NASA-Weltraumrakete aufgenommene blaue Planet Erde, der nicht als göttlicher Fußschemel dient, sondern von einer Hand zärtlich, aber fest gehalten wird.

Den Argumenten zum Trotz, die der Künstler zugunsten des Gebrauchs der Vokabel „Gott" innerhalb der Sprache der Kunst ins Feld geführt hat, kann seine Gottesdarstellung auf den heutigen Leser doch oft nur irritierend wirken. So etwa auf Bild 54: Moses empfängt die Gesetzestafeln. Das scheint dort – wie von Hand zu Hand – ganz konkret und unvermittelt vom Himmel auf die Erde zu gehen. Der aufgetürmte Wolkenberg, in dem Gott, von Posaune blasenden Engeln umgeben, erscheint, das respektvoll gesenkte Gesicht des Mose als symbolische Grenzmarkierung kann gegen den Eindruck, den der handfeste, taktile, materielle Kontakt zwischen Gott und Mose hinterläßt, kaum ankommen. So ist die Gefahr nicht ausgeschlossen, daß der kindliche Betrachter die Geschichte in naiv-fundamentalistischer Weise mißversteht.[46] Marc Chagall hat die gleiche Szene sehr anders – auf deutlich symbolisierende Weise – gemalt: Die Gesetzestafeln, die zwei aus der Wolke reichende Arme eines verhüllt bleibenden Wesens dem Mose entgegenstrecken.

Desgleichen hat SCHNORR VON CAROLSFELD keine künstlerische Hemmungen verspürt, dem Betrachter einen Blick in den Himmel zu gewähren: So etwa beim Gleichnis vom verlorenen Sohn, wo er den Himmel mit seinen Engeln ins Bild bringt, die sich über den Sünder, der Buße tut, freuen. Oder beim Gleichnis vom reichen Mann und armen Lazarus, wo der Betrachter neben der irdischen Handlungsszene den Armen in Abrahams Schoß und den Reichen in den Flammen der Hölle erblickt.

4.3.4 Jesaja – eine Vordeutung auf Christus hin

Viele Bilder spiegeln auch dem heutigen Leser sehr deutlich die Weise wider, in der der Künstler die biblischen Erzählungen verstanden hat: so etwa das Bild 139 (Der Prophet Jesaja) (s.S.50). Es will die Berufungsszene aus Jesaja 6 zeigen. Von links nähert sich ein Engel, der mit einer Zange ein Stück glühende Kohle dem Profeten entgegenhält: „Da flog einer der Sera-

---

46   Dazu HANS-JÜRGEN FRAAS in WOLFGANG LANGER: „Handbuch der Bibelarbeit" S.181: „So hat die im protestantischen Bereich ein Zeitlang mit Vorliebe gebrauchte Bebilderung der biblischen Geschichten durch SCHNORR VON CAROLSFELD für Generationen ein Wunderverständnis festgeschrieben (etwa bei der Darstellung des Durchzugs der Israeliten durch das Meer), das durch die Texte selbst nicht gedeckt ist, viele Erwachsene aber den Glauben als Märchen abtun ließ und ihnen einen Zugang zum Kerygma der Bibel verstellt hat."

phim zu mir und hatte eine glühende Kohle in der Hand, die er mit der Zange vom Altar nahm, und rührte meinen Mund an und sprach: Siehe hiermit sind deine Lippen berührt, daß deine Schuld von dir genommen ist und deine Sünde gesühnt ist." (Jesaja 6,6f)

Das Bild des Künstlers läßt den Betrachter zwei Ebenen sehen: Im Vordergrund der schauende Profet, dem sich von links der Engel mit der glühenden Kohle (die er nicht in der Hand hält, sondern mit einer Kohlenzange dem Profeten entgegenstreckt) nähert. Auf der Ebene dahinter erscheint die Christusgeschichte als Bildfolge von links nach rechts: Maria mit dem Jesuskind, der kreuztragende Jesus, umringt von Soldaten und lästernden Menschen, und der Auferstandene mit der Siegesfahne, deren Schaft er dem am Boden liegenden schlangenhaften Satan zwischen die Schulterblätter stößt. Damit hat der Künstler in einer Darstellung miteinander Personen und Ereignisse verbunden, die in seiner Sicht „nach ihren inneren Beziehungen zusammengehören", wie er es als besondere Möglichkeit der Kunst ansah. Für sein Verständnis steht eben die Mission des Jesaja in einer solchen inneren Verbindung zum Heilswerk Christi: Sie ist dessen profetische Vorausdeutung.

> Daran gemessen ist die Weise, wie die Zukunftsrichtung der profetischen Botschaft in der Elementarbibel von A. POKRANDT angedeutet wird, sehr dezent und zurückhaltend: Jesaja hält in der linken Hand eine Buchrolle, mit dem Zeigefinger weist er auf den sechszackigen Stern (s. den Stern der Magier in Elementarbibel Bd.8 S.45) im göttlichen Vier-Ringe-Symbol. Die beigegebene Schrift unter dem Bild endet mit dem Wort: „Der Messias wird kommen!"

Dagegen blendet die Darstellung den Zusammenhang mit der Geschichte Israels fast völlig aus: Der beigegebene König Ahas wie der Profetensohn (Jesaja 7,3. Sein Name „Schear-Jaschub" ist symbolisch zu verstehen: „Ein Rest wird sich bekehren") wirken nur als Statisten auf der Bühne der christlichen Szenerie. – Dieses – uns inzwischen problematisch gewordene – direkte christusbezogene Verständnis der Hebräischen Bibel findet sich auch an anderen Stellen der SCHNORR VON CAROLSFELDschen Bilderbibel, so gleich in dem voraufgehenden Bild 138, das eine Szene aus dem Hohenlied wiedergeben will: Die Ruhe der Freundin (= Kirche) unter dem Schutz des Freundes (= Christus).

In der Passionsgeschichte lenkt der Künstler wiederholt das Auge des Lesers auf die Gestalt des Judas. Auf zwei Bildern (Nr.206 und 207: Die Fußwaschung und Die Einsetzung des heiligen Abendmahls) erscheint die Figur des Verräters im Abseits. Er ist das dunkle Gegenbild der Jünger, die in Andacht den Dienst Jesu annehmen. Dunkel und Hell, Böse und Gut sind eindeutig geschieden: Die Restjüngerschar erscheint glorifiziert als Kreis von Jesus zugewandten und ihm glaubenden, des Ernstes der Handlung voll bewußten, andächtigen Freunden. Unter ihnen meldet sich keine Frage, kein Zweifel: „Herr, bin ich's?", keine Angst und Kleinmut. Ganz klar sind sie von der Gestalt des Judas durch über ihre Köpfe gesetzte Glorienreifen abgehoben. Dem Verräter, der als dunkle Gestalt im Hintergrund und am Rande erscheint, ist darüber hinaus noch ein volles eigenes Bild gewidmet (Bild 214: Des Verräthers Judas Ischarioth Ende – Matthäus 27,3–5).

Die „Bibel in Bildern" des Künstlers JULIUS SCHNORR VON CAROLSFELD hat in ihrer Art für mehrere Generationen die biblische Anschauung ihrer Leser geprägt. Immer wieder finden sich Hinweise auf diese Bibelausgabe in Lebensgeschichten.[47] Der Erfolg dieser Bilderbibel ging weit über Deutschland hinaus: Er übertraf die Erwartungen, die der Künstler selbst an sein Werk hatte. Wenn der künstlerische Stil SCHNORR VON CAROLSFELDs und der Nazarener zwischenzeitlich auch Kritik und Ablehnung fand – das heroisierende Pathos und die naiv wirkende Frömmigkeit der Nazarener sind uns fremd geworden –, so findet sein Werk doch heute wieder neue Beachtung: ihm waren 1994 zwei Ausstellungen in Leipzig und Bremen gewidmet.

---

[47] So RUTH REHMANN S.22f, ERHARDT GÜTTGEMANNS (in SIEGFRIED RUDOLF DUNDE: Vater im Himmel – Seine Söhne auf Erden. Reinbek: Rowohlt TB Verlag 1986) S.26.

5 Die Bilder in Kinderbibeln unter der Lupe

> Zur Kinderbibel gehört heute definitionsgemäß das *Bild*.
> Hier soll die theologische Problematik des Bildes, besonders des Jesus-
> bildes als Medium biblischer Botschaft erörtert werden. Es wird heraus-
> gestellt, daß Bilder nicht optische Verdoppelung des Erzählten oder
> schmückendes Beiwerk dazu sind. Ihnen kommt vielmehr ein unersetzli-
> cher eigener Wert gegenüber der von ihnen illustrierten Erzählung zu. Sie
> können dem Betrachter ein „Mehr“ an Verständnis erschließen.

5.1 Mit Bildern fängt es an

5.1.1 Die ersten Bilder

Bibel für Kinder – das ist per Definition eine *Bibel mit Bildern*: vom biblischen Bilderbuch, in dem das Bild dominiert, bis zur mehr oder weniger
reich illustrierten Bibelausgabe, in der der Schwerpunkt immer stärker
auf die Seite des Textes zu liegen kommt. Und Bilder sind es offenbar, die
die ersten und stärksten Eindrücke von Bibel für Kinder darstellen.[1]
Daher verwundert nicht, daß man bei Erwachsenen immer wieder auf Vorstellungen stößt, die sich in ihrer Kinderzeit an den Bildern in einer Kinderbibel gebildet haben [2]. Die Bilder in den Kinderbibeln sind so in besonderer

---

[1] So waren es z.B. die „packenden Bilder“ in den HÜBNERschen Biblischen Historien,
die den hannoverschen Heimatdichter HEINRICH SOHNREY (1859–1943) als zwölfjährigen Jungen auf dem Dorf faszinierten (zitiert bei CHRISTINE REENTS: Bildung durch
biblische Historien … a.a.O. S.94). Für diesen Tatbestand gibt es viele lebensgeschichtliche Zeugnisse. s. dazu die autobiografischen Belege bei P.WEISS, R.REH-
MANN, W.V.KÜGELGEN. Weiter bei SIEGFRIED RUDOLF DUNDE: Vater im Himmel –
seine Söhne auf Erden S.26, 74 und 146. – Zu meiner eigenen Erinnerung an Kinderbibel gehören ebenfalls visuelle Eindrücke: Erinnerungen an zwei holzschnittartige
Bilder zu „Absaloms Tod“ (2.Samuel 18,9–15) und „Der junge Tobias und der Fisch“
(Das Buch Tobit 6,3).

[2] s. dazu DIETRICH STEINWEDE 1975 S.245f.

Weise Zeugen für die Wirkungsgeschichte der Bibel, einer Wirkungsgeschichte unterhalb der Ebene der intellektuellen Theologie.[3]

Der „Sprache" der Bilder konnte JULIUS SCHNORR VON CAROLSFELD einen
hohen Rang zuerkennen:

> Sie sei, so sagt er in der Vorrede zu seiner „Bibel in Bildern" „eine Weltsprache,
> eine *Universalsprache*, Allen zugänglich, die Augen haben. Das Kind versteht die
> Sprache derselben [der Kunst] besser als viele Erwachsene." „Die Bilder sind ihm
> Gedanken, die sich ihm verständlich mittheilen, die es zur Theilnahme, zur Mit-
> wirkung anregen und es beleben." Kunst übe auf Kinder „ihre *erziehende* Kraft
> aus, ehe Mitteilungen durch Vermittelung einer anderen Sprache auch nur möglich
> sind."[4]

5.1.2   Bilder lesen lernen

Und doch – auch *Bilderlesen* will gelernt sein. Die Ähnlichkeit der Bilder
mit den Gegenständen, die sie abbilden, ist ja nicht einfach real gegeben. Sie
muß hergestellt, gesehen, erlebt werden. Wenn man Menschen, die in bild-
losen Kulturen aufgewachsen sind, mit Bildern konfrontiert, sollen sie zunächst nicht fähig sein, darauf abgebildete, ihnen bekannte Gegenstände zu
identifizieren. [5] Auch für Kleinkinder ist ein gezeigtes Bild anfangs nicht als
optisches Phänomen interessant. Es ist scheint's nicht etwas für die Augen,
sondern eher etwas für die Finger und den Mund: Mit einem Bild wird han-
tiert, geschoben, es wird betastet und beleckt.

Ein Säugling muß erst sehen lernen. Er muß lernen, die chaotische Vielfalt
seiner Seheindrücke zu selektieren und zu ordnen. Er muß lernen, seinen
Blick zu zentrieren (und damit anderes auszublenden) und Formen und Gestalten wahrzunehmen. So reagieren Kleinkinder z.B. schon bald auf das
mütterliche Gesicht, mit dem sie die intensivsten Erfahrungen machen:
Später reagieren sie in ähnlicher Weise, wenn ihnen ein optisches Symbol
für „Gesicht", eine Maske mit den für das Gesicht typischen Kennzeichen
vorgehalten wird. Ein Kleinkind muß innere Bilder entwickeln, die dann in
seinem Bewußtsein und Gedächtnis die Gegenstände und Personen der
Außenwelt vertreten, auch wenn diese selbst abwesend sind. Wichtige Stufe
im Bilderkennen ist schließlich auch das Wiedererkennen der eigenen Person, das Wahrnehmen des eigenen Bildes, des eigenen Ichs im Spiegel.

---

3   s. GÜNTER LANGE S.82.
4   JULIUS SCHNORR VON CAROLSFELD 1988 S.VIIf.
5   LUDWIG J.ISSING/JÖRG HANNEMANN (Hg): Lernen mit Bildern. Grünwald: Institut für
    Film und Bild in Wissenschaft und Unterricht (FWU) 1983 S.10.

Daß Illustrationen, wie sie seit langem zur Buchsorte „Kinderbibel" gehö-
ren, heute besonders wichtig werden, hat aber nun auch aktuelle Gründe:
Bislang herrschten in unserer Kultur die von der Schrift bestimmten Medien
(Buch, Zeitung) vor. Demgegenüber wird unsere Gegenwart in zunehmen-
dem Maße durch die neuen audio-visuellen Medien geprägt: das Bild (Foto,
Film, Fernsehen, Video, Computerbild) hat bei uns als Ausdrucks- und Mit-
teilungsform wieder ein stärkeres Gewicht bekommen. Aus der Welt der
Kinder wie auch aus der der Erwachsenen läßt sich das Medium „Bild"
nicht mehr wegdenken. Daß man z.B. im Fernsehen etwas gesehen hat, besitzt weithin mindestens gleichen (wenn nicht größeren!) Informations- und
Überzeugungswert wie das Faktum, daß man etwas gelesen hat. Denn Bilder
erwecken im Betrachter die Illusion, er sei unmittelbarer „Augenzeuge" des
im Film Dargestellten. Vergessen ist, daß das im Bild Gezeigte durch die
Brille des Filmredakteurs wie des Malers gesehen, also auch *vermittelt* ist:
Der Betrachter ist abhängig vom Ausschnitt, Perspektive und Zusammenhang, in dem die Bilder erscheinen.

5.1.3   Ein Bild ist mehr als ein Bild

Nicht nur der illusionäre Eindruck einer scheinbar direkten Augenzeugen-
schaft, auch die Verknüpfung mit persönlichen Gefühlen und Stimmungen
verleiht Bildern für uns einen hohen Wert und läßt sie uns mehr sein als be-
drucktes Papier oder bemalte Leinwand. Dies gilt keineswegs nur für den
Kunstliebhaber oder für den betuchten Großbürger, der sich sein Portrait
malen läßt: das Fotoalbum über zurückliegende Urlaubsreisen und Ferien,
Erinnerungsbilder von Vorfahren der Familie, das Foto des Partners als Lie-
besdenkmal können das gleichfalls belegen.
Einen deutlichen Hinweis auf die tiefere Bedeutung, die Bilder für unser
Erleben besitzen können, gibt der japanische Schriftsteller SHUSAKO ENDO
in seinem Roman „Schweigen". Er beschreibt dort die Christenverfolgung
im Japan des 17.Jahrhunderts. Eine bevorzugte Methode, die die Behörden
anwenden, um die verfolgten Christen zum Abfall von ihrem Glauben zu
bringen, besteht darin, daß man sie zwingt, auf ein Christusbild zu treten
und es zu bespucken: Wer das tut, kann nicht mehr Christ sein. So geschieht
es auch dem gefangenen Jesuitenpater Christovão Ferreira:

> Der Priester hob das Tretbild mit beiden Händen in die Höhe und brachte es nahe
> an sein Gesicht. Sein eigenes Gesicht wollte er an dieses von zahlreichen Men-
> schen getretene Antlitz drücken. Der Herr auf dem Tretbild starrte, infolge der
> Tritte zahlloser Menschen abgenützt und eingesunken, den Priester mit einem

gleichsam traurigen Blick an. Aus seinen Augen schien eben eine Träne herabzu-
fallen.

„Oh", zitterte der Priester. „Wie weh das tut!"

„Es ist nur eine Formsache. Was gilt so eine Formalität denn!" drängte der Dolmetscher aufgeregt. „Es genügt, wenn du nur der Form halber darauf trittst."

Der Priester hob den Fuß. Er fühlte in den Beinen einen dumpfen, schweren
Schmerz. Das war nicht nur eine Formsache. Er selbst trat jetzt auf das, was er in
seinem Leben für das Schönste gehalten und an das er als an das Reinste geglaubt
hatte, auf das, was alle Träume und Ideale der Menschen erfüllte. Wie dieser Fuß
schmerzte!

Tritt nur auf mich! sagte da der Herr auf der Kupferplatte zum Priester gewendet.
Tritt nur auf mich! Ich selbst kenne am besten die Schmerzen deiner Füße. Tritt
nur! Um von euch getreten zu werden, wurde ich in diese Welt geboren, um eure
Schmerzen zu teilen, nahm ich das Kreuz auf die Schultern.

Als der Priester den Fuß auf das Tretbild setzte, kam der Morgen. Ein Hahn krähte
in der Ferne.[6]

Diese psychologisch raffiniert kalkulierte Zeremonie mit dem Tretbild be-
zieht ihre Wirkung natürlich aus der Tatsache, daß ein Bild mehr als nur ein
Bild ist, daß es vielmehr Träger von existentieller Bedeutung und tiefem
Gefühl für den Betrachter sein kann.

Wie intensiv die Bilder eines Buches auf das betrachtende Kind wirken
können, das hat schon HANS JAKOB CHRISTOFFELS VON GRIMMELSHAUSEN
in seinem Roman „Der abenteuerliche *Simplicissimus*" (1669) sehr anschaulich geschildert:

Der von zu Hause durch den Krieg vertriebene Simplicissimus wird von einem
Einsiedler aufgenommen. Eines Tages sieht er seinen Pflegevater in der Bibel
halblaut vor sich hinlesen und deutet sich das so, daß die Figuren in diesem Buch
lebendig sein müssen: Man kann mit ihnen sprechen. Wie nun er selber – noch des
Lesens unkundig – in der Bibel blättert und sich die Bilder darin betrachtet, gerät
er an die Darstellung der Hiob-Geschichte. Das Bild, wie Räuberbanden dem Hiob
die Schafe rauben und das Haus anzünden (was Simplicissimus offensichtlich an
den Brand seines eigenen Elternhauses erinnert), versetzt ihn in höchste Erregung.

„Ich sehe wohl, daß ihr auch dem alten Knan (= Vater) seine Schafe heim treibt
und das Haus angezündet habt.", so redet er zu den Figuren des Bildes. „Halt, halt,
ich will dies Feuer noch wohl löschen!" Damit steht der lesende Junge auf,
„Wasser zu holen, weil mich die Not vorhanden zu sein bedünkte."

Der Eremit erklärt ihm, daß die Bilder nicht leben und also auch nicht selbst reden
können. Das aber täten die schwarzen Linien, die Buchstaben, die den Bildern

---

6   SHUSAKO ENDO S. 221.

beigegeben seien. Darum will Simplicissimus nun lesen lernen, damit er ebenso wie sein Pflegevater, der Eremit, selber mit den Bildern reden kann.[7]

Und doch – trotz der Einwände des Eremiten: Bilder bleiben in gewisser Weise etwas Lebendiges, wie sich immer wieder an ihrer Wirkung auf den Betrachter zeigt: Ihm ist ein Bild mehr als ein Stück lebloses Papier, wie der Kunstgeschichtler E.H.GOMBRICH von sich selbst bezeugt:

> „Nehmen wir irgendein Bild, meinetwegen eine Photographie aus einer Zeitung, die unseren Lieblingshelden darstellt, ob es nun ein Tenor oder ein Fußballer, ein Filmstar oder ein Politiker ist. Ist uns das Bild wirklich nicht mehr als ein bißchen Druckerschwärze auf Papier? Würden wir nicht zögern, ihm, sagen wir, die Augen auszustechen? Wäre uns das so gleichgültig, als wenn wir sonst ein Loch in die Zeitung reißen würden? Mir gewiß nicht. So genau ich auch mit meinem wachen Verstand weiß, daß es den Abgebildeten gänzlich unberührt läßt, was ich mit seinem Bild anstelle, sagt mir doch eine Art traumhaften Unbehagens, daß man so etwas nicht tut. Irgendwie regt sich das absurde Gefühl, das, was man dem Bild antut, könnte sich an dem Menschen auswirken, den es darstellt."[8]

Freilich diese Hemmung, die uns hindern will, dem Bild etwas „anzutun", – sie kann in Momenten großer Wut und Enttäuschung auch schwinden. Das Bild der und des Geliebten wird zerrissen: die Beziehung ist tot – die, der ist für mich „gestorben". Bei politischen Massendemonstrationen werden als Zeichen des Protests und der Verachtung die Fahnen des gegnerischen Landes ins Feuer geworfen, die Bilder seiner Politiker mit Füßen getreten.

Auf dieser *Gleichung : Schicksal des Bildes – Schicksal des Abgebildeten* – beruht etwa auch die Zauberkraft, die der abergläubische Mensch der schwarzen Magie etwa des Voodoo-Kultes beilegt. Dieselbe Gleichung aber hat auch in der christlichen Geschichte religiöse Bilder für Bilderverehrer als heilig erscheinen lassen: Ein Bild ist mehr als ein Bild. Das Abbild, die *Ikone*, lebt von der Kraft des himmlischen Urbildes, dessen treue Kopie es ist.

5.2   Die Macht der Bilder – ein theologisches Thema

5.2.1   Streit um Bilder

Die Macht der Bilder, die Faszination, die religiöse Bilder auf den frommen Menschen ausüben, spiegelt sich in vielen Formen der Verehrung wider

---

[7]   s. HANS JAKOB CHRISTOFFELS VON GRIMMELSHAUSEN: Der abenteuerliche Simplicissimus. 1.Buch 10.Kap: Wasgestalten (= wie) er schreiben und lesen im wilden Wald gelernt. Leipzig: Philipp Reclam 1945 S.28ff.
[8]   E.H.GOMBRICH: Die Geschichte der Kunst. Stuttgart 1977 S.29.

(Kniefall, Kuß, Schmuck u.a.m.). Aber die Bilder waren auch umstritten: Mehrmals gab es über ihren Nutzen und Schaden in der Kirche heftige Auseinandersetzungen: der sog. *„Bilderstreit"* in der griechischen Kirche des 8.Jahrhunderts und das Auftreten der „Bilderstürmer" in der Reformationszeit.

Mit der Tatsache, daß es sich bei Jesus nicht um eine mythische Gestalt, sondern um einen konkreten geschichtlichen Menschen handelt, begründeten die Bilderverehrer, daß er dann auch Gegenstand bildlicher Darstellung sein könne. Auch das Bild ist Medium Christi. Das Abbild, die Ikone, partizipiert an seiner Kraft wie das Wort, das von ihm zeugt. Dagegen war den Bilderstürmern aller Zeiten die göttliche Autorität, die in Jesus zum Ausdruck kam, das entscheidende Gegenargument: Hier gilt das Bilderverbot des Dekalogs! Gott kann, ja soll man nicht abbilden! „Du sollst dir kein Bildnis machen von dem, was oben im Himmel ist!" (2.Mose 20,4)

Die Kritik der Reformatoren an den religiösen Bildern richtete sich gegen deren kultische Verehrung. Die protestantische Bekenntnisschrift „Apologie des Augsburgischen Bekenntnisses" warnt vor dem Aberglauben, die Bilder der Heiligen „hätten eine eigene heimliche Kraft, wie die Zäuberer und Magi dafür halten." (Kap.XXI)[9]. Behielten die Bilder der biblischen Geschichten in den lutherischen Kirchen weiter ihren Platz (anders die reformierten Kirchen), so waren sie doch nicht mehr Gegenstand von Verehrung und Anbetung. MARTIN LUTHER verteidigte die Bilder gegen die Bilderstürmer seiner Zeit: „Bildniß haben ist nicht unrecht … Aber Bildniß anbeten hatt gott verboten."[9a] Bilder aus der Schrift hielt LUTHER für nützlich im Hinblick auf Menschen, die lieber ein Bild anschauen als in ein geschriebenes Buch hineinsehen oder eine Fabel hören.[10] So kümmerte sich Luther selber sehr intensiv um die Illustrationen in seinen Bibelausgaben und Schriften.[11]

Die Einstellung zu Kunst und Bildern ist unter Christen weiterhin zwiespältig geblieben. Dem Vertrauen auf die Sprache der Bilder steht eine verbreitete theologische Skepsis entgegen. So konnte etwa der große Theologe KARL BARTH die Geschichte des Christusbildes „eine peinliche Geschichte" nennen. PAUL TILLICH dagegen war der Kunst gegenüber positiver eingestellt:

---

9   Könnte nicht ein Motiv für eine verbreitete christliche Skepsis und Abwehr gegen Bilder auch in einer untergründigen Furcht vor der magisch anmutenden Kraft der Bilderwelt vermutet werden?

9a Von beider Gestalt des Sakraments zu nehmen. 1522. WA 10/2 S. 33.

10 s. dazu auch den viel zitierten Satz von Papst Gregor I.: „Was dem des Lesens Kundigen die Schrift, das gewährt dem Unkundigen der Anblick des Bildes."

11 s. JAN HARASIMOWICZ a.a.O. S.264f.

„Wenn Kunst das Wirkliche in Bildern ausdrückt und Religion das Unbedingt-Wirkliche in Symbolen, dann bringt religiöse Kunst religiöse Symbole [z.B. das Kreuz des Christus] in künstlerischen Bildern zum Ausdruck."[12]

Ausdruck einer Sache sein aber bedeute sowohl mit ihr identisch sein und als auch nicht identisch sein, das Dargestellte offenbaren und es zugleich verhüllen. Von daher kann es ein „richtiges", weil voll identisches Jesusbild nicht geben.

5.2.2 Wort oder Bild – eine falsche Alternative?

Die Bedeutung der Bilder ist ein weithin vernachlässigtes Thema in Theologie und Religionspädagogik, so daß A.STOCK hier von einem „praktisch-theologischen Defizit" sprechen kann: Ein bildwissenschaftliches Interesse unter Theologen fehle, „obwohl nicht erst die optische Explosion der Moderne, sondern bereits die reiche visuelle Kultur, die das Christentum in seiner Geschichte entwickelt hat, die Bilderwelt zu einem wichtigen theologischen Thema macht. Theologische Ikonographie ist jedoch, aufs Ganze gesehen, ein Randgebiet ... Auswahl und Umgang mit Bildern [ist] eher eine Sache der Dilettanten ..., d.h. der mehr oder minder kundigen Liebhaber von Bildern."[13]

Nun gehört es zum Selbstverständnis der protestantischen Kirchen, daß sie „Kirche des Wortes" sind. Wo dieses Verständnis eng genommen wird, muß es natürlich Schwierigkeiten bereiten, sich als eine Kirchengemeinschaft zu begreifen, in der auch dem Bild ein theologisch bedeutsamer Platz zukommen könnte. Kirche des Wortes gegen Kirche des Bildes – handelt es sich hierbei um eine einander ausschließende Alternative? Und bekümmert sich deshalb die evangelische Theologie aus Prinzip mehr um die Worte und Texte als um die Bilder? Oder beruht schon diese Entgegensetzung auf einem grundlegenden Mißverständnis?

Wie ist die Rede von der „Kirche des Wortes" zu verstehen? Meint dies die Art und Weise, wie Christen ihrem Glauben Ausdruck geben, ihn bezeugen und sich darüber miteinander austauschen? Wäre dies also (ausschließlich) mit dem Medium des Wortes möglich, mit Hilfe der geschriebenen und gelesenen, gesprochenen und gehörten Sprache? Hätte die protestantische Kirche dann aber nicht wirklich ein elementares Defizit aufzuweisen, das von katholischer Seite so markiert wird:

---

12 PAUL TILLICH: GW IX Stuttgart: Evangelisches Verlagswerk 1967 S.367.
13 MANFRED WICHELHAUS und ALEX STOCK S.36.

„Die Kirche ist nicht nur eine Kirche des Wortes, sondern auch der Sakramente, der heiligen Zeichen und Symbole. Der Glaube wendet sich nicht nur an das Hören, sondern auch an das Sehen" (Papst JOHANNES PAUL II.).

Die Rede von der Kirche des Wortes will anderes: Sie weist auf den Tatbestand hin, daß die Kirche *creatura verbi divini* ist (MARTIN LUTHER). Daß sie also nicht ihr eigenes Produkt ist, sondern Geschöpf des göttlichen Wortes. Ohne dem wäre sie also nicht: Sie hat sich nicht selbst gegründet, sie verdankt sich vielmehr dem Wort Gottes. Dann aber soll der Ausdruck „Kirche des Worts" nicht das *Medium* bezeichnen, in dem der Glaube kommunikativ vermittelt wird, sondern den *Grund und Gegenstand des Glaubens:* Er kann und muß *in der Sprache der Wörter u n d der Bilder* seinen Ausdruck finden.[14] Ein solches Verständnis würde erlauben, sich wieder in größerer Unbefangenheit der Sprache der Bilder zu öffnen.

5.3   Zur Illustration von Kinderbibeln

5.3.1   Wie erzählt ein Bild?

Eine Kinderbibel ist ein Buch mit Bildern. Welche Bedeutung kommt hier den Bildern zu? Sind sie nur schmückende Beigabe, nützliche Gedächtnisstütze oder willkommene Pause, die dem Leseanfänger die Anstrengung des Lesens erleichtern will? Oder besitzen sie daneben eigenen Wert? Aber welchen? „Erzählen" sie anschaulich für die Augen, wie die mündliche Erzählung es für die Ohren tut? Bieten sie also nur eine visuelle Wiederholung und Verdoppelung? Oder enthalten sie eine eigene Botschaft, kommentieren sie den Sinn der Geschichten selbständig, ja verändern ihn zuweilen auch oder laufen ihm gar entgegen?
Einer Geschichte erzählt, was sie erzählt, *nacheinander*. Der Leser und Zuhörer muß ihrem Gang folgen. Ein Bild dagegen läßt die Szene mit einem Blick, *gleichzeitig* sehen. Frei kann der Betrachter selbst die Richtung wählen, in der er seine Augen auf dem Bild wandern lassen und den Bildgehalt aufnehmen möchte. Darin erblickte der Bibelillustrator JULIUS SCHNORR VON CAROLSFELD den besonderen Wert bildlicher Darstellung:

„Die Sprache der bildenden Kunst, welche nicht aufeinanderfolgende Worte, sondern ganze Sätze *auf einmal giebt*, bedienet sich besonderer Mittel, wenn sie Aufeinanderfolgendes, nach Raum und Zeit Getrenntes zur Darstellung bringt … Ungescheut verbindet die Kunst Personen oder Ereignisse in einer Darstellung, die

---

14   s. hierzu EILERT HERMS S. 221–245.

nach ihren inneren Beziehungen zusammen gehören; wenn sie auch sonst nach Raum und Zeit als getrennt gedacht werden müssen."[15]

Ein Bild kann dabei immer *nur eine Phase* des Vorgangs zeigen, den die Geschichte in ganzer Länge darbietet. Manche Elemente eines Textes läßt ein Bild auch unberücksichtigt und bleibt damit hinter dem Informationsgehalt des Textes zurück: Ein Bild *wählt aus*. In dieser „Verkürzung" kann das Bild den Blick des Betrachters auf die Mitte, den Sinn einer Geschichte konzentrieren, es kann ihn aber auch davon „ablenken", wenn die Illustration nicht die zentrale, sinntragende Szene der Geschichte trifft.

Andererseits kann das Bild mehr und anderes zeigen als der Text beschreibt, es kann den Text *ergänzen*: Es malt viele Details, die in der Geschichte selbst unerwähnt bleiben: Landschaft, Kleidung, Räume u.a. Damit stellt das Bild die Geschichte in einen bestimmten anschaulichen Kontext, es bietet Hintergrundsatmosphäre.[16]

Die Anschaulichkeit der Bilder besitzt darüber hinaus eine ganz besondere *Überzeugungskraft* für uns: Das habe ich doch selbst gesehen! – dieses Argument scheint alle Zweifel aus dem Feld schlagen zu können. „Ein Bild sagt mehr als tausend Worte." Bilder und mit Bildern verbundene Inhalte prägen sich daher in der Regel stärker dem *Gedächtnis* ein. Bilder in ihrer Anschaulichkeit kommen damit dem zunächst weitgehend auf Konkretes bezogenen Denken von Kindern entgegen.

Bilder vermitteln nun mit dem, was sie anbieten und worauf sie die Aufmerksamkeit des Betrachters richten, auch ein *bestimmtes Verständnis*, ja in manchen Fällen eine überraschend neue Sicht. Mutter Teresa bei einem Kranken oder zwei Kinder von heute unter dem Baum des Paradieses – solche Bilder in einer Kinderbibel reden eine deutliche Sprache: Was hier erzählt wird, betrifft uns heute. Der brennende Dornbusch, an dem sich dem Mose Gott als der : „Ich bin, der ich bin" offenbart – hat die Gestalt der jüdischen Menora, des siebenarmigen Leuchters – da muß der Betrachter verstehen: Gott ist nicht nur bei den Christen in der Kirche, sondern auch bei den Juden in der Synagoge zu finden. Jesus in Jeans beim Abwasch in einer modernen Einbauküche – das könnte dem Leser zu verstehen geben: Die Sache mit Jesus ist nicht von gestern. Und: Jesus ist Mensch, ganz Mensch! Nichts Menschliches ist ihm fremd.[17]

---

[15] 1988 S.IX.
[16] s. dazu DIETMAR PEIL: S.150–167.
[17] FUCHSHUBER/LAUBI zum barmherzigen Samariter und zum brennenden Dornbusch, HEYDUCK-HUTH/SCHINDLER zur Schöpfungsgeschichte, BOUMAN/EYKMAN zu Maria und Marta.

So erzählen Illustrationen die in ihnen abgebildeten Geschichten nicht einfach in Farbe und Form noch einmal, sondern sie interpretieren sie zugleich.
Das Bild liefert einen *Kommentar*, der den Betrachter herausfordert: Will er sich die Geschichte auch so denken?

5.4 Wie Bilder den Leser/die Leserin lenken

Eine wichtige Vorentscheidung bei der Illustration einer Erzählung besteht darin: Welche Momente daraus werden als Gegenstand einer Illustration gewählt? Welche dagegen werden übergangen? „Warum gibt es kein Bild, auf dem Isaak mit dem Vater nach Hause geht, weg von dem Feuer?" – so fragt RUTH REHMANN als Kind beim Betrachten des Bildes von SCHNORR VON CAROLSFELD zur Geschichte von Isaaks Opferung.[18] Es leuchtet unmittelbar ein, daß der kindliche Betrachter diese Geschichte ganz anders aufnehmen und im Gedächtnis behalten muß, wenn er nur Abraham mit dem gegen den Sohn gerichteten Messer dargestellt sieht.[19]

Die Auswahl der Bildmotive ist also ganz entscheidend: Sie beeinflußt und lenkt Vorerwartung und Aufmerksamkeit des Lesers/der Leserin entscheidend.[20]

5.4.1 Der Kniefall des verlorenen Sohnes

So richten z.B. viele Illustratoren des Gleichnisses vom „Verlorenen Sohn" den Blick des Betrachters auf den ersten Teil der Geschichte. Sie wählen die Rückkehrszene als einziges oder abschließendes Bildmotiv: Der Vater birgt den Sohn in seinen Armen.[21] Damit folgen sie dem traditionellen Titel dieser Geschichte und vermitteln so auch durch ihre Illustration dem Leser den Eindruck: Der erste Teil des Gleichnisses, das Drama zwischen dem jünge-

---

18 S.23.
19 s. dazu auch die zweiseitig wiedergegebene Kinderzeichnung zu 1.Mose 22 bei GERT OTTO S.18f: Abraham, das Messer in der Hand, hinter Isaak auf dem Wege zur Opferstätte.
20 Ähnlich wie es die Überschriften tun s.u.S.98ff.
21 So schon HÜBNER. Heute: Die Neue Patmosbibel, DE VRIES, PIOCh, WIEMER, WITTMANN, POKRANDT, MAIER-F. u.a.m.

Zu Hause wartet der Vater jeden Tag auf seinen jüngeren Sohn.

Da sieht er ihn kommen und eilt ihm entgegen.

Abb. 1 Emil Maier-F., Vom verzeihenden Vater.
© Verlag Katholisches Bibelwerk, Stuttgart ⁴1988.

Abb. 2 Wilfried Pioch,
"Die neue Kinderbibel".
Illustration: Eva Bruch-
mann, Stuttgart.
© Agentur des Rauhen
Hauses Hamburg 1989.

Abb. 3 und 4 Anneliese Pokrandt, Elementarbibel 7. Illustration:
Reinhard Herrmann. © Verlag Ernst Kaufmann, Lahr, Abb. S. 38 und 39.

64

ren Sohn und dem Vater – ist die Hauptsache. Die Passage mit dem älteren Sohn dagegen bleibt oftmals ohne bildliche Veranschaulichung und muß so zu Unrecht nur noch als eine Art Anhang zur Geschichte erscheinen, der auch fehlen könnte[22].

Einen Kontrast dazu liefert eine neuere Kinderbibel[23]: Dort findet sich als einziges Bild zu diesem Gleichnis nur die Wiedergabe der Szene zwischen Vater und älterem Sohn. Das vermittelt einen völlig anderen Eindruck. Der Leser/die Leserin muß verstehen: Der zweite Teil der Geschichte mit dem Protest des Älteren ist nicht nebensächlicher Anhang, sondern er trägt volles Gewicht.

Aber auch *wie* die Rückkehrszene gestaltet ist, hat natürlich Bedeutung. Sehr häufig zeigen uns die Illustratoren, wie der rückkehrende Sohn vor dem Vater *kniet*. Nur in Ausnahme erscheinen an dieser Stelle zwei Menschen in aufrechter Stellung voreinander (s. S.64, Abb.1). Das muß besonders deswegen auffallen, weil die originale Bibelerzählung nichts von solchem Kniefall weiß – er ist eindeutig Interpretation der Illustratoren: Das läßt den Rückkehrer als besonders unterwürfig und demütig erscheinen. Dieses Kniefallmotiv aber hat unter uns sehr stark die visuelle und gefühlshafte Vorstellung von dieser Geschichte geprägt und andere Momente an den Rand gedrängt.

Daß sich Illustration so einseitig auf die Rückkehrszene beschränken kann, muß – angesichts der Vielfalt von Motiven, die in der künstlerischen Tradition zu dieser Geschichte wirksam gewesen sind[24], als eine ausgesprochene Verengung im Verständnis beurteilt werden. Sie sollte in Kinderbibeln nicht weiterhin dem kindlichen Leser zugemutet werden. Von daher ist nur zu begrüßen, wenn eine Reihe Kinderbibeln sich bewußt andere Szenen dieses Gleichnisses zur Bildgestaltung ausgesucht haben (s. S.64, Abb. 2–4).[25]

---

22 s. Kap.7.2 S.109ff zum Verlorenen Sohn.

23 JENNY DALENOORD in WILHELM BENEKER: S.44.

24 Die ältesten Illustrationen dazu finden sich in Evangeliaren aus der 2.Hälfte des 11. Jahrhunderts. Motive sind da: Der Sohn unter den Schweinen. Der zurückkehrende Sohn steht vor seinem Vater, der ihm einladend die Arme entgegenstreckt. Weitere Motive: Die Versöhnung der beiden Brüder durch den Vater, die in der originalen Geschichte nicht dargestellt ist, Christus, der die Stelle des Vaters einnimmt. Die niederländische Malerei des 16./17.Jahrhunderts bevorzugte Genrebilder über das festliche Leben in Saus und Braus, unter dem das Vermögen des Sohnes verloren geht. Prägend ist Rembrandts Radierung „Der verlorene Sohn" (1636) geworden: Der Vater beugt sich über den vor ihm knienden Sohn. K.ZIMMERMANN Artikel „Sohn, Verlorener" im Lexikon der christlichen Ikonographie Bd 4 1972 Sp. 172ff.

25 So HOFFMANN, WILLER/GRUBER, BECK, BOUMAN, ALEXANDER. Bei LAUBI und BENEKER fehlt die Rückkehrszene: dagegen als Bildmotiv der Vater mit dem älteren Sohn.

5.4.2 Jona und der Fisch

Eine beliebte Geschichte für biblische Bilderbücher und Kinderbibeln ist auch die Jonaerzählung: Hier übrigens oft reduziert auf die handlungsreichen ersten beiden Kapitel. Die Erzählung bietet viele Möglichkeiten farbig zu illustrieren. Besonders die „abenteuerliche" Seefahrt ist reich an dankbaren Motiven: Das Schiff im Hafen, der Sturm in seinen verschiedenen Phasen, Jona im Wasser, der Riesenfisch, Jona im Fischmaul und Fischbauch, der Fisch spukt Jona aus, Jona am Land … Biblische Bilderbücher und einige Kinderbibel-Ausgaben bieten hier eine dramatische Bilderfolge. Doch auch hier kann gewichtet werden. Eindeutig z.B. zentriert die ELEMENTARBIBEL durch eine entsprechende Illustration darauf, wie Jona im Fisch bewahrt ist: Das einzige Bild zur Geschichte, das über zwei Seiten geht, zeigt Jona im Bauch des übergroßen Fischs. Hier geschieht das Wesentliche – versteht der Leser: Hier geschieht die Wende mit Jona, die ihn doch nach Ninive bringt. ANNEGERT FUCHSHUBER, die in ihrem Jona-Bilderbuch ähnlich zentriert, läßt Jona im Fischbauch sehen, der den Betrachter wie eine rote Feuerhölle anmutet. In der Kinderbibel von LAUBI sieht man Jona im Riesenmaul des Fisches, das wie bergende Höhle und verschlingender Rachen zugleich erscheint.

Sehr anders wird die Jonageschichte dargeboten in Kinderbibel-Ausgaben, deren Illustration dem Betrachter massiv den orkanhaften Sturm vorführt und damit seine Augen gewissermaßen selbst ertrinken läßt, so daß sie für nichts anderes mehr Blick haben können.[26] Einen ganz anderen Akzent setzen dagegen Kinderbibeln, die (als einziges Bild) zeigen, wie Jona vom Fisch ausgespuckt wird[27]. Dieses Motiv kann tiefen symbolischen Charakter annehmen: als „Vordeutung" von Neuschöpfung und *Auferstehung*.

Aber auch die Art, wie der Jonafisch dem Betrachter dargestellt wird, ist für das Verständnis der Geschichte von Wichtigkeit. So zeigt der japanische Künstler SEKIYA MIYOSHI einen Wunder- und Märchenfisch, in allen Farben des Regenbogens schillernd, bei dem man nicht auf den Gedanken verfällt, ihn in Brehms Tierleben zu suchen und als Walfisch, Hai oder sonst etwas zu identifizieren. Freilich hat dieser Fisch mit seiner märchenhaften Farbigkeit und dem lustigen Blick seiner Augen etwas Unernstes dabei, das von der existentiellen Tiefe der Geschichte ablenkt. Einen besseren Zugang zu der tieferen Symbolik der Geschichte erschließt DIETRICH STEINWEDE mit

---

[26] So etwa LYNDON EVANS in einem zweiseitigen, den Text einschließenden Bild bei PAT ALEXANDER S.158f oder CARME SOLÉ VENDRELL in der Neuen Patmosbibel S.132f.

[27] So ANNE DE VRIES S.133.

seiner Bildauswahl[28]: Hier ist es ein unheimlicher Schlangen- und Drachen-fisch, der Jona verschlingt und ausspeit. Auch bei A.FUCHSHUBERS Fisch versteht man: Hier ist mehr als ein Riesenfisch aus der allgemeinen Biologie gemeint.

> So wird deutlich: Kinderbibel-Illustration (wie natürlich auch Illustration von anderen Büchern) soll nicht einfach eine Wiederholung desselben in einem anderen Medium bieten, sondern leistet ihren eigenen notwendigen Beitrag zum Verständnis von Wirklichkeit.

5.5 Jesusbilder in Kinderbibeln

Wenn „das Jesusbild ... das eigentliche Gottesbild der Kirche" ist (HILDE ROSENAU)[29], dann kommt seiner Ausgestaltung in Kinderbibeln besondere Bedeutung zu. Darf man, muß man Jesus darstellen? Wer im Hinblick auf das alttestamentliche Bilderverbot schon die bildliche Gottesdarstellung für unzulässig erachtet, muß dem dann nicht auch das Jesusbild höchst proble-matisch sein? Wenn man sich in den Kinderbibeln von heute umtut, erhält man allerdings einen anderen Eindruck: In großer Selbstverständlichkeit ist dort Jesus abgebildet.

5.5.1 Jesusbilder verboten?

Ein so profilierter Autor wie JÖRG ZINK verzichtet hingegen ausdrücklich auf bildliche Jesusdarstellungen. Demzufolge findet man in seiner Kinder-bibel Jesus nur einmal als Kind und zweimal als undeutliche ferne Gestalt abgebildet[30]. In den anderen Illustrationen ist der Platz Jesu ausgespart: Die Menschen bleiben unter sich (Zachäus, der Gichtbrüchige u.a.). ZINK for-muliert für seine Einstellung zu Jesusbildern verschiedene Gründe:

> 1. „Ein gemalter Jesus kann der gestaltenden Phantasie eines Kindes auch im Weg stehen. Das Bild, das ein Mensch von Christus hat, soll ja von seiner Kindheit an mit ihm wachsen, und am Ende nicht einen kindlichen Jesus zeigen, sondern einen erwachsenen, der der veränderten Sehweise eines Erwachsenen etwas von seinem Wesen vermittelt."

---

28 S.86f (Reliquienschrein von Brescia um 360/370 n.Chr.).
29 1987 S.3.
30 Man kann fragen: Wie wirkt das auf den Leser? Jesus der Ferne, Jesus das Christkind?

2. „Wie Jesus aussah, wissen wir ohnedies nicht."

3. „Die Geschichten sind stärker als alle noch so guten Illustrationen." [31]

ZINKs Argumentation gibt freilich zu kritischen Fragen Anlaß:
1. Die *Fantasie* des Kindes kann sich nicht aus dem Nichts entwickeln, sie braucht dazu Anreize. Wo eine Kinderbibel auf Jesusbilder verzichtet, bleibt ja damit der Platz nicht einfach leer. Nur wird so der kindliche Leser der zufälligen Begegnung mit anderen Jesusbildern allein überlassen. Und sollte seine visuelle Vorstellung von Jesus wirklich ohne jeden Zusammenhang mit der Tradition von Jesusbildern bleiben? Wieso eigentlich gefährden Jesusbilder der Kinderzeit die Entwicklung eines erwachsenen Jesusbildes? Und was wäre das: ein *kindliches* bzw. ein *erwachsenes* Jesusbild? Sicher hat Zink mit seiner Warnung in einem Punkt recht: Kinder sollten Jesus in vielfältigen Bildern kennenlernen statt einseitig auf einen Typus von Jesusbild fixiert zu werden.
2. Natürlich weiß nur die Legende um ein authentisches Jesusbild (das Turiner Grabtuch), aber der Sinn eines künstlerischen (Jesus)-Bildes ist ja nicht, in der Art eines Fotos historische Realität zu dokumentieren. „Kunst gibt nicht das Sichtbare wieder, sondern macht sichtbar" – diese Einsicht PAUL KLEEs in das Wesen von künstlerischer Darstellung gilt auch hier.
3. In ZINKs Begründung steckt ein unaufgelöster Widerspruch. Einerseits stellt er fest: Geschichten sind stärker als alle Bilder – aber andererseits: kommt Bildern angeblich die Macht zu, die Fantasie bei einem kindlichen Jesusbild festzuhalten. Wie nun geht das zusammen? Wenn Geschichten wirklich eo ipso stärker wären als Bilder – warum dann noch die Bedenken gegen Jesusbilder?
Der bloße Verzicht auf Jesusbilder tut es also nicht. Freilich genügt es auch nicht, unbekümmert um theologische Nachfragen, in sträflich naiver Unbefangenheit schlicht Bilder „um der Kinder willen" in Kinderbibeln zu plazieren. Denn es gibt sicher unangemessene Illustrationsweisen, die die Jesusgestalt verniedlichen und verkindlichen oder andererseits verklärend idealisieren. Nicht *daß*, sondern nur *wie* Jesus Gegenstand von Illustration ist, macht hier also den Unterschied.

---

[31]   S.182. Dieses Mißtrauen gegen Bilder überrascht bei einem Autor, der andererseits ein so aufmerksamer und sensibler, um den „Zusammenklang von Wort und Bild" bemühter Bildersammler und -interpret ist.

5.5.2 Jesus – „wahrhaftiger Gott vom Vater in Ewigkeit geboren"

Das Jesusbild in Kinderbibeln sieht sich einer doppelten Ausdrucksaufgabe gegenüber: Einerseits den geschichtlichen Menschen Jesus von Nazareth darzubieten, gleichsam einen Jesus zum Anfassen, andererseits aber die über sich selbst hinausweisende Bedeutung seiner Person „sichtbar" zu machen. „Jesus Christus, *wahrhaftiger Gott* vom Vater in Ewigkeit geboren und auch *wahrhaftiger Mensch* von der Jungfrau Maria geboren" – so sagt es LUTHERS Erklärung zum zweiten Glaubensartikel (Kleiner Katechismus). Entsprechend findet man in der Kinderbibel-Illustration auch zwei Tendenzen wieder: Die eine, die an Jesus die göttliche Seite herausstellt und dies meist so, daß seine Menschlichkeit nicht mehr vorstellbar wird, und die andere, die die menschliche Seite betont bis überbetont und dabei zuweilen die Grenze zum Banalen hin überschreitet.

Das „göttliche" Jesusbild hat sich weithin an Traditionellem orientiert, besonders an altkirchlichen Jesusdarstellungen mit ihrer Symbolik: (mit Gold hinterlegter) Kreuzesnimbus, weißes Gewand, lehrend-segnende rechte Hand, ein hoheitsvolles Gesicht, ernst, mit betonten Augen und ohne individuelle Züge. Eindeutig auf diese Seite hat sich DIETRICH STEINWEDE gestellt: Er verwendet zu seiner Bibelausgabe ausschließlich Bilder aus dem ersten Jahrtausend christlicher Kunst. Auf altchristliche Symbolik greift auch REINHARD HERRMANN zurück – so in der Kinderbibel von EMMA WITTMANN, verhaltener in der ELEMENTARBIBEL: Der nachösterliche geglaubte Christus erscheint in leuchtend weißem Gewand (Emmaus- und Himmelfahrtserzählung) und der Christus, der das Sakrament spendet, ist von einer strahlenden Aura umgeben. Die Haltung des stets an seinem roten Gewand kenntlichen Jesus ist würdevoll, unbewegt von Emotionen.

In diese Gruppe „*theophaner*"[32] Jesusbilder lassen sich auch KEES DE KORTS Illustrationen einrechnen: Jesus wird durch seine die anderen Figuren überragende Größe, die Überdimensioniertheit von Gesicht und Händen, das weiße Gewand und die Mittelstellung aus seiner mitmenschlichen Umgebung „heraus"gehoben.

Der kundige erwachsene Betrachter kann sich der symbolischen Ausdruckskraft und dem ästhetischen Reiz solcher Jesusbilder kaum entziehen, aber wie wirken sie in einem modern gestalteten Kinderbuch? „Wie ein lebloser Fremdkörper, wie ein ‚Phantom' aus einer anderen Welt" – ist diese Vermutung von CHRISTINE REENTS ganz aus der Luft gegriffen?[33] Und muß es dem

---

32 CHRISTINE REENTS 1991 S.45ff.
33 1991 S.49.

lesenden Kind nicht schwerfallen, diesen Jesus mit seinem Leben zusammenzubringen?

5.5.3 „… und auch wahrhaftiger Mensch"

Einem menschlichen Jesus hinwiederum begegnen wir in den Zeichnungen von BERT BOUMAN: Hier ist Jesus ein sympathisch wirkender junger Mann, Mensch unter Menschen manchmal so sehr, daß der Betrachter Mühe hat, ihn zu identifizieren – so z.B. in der Speisungsszene. Jesus in Jeansblau, wie er den beiden Frauen Maria und Marta beim Abtrocknen in einer modernen Einbauküche hilft – hier verfremdet die Illustration Jesus zu einem modernen Menschen: Nichts Menschliches scheint ihm mehr fremd.[34]
Aber Jesus war anders. Er war kein moderner Mensch und auch nicht ein weißer Mitteleuropäer.[35] So bietet die Kinderbibel aus dem Herder Verlag mit ihrer recht historisch-monumental wirkenden Illustrationsweise einen Jesus, der in Kleidung, Hautfarbe und Gestik seiner ursprünglichen jüdischen Umgebung eingepaßt ist, dessen Gesicht menschliches Gefühl und Bewegung zeigt.[36] Nur das weiße Gewand Jesu bleibt noch als Erinnerung an die ikonografische Tradition des göttlichen Jesus. Jesus als Orientalen zeigen auch die Bilder von HILDE HEYDUCK-HUTH und JENNY DALENOORD.
Einen Sonderfall, den man kaum in eine Reihe mit den bisherigen Illustrationen eines menschlichen Jesus rücken möchte, stellt hier der Stil von ANNEGERT FUCHSHUBER dar. Auf der einen Seite hat die Künstlerin Jesus mit menschlichen Farben ausgestattet, sehr deutlich z.B. in der Illustration der Tempelreinigung, wo dem Betrachter die Anstrengung und Wut Jesu ins

---

[34] S.316f. 340ff.
[35] EMIL NOLDE hatte sich in seinen religiösen Bildern von dieser Tradition des abendländischen Jesusbildes bewußt abgewandt:
„[Meine Bilder von Jesus und den Jüngern] waren ganz eigenem Instinkt folgend entstanden, die Menschentypen als Juden, Christus und die Apostel auch, wie es doch auch war, die Apostel als einfache jüdische Land- und Fischermenschen.
Ich malte sie als starke jüdische Typen, denn es waren gewiß nicht die Schwächlinge, welche sich zur revolutionären neuen Lehre Christi bekannten.
… Daß während der Renaiscancezeit die Apostel und Christus als arische, italienische oder deutsche Gelehrte gemalt wurden, mag … die Meinung festgelegt haben, daß diese überlieferte Art für immer bleiben müsse…
Wenn wir die biblischen Gestalten als Arier gemalt sehen wollen, soll dann nicht auch dem christlichen Chinesen gestattet sein, sie als Chinesen, dem Neger, sie als Schwarze darzustellen?" EMIL NOLDE S.191f. Dies muß man auf dem Hintergrund des Tatbestands lesen, daß EMIL NOLDE in der Nazizeit als „entarteter Künstler" galt und unter Malverbot stand.
[36] INGRID WILLER und ELMAR GRUBER. Illustriert von JOHN HAYSOM u.a.

Auge fällt. In der Versuchungsszene tritt der Satan hinter Jesus als dessen „alter ego" auf (s. dazu die Reproduktion auf dem Buchtitel). Der Betrachter versteht: Hier wird an Jesus nicht eine äußere Geschichte erzählt, sondern eine innere Auseinandersetzung: „Der versucht ist allenthalben gleichwie wir" – das verbindet in der Sicht des Hebräerbriefes (Hebräer 4,15) Jesus mit den Menschen. – Andererseits deuten die Bilder der Künstlerin aber auch auf einen verborgenen Hintergrund: Etwa die Szene der Kindersegnung. Die Mittelstellung Jesu, auf die hin alle Blicke und Bewegungen bezogen sind, läßt ein Mehr ahnen. Aber dies ist nicht so aufdringlich gestaltet, als daß die Zärtlichkeit Jesu, die das Bild ausdrückt, „unnatürlich" wirkte.

Auch sonst bietet ANNEGERT FUCHSHUBER einen neuen Ansatz in der Kinderbibel-Illustration. Neben einer Reihe von den Text begleitenden, illustrierenden und deutenden Bildern und Vignetten fallen besonders Bilder mit starkem *Symbolausdruck* ins Auge. Der brennende Dornbusch erscheint in Form eines mit Dornen versehenen siebenarmigen Leuchters, der Menora, der in Synagogen (und Kirchen) die Gegenwart Gottes darstellt. Im Maul des Jonafisches, der wie ein mythisches Wunderwesen anmutet, sitzt der Profet wie in einer bergenden Höhle[37]. An vielen Stellen laden die Bilder von ANNEGERT FUCHSHUBER zum Übersprung in unsere Zeit ein: So wenn die Seligpreisungen der Armen, Hungernden, Barmherzigen, Trauernden, Friedensstifter und Verfolgten konfrontiert werden mit Bildern von Mutter Teresa, von Janusz Korczak mit seinen Kindern, von Martin Luther King im Gefängnis, von Mahatma Ghandi, der den drohenden Bajonetten seine offenen Hände entgegenstreckt.[38] A.FUCHSHUBERs Bilder sind also nicht einfach eine Wiedergabe desselben in einem anderen Medium, sondern leisten ihren eigenen notwendigen Beitrag zum Verständnis. Man möchte wünschen, daß die Käufer- und Leserschaft sich einer solchen, vom traditionellen Stil von Kinderbibelillustrationen abweichenden Bebilderung öffnen kann.

Die Jesusbilder in Kinderbibeln können nicht einfach Bilder sein, die nahtlos im Menschlich-Alltagsweltlichen aufgehen. Sie müssen offen sein für *das Mehr* in Jesus, das über ihn hinausweist auf die Menschlichkeit Gottes, die in ihm Gestalt gewonnen hat. Aber – „Wer mich sieht, der sieht den Vater" (Johannes 14,9), das ist von dem gesagt, der „gleich ward wie ein anderer Mensch und der Erscheinung nach als Mensch erkannt" (Philipper 2,7). Gerade diese Menschlichkeit Jesu ist für uns „Bild des unsichtbaren

---

[37]   WERNER LAUBI 1992 S.194, 196, 227, 64 und 180. s. dazu auch das Bilderbuch der Künstlerin: Jona (Text von GERTRUD FUSSENEGGER).
[38]   Bei WERNER LAUBI 1992 S.217ff.

Gottes"[39], aber was sich in ihr abbildet, ist eben nichts weniger als Gott in seiner Menschlichkeit!

Und auch in anderer Hinsicht müssen Jesusbilder in Kinderbibeln „*mehrdeutig*" bleiben: Sie sollen einerseits Zusammenhang mit der bildnerischen Überlieferung halten: Nicht nur Worte, sondern auch Bilder von Christus sind gemeinsamer Besitz der Christen durch die Zeiten und Kulturen. Andererseits aber sollten Bilder auch offen sein für einen gegenwärtigen, neuen Blick auf Jesus: „Jesus Christus gestern und heute und derselbe auch in Ewigkeit" (Hebräer 13,8).

Die Jesusbilder auch der Kinderbibeln müssen Anteil haben an der „*Mehrdeutigkeit*" des Dargestellten.

5.6 Andere Probleme der Illustration

5.6.1 Das Gottesbild

Bilder von Gott sind in Kinderbibeln selten geworden. Gegenüber Zeiten, die hierin von Zweifeln weniger gehemmt waren, fehlt heutzutage offensichtlich die künstlerische und theologische Unbefangenheit dazu. Daß Gott Gegenstand künstlerischer Darstellung sein kann, sehen wir fast ausschließlich an Gemälden der Vergangenheit.

Ob man Gott darstellen könne und wie, mit dieser Frage hat sich SCHNORR VON CAROLSFELD ausdrücklich in seiner Vorrede zur „Bibel in Bildern" auseinandergesetzt. Er findet sich hier in Einklang mit LUTHERs Auslegung des Bilderverbots, wenn er daraus zitiert:

> „Gott verbeut die Bilder, die man aufrichtet, anbetet und *an Gottes Statt setzet* …
> So wird nun hier kein ander Bild verboten, denn Gottes Bild, *das man anbetet*."
> Wenn die Bibel in menschlichen Bildern von Gott rede (Gottes Zorn, Grimm, Reue, Eifersucht), wie könne dann „die künstlerische Bezeichnung Gottes unter der Gestalt eines Menschen, der nach seinem Ebenbild geschaffen ist, ganz unstatthaft dagegen erscheinen?"[40]

So hat dieser Künstler sich berechtigt gesehen, in der Tradition der Renaiscancekunst (Michelangelos Gottesdarstellungen in der Sixtinischen Kapelle)

---

39 Kolosser 1,15. Kinder können oft Gott und Jesus ungebrochen miteinander gleichsetzen und Jesus eben nicht als „Bild des *unsichtbaren* Gottes" sehen, sondern als Aufhebung von Gottes Unsichtbarkeit mißverstehen. s. BERNHARD GROM S.215.

40 S.IXf. s.o. Kap.4.3.3 S.49f und Kap.5.2.1 S.59.

Es war im Jahr, als König Usija starb.

Da sah ich den Herrn.
Er saß auf einem Thron,
der hoch hinauf ragte
und über allem war.
Der Mantel des Herrn
füllte mit seinem Saum den Tempel.
Serafim, Flammenengel, waren um ihn,

Anneliese Pokrandt, Elementar-
bibel 5. Illustration: Reinhard
Herrmann.
© Verlag Ernst Kaufmann, Lahr,
Abb. S. 45, 46, 47.

Da hörte ich die Stimme des Herrn.
Er sprach:
Wen soll ich zu den Menschen senden?
Wer will für mich zu ihnen gehen?
Ich sprach:
Hier bin ich!
Sende mich!
Da sprach er:
Gehe zu dem Volk
und rede zu ihm:
Ihr sollt hören,
aber nichts verstehen!
Ihr sollt sehen,
aber nichts erkennen!
Mache ihre Herzen hart,
ihre Ohren taub,
ihre Augen blind,
damit sie nichts hören,
nichts sehen, nichts verstehen,
und ihr Heil nicht finden.

Da schwebte einer der Serafim zu mir.
In der Hand hielt er eine Zange
mit einer glühenden Kohle,
die hatte er vom Altar genommen.

seine Bibelausgabe sehr reichlich mit Gottesbildern auszustatten, darunter den bekannten Darstellungen der Schöpfungserzählung.

In der heutigen Kinderbibel-Landschaft dagegen trifft man nur in der Ausnahme auf Gottesbilder. Natürlich wird man bei STEINWEDE fündig, der zu beiden Schöpfungserzählungen und anderswo alte gegenständliche, aber auch symbolische Darstellungen (Hand Gottes, die Abraham den Weg weist) wiedergibt. Auch REINHARD HERRMANN hat sich für Gottesbilder entschieden. In der von ihm gestalteten Kinderbibel von EMMA WITTMANN tritt Gott in der Ur- und Vätergeschichte als bärtiger Mann mit Kreuznimbus auf. In der ELEMENTARBIBEL fällt der Nimbus weg: Hier verbindet das rote Gewand Gottes- und Jesusbild. Freilich *relativiert* der Künstler die Gottesdarstellung mit einem ungewöhnlichen Reichtum an symbolischen Bildmotiven, die einander ablösen, ergänzen und begrenzen: Die in die Höhe führende Traumtreppe des Jakob, deren Spitze dem Auge des Betrachters entzogen bleibt, das Symbol des Kreises in vier immer heller werdenden Ringen, der in der Vision des Profeten Jesaja thronende König mit der Weltkugel in den Händen – auf der nächsten Seite wieder „entgegenständlicht" und in das Kreissymbol verwandelt –, die vielfältigen Gottes-Gestalten in rotem Gewand (s. S.73): die Besucher bei Abraham, die Gottesboten bei Lot, der Engel, der mit Jakob in der Nacht kämpft. In dem einleitenden Text zur Schöpfungserzählung 1.Mose 2 wird dazu deutlich gemacht, daß es sich um die verschiedenen Gottesvorstellungen von Menschen handelt, die in den Erzählungen zum Ausdruck kommen: Gott wie ein Mensch, erfahrbar durch die Botschaft von Engeln, im Traum, im Feuer, in Wolken oder im Sturm. Und doch: „Niemand hat Gott je gesehen".[41]

Sonst bleibt in heutigen Kinderbibel-Illustrationen weithin der Platz Gottes frei: Selbst die Himmelsleiter Jakobs endet im Leeren. Hin und wieder findet man eine zurückhaltende Andeutung darauf, daß die biblischen Erzählungen ihre Figuren unter Gott und nicht allein auf weiter Flur sehen: Dann geht Abrahams Blick steil in die Höhe, dann erscheint schemenhaft eine Hand mit ausgestrecktem Zeigefinger, die Adam und Eva aus dem Paradies weist, ein helles Gelb strahlt diagonal auf Adam herab, der die Gottesfrage an Eva weitergibt.[42] Hier wünschte man sich für Kinderbibel-Illustrationen fantasievollere symbolische Ausdruckskraft, die den Betrachter „sehen" läßt: Es muß im Leben mehr als alles geben.[43]

---

41 Elementarbibel 4, S.56.
42 IRMGARD WETH S.30; FRIEDRICH HOFFMANN S.16; INGRID WILLER S.46f.
43 So der Untertitel eines Kinderbuches von MAURICE SENDAK: Higgelti Piggelti Pop. Der Buchtitel nimmt damit eine fundamentale Gottesdefinition aus der mittelalterlichen Theologie auf: id quod maius cogitari nequit – was sich nicht größer denken läßt,

5.7 Bibel-Comics?

Die traditionelle bebilderte Kinderbibel hat einen modernen, allerdings heftig umstrittenen Konkurrenten bekommen: den Bibel-Comic. Aber – ist die Bibel comicabel? – fragte der Religionspädagoge GÜNTER LANGE[44]. Die Bedenken gegen den Bibel-Comic, die nicht nur in pädagogischem, sondern auch in theologischem Gewand auftreten können, lassen noch einmal deutlich werden, wie stark der Protestantismus in der Vermittlung des Evangeliums auf das Medium Wort/Text eingeengt ist und daher mit einem Medium Probleme haben muß, das so stark bildorientiert ist wie der Comic. Obendrein ist das Element Bild hier noch besonders ausgelegt insofern, als der Comic Techniken des *Films* mitverwendet: Das verstärkt die Dynamik des im Comic Dargestellten und fordert die Identifikation des Lesers in noch höherem Maße heraus: Szenenaufreihung, Bewegungsabläufe, Zeitlupe und Zeitraffung, filmische Perspektiveinstellungen zwischen Totale und Nahaufnahme, Vogel- und Froschperspektive. So stellt G.LANGE die These auf:

> „Biblische Erzählungen sind in dieses Medium [des Comics] umsetzbar etwa insoweit, wie die Bibel verfilmbar ist."[45]

Doch ist damit die Frage nur weitergegeben: Ist denn die Bibel verfilmbar, ist Jesus in der Darstellung eines Filmstars denkbar?

Aber noch ein weiteres Moment macht vermutlich Probleme: die Dimension von *Humor*, die mit einer Reihe Comicgattungen (den sog. „Funnies") verbunden ist. Lukas an der Schreibmaschine, der Engel aus dem Fernsehkasten, Maria und Josef auf dem Motorroller unterwegs nach Betlehem, Johannes der Täufer am Jordan mit der Schöpfkelle, Jesus auf dem Fahrrad mit dem trivialen Abschiedsgruß: „Tschau, Johannes!" – diese und viele andere Gags, wie sie die neue Comicausgabe von RÜDIGER PFEFFER sehen läßt – sind natürlich ungewöhnlich für fromme Leser: Was soll er davon halten? Der unbefangene Comicfan hingegen wird an vielen Stellen etwas zu schmunzeln und zu lachen finden. Aber darf man in der Kirche lachen? Ist die Bibel nicht ein seriöses Buch und die Beschäftigung mit ihr nicht eine ernste Sache? Und Jesus als Comic-Figur – kommt das nicht einem Sakrileg gleich?

---

das ist Gott! s. hierzu etwa den Symbolreichtum der MARC CHAGALLschen Bibelillustrationen.

[44] In: MECHTILD VOSS-EISER S.117 s.a. dort S.126–130.

[45] S.129· Die Problematik religiöser Filme mit biblischen Themen, die sich zwischen hochgestelzt dahergehender historischer Monumentalität (Beispiel: Das Gewand. Die zehn Gebote u.ä.) oder alberner Satire (Beispiel: Das Leben des Bryan) bewegen können, kann hier nicht näher behandelt werden.

Wenn Autoren sich in der Darstellung biblischer Stoffe überhaupt an das Medium Comic heranwagten, dann waren es bislang eher sehr historisierend monumentale Comicausgaben wie etwa die seinerzeit aus den USA übernommene Serie „DIE BIBEL IM BILD" der Deutschen Bibelstiftung Stuttgart[46]. Die künstlerischen Möglichkeiten des Comics sind nur zurückhaltend benutzt, was dem Produkt mehr den Charakter einer Bildergeschichte als eines modernen Comics verleiht.[47] Die biblischen Figuren treten scheint's in gehöriger Ernsthaftigkeit und Würde auf. Die Illustrationsweise erinnert an den Nazarenerstil, der lange Zeit beherrschend für religiöse Bilder gewesen ist. Von Humor aber ist darin nicht die geringste Spur.

Einen ersten schüchternen Versuch, die Bahnen dieses heiligen Ernstes zu verlassen und den Leser gelegentlich mit einem Schuß Humor zu erfreuen, wagte dann die fünfbändige Reihe „DER MESSIAS": „Jeschi" – wie Jesus genannt wurde – „erregt Aufsehen".

Aber erst mit dem neuen Titel der Deutschen Bibelgesellschaft: „JESUS, DER GALILÄER" liegt ein konsequenter Versuch vor, alle Stil- und Ausdruckselemente des Comics für die Nacherzählung und Nachbildung biblischer Stoffe (hier des Lukasevangeliums) zu benutzen. Zugleich aber ist diese Comic-Darstellung getragen von einer verantwortlichen theologischen Grundkonzeption.

> Die „BIBEL IM BILD" zeigte beispielsweise die Verkündigung an Maria (Lukas 1,26–38) in einer halbseitigen hintergrundlosen, vom Text dominierten Zwei-Personen-Standszene; ihr sind zwei weitere kleinformatiger gestaltete Szenenbilder angehängt: ein Dialog zwischen Maria und Josef und Maria im Nachdenken über die Engelserscheinung auf dem Weg zu Elisabet. Hier sind *statische Situationen* dargestellt. Jedes Bild steht für sich. Die realistische Gestaltung der Handlungsfiguren läßt Maria und Engel (Typus: schöner junger Mann) auf einer Ebene erscheinen.
>
> In „JESUS, DER GALILÄER" dagegen entwickelt sich dieselbe Szene in einer Serie von 24 Bildern unterschiedlichsten Formats und Perspektive. Das verleiht dem Ganzen eine *Dynamik*, die den Betrachter nicht beim einzelnen Bild stehen bleiben läßt, sondern ihn von Bild zu Bild fortzieht. Und die vertraute (und in dieser alljährlichen Vertrautheit auch für manchen Zeitgenossen verbrauchte und langweilig

---

46 s. dazu auch WOLFGANG F. FUCHS und REINHOLD REITBERGER: Comics-Handbuch. Reinbek bei Hamburg: Rowohlt Taschenbuch Verlag 1983 S.91–96.

47 s. die Analyse dazu von WOLFGANG KEMPKES in HORSTMANN S.53–58.

Aus: "Jesus der Galiläer/1". Gezeichnet von Rüdiger Pfeffer.
Stuttgart 1992. © Deutsche Bibelgesellschaft Stuttgart.

gewordene) Szene ist „aufgelockert" durch Gags, deren Spaß vor allem durch ihren anachronistischen Charakter zustande kommt: Ein Paar-Foto von Maria und Josef stellt die beiden vor, man sieht Maria vor dem Fernsehkasten beim Fußballspiel zwischen Nazaret und Jerusalem, eine atmosphärisch-himmlische Störung läßt den Engel aus der Mattscheibe hervortreten. Die Handlungsfiguren sind *cartoonistisch-verfremdet* gezeichnet: Dieser zeichnerische Stil macht es von vorneherein unmöglich, dies als realistisches Abbild eines Erlebnisses in der äußeren Wirklichkeit zu nehmen.

Aus der Praxis werden aus Kreisen heranwachsender Leser positive Reaktionen berichtet[48]. Sie zeigen, daß Jugendliche – mit dem Gebrauch dieses Mediums vertraut – die Gattung „Bibelcomic" unbefangener und interessiert zu handhaben verstehen. Das mag ein zusätzlicher Grund sein, auf die Vermittlungsmöglichkeiten dieses Mediums nicht leichtfertig zu verzichten. Wenn aber Bibel-Comic, dann auch wirklich „Comic". Der Funnie-Typ dabei hat gegenüber einem historisierenden Abenteuer-Comic den Vorzug, daß hier einer idealisierenden Verzeichnung der Handlungspersonen (Moses oder Jesus als Super-Held) vorgebeugt ist. Abgesehen von Fragen des künstlerischen Stils muß die Verwendung dieses Mediums theologisch reflektierten Maßstäben unterworfen werden. Dabei kann – wie zur Bilderfrage überhaupt – als erster Grundsatz gelten, daß kein theologisches Argument denkbar ist, das prinzipiell die Verwendung des Mediums „Comic" zur Vermittlung biblischer Inhalte ausschließt.

---

[48] HORSTMANN S.75–81. Ebenfalls der Vortrag von HANNELORE JAHR.

6 Der Erzählstil in den Kinderbibeln

> Kinderbibeln enthalten schriftlich fixierte Nach-Erzählungen biblischer Texte. Solche „Nach"-Erzählungen sind nicht Kopie des biblischen Originals, sondern bieten zugleich ein Verständnis der Geschichten.
> Die Erzählstile in Kinderbibeln sollen hier vorgestellt und kritisch beleuchtet werden. Daraus werden sich auch Fragen und Anregungen ergeben: Wie Kindern biblische Geschichten erzählen?

6.1 Wie erzählen? So Biblisch als möglich – so kindgemäß als nötig?

„Man erzähle so *biblisch* als möglich, so *kindlich* als nötig!" (GERHARD SCHMIDT[1]) – dieser Grundsatz hat viele ErzieherInnen, Eltern und KinderbibelautorInnen bei ihrer Bemühung angeleitet, in der Art ihres Erzählens sich dem Auffassungsvermögen und Interesse von Kindern anzunähern.
Der Erzähler zwischen Bibel und Kind: Muß er sich nicht, je enger er demnach an der Bibel bleibt, um so weiter scheint's vom Kind entfernen? Und vergrößert sich nicht mit jedem Schritt, den er mit seiner Erzählung dem Kind entgegenkommt, die Entfernung vom biblischen Text? So warnt H.H. WINTGENS davor, „die Wahrheit einer falsch verstandenen Kindgemäßheit" zu opfern. Der Erzähler dürfe den Text nicht substantiell verändern bzw. vom Erzählkern ablenken.[2] Wenn es so steht, dann müßte folglich jede biblische Nacherzählung als (fauler?) Kompromiß erscheinen, den der Autor zwischen Bibel und Kind schließt und der sich zu guter Letzt doch allen guten Absichten zum Trotz als für beide Seiten unbefriedigend, ja als geradezu gefährlich erweisen könnte. Freilich muß auch bedacht werden, daß nicht alles kindgemäß ist, was sich als solches ausgibt, und natürlich auch nicht alles bibeltreu, was sich so aufputzt.

6.1.1 In der Kürze liegt die Würze?

Die Bibel ist nicht einfach ein Buch für Kinder. Inhalte und sprachliche Form biblischer Texte stehen dem Verständnis von Kindern oft sperrig ent-

---

[1] GERHARD SCHMIDT: Katechetische Anleitung. München: Chr. Kaiser Verlag 1946, S.59.
[2] Zitiert bei W. NEIDHART 1975 S.32.

gegen. Bei weitem nicht alle biblischen Stoffe sind Kindern zu vermitteln – daher ist eine *Auswahl unerläßlich*.[3] Und weiterhin haben sich Kinderbibel-Autoren seit jeher um eine den Kindern entsprechende Erzählweise bemüht. Doch müssen wirklich Kind und Bibel in dieser Weise als alternative Gegensätze begriffen werden, ist „das Biblische eo ipso unkindlich" und bedeutet „eine kindgemäße Gestaltung auch immer eine Abweichung vom Biblischen", wie INGO BALDERMANN dazu kritisch anmerkt[4]? Gibt es aus diesem Dilemma zwischen Bibel und Kind einen in Ehren vertretbaren Ausweg? Oder sind hier überhaupt nur ehrenrührige Kompromisse möglich?

Denn so wie sie dastehen, scheinen viele biblische Geschichten nicht einfach erzählbar. Viele zeigen einen sehr *verdichteten, konzentrierten Stil* (anders etwa die ausführlicheren Josefserzählungen oder Passagen aus den alttestamentlichen Geschichtsbüchern über Saul, David und andere Könige). Diese knappe Erzählweise mag ursprünglich auch ein sachliches Erfordernis gewesen sein: Was zunächst nur mündlich überliefert wurde, verlangte nach einer dem Gedächtnis eingängigen, knapp bemessenen Formulierung.

> Ein sehr deutliches Beispiel für diesen verdichteten Stil bieten uns z.B. einige neutestamentliche Ein-Satz-Gleichnisse: Vom Sauerteig Matthäus 13,33, vom Schatz im Acker und der kostbaren Perle Matthäus 13,44–46 u.a., aber auch etwa die Erzählung von den beiden Frauen Maria und Marta Lukas 10,38–42.

Eine wirkliche Erzählung dagegen darf nicht zu kurz ausfallen, sonst ist der Zuhörer noch gar nicht wirklich dabei, wenn der Erzähler bereits geendet hat. Sie muß schon rein zeitlich ausgedehnter sein. Dadurch gibt sie dem Zuhörer die Möglichkeit, langsam an der Geschichte warm zu werden und sich Zug um Zug in sie hineinzuversetzen.

Bei vielen biblischen Geschichten ist es deshalb geboten, das erzählerisch weiter zu „*entfalten*, was in dem knappen Text schon enthalten war." Ein solches „ausführliches, verweilendes Erzählen" steht der Forderung nach *Texttreue* nicht entgegen. Im Gegenteil: Es „entstellt den Text nicht durch Wucherungen und gibt dennoch den Kindern genug Muße, Schritt für Schritt in die Geschichte hineinzukommen"[5].

Ein Hörer kann auch nicht ständig Neues aufnehmen: Das ermüdet auf die Dauer. Ein ausführlicheres Erzählen bietet ihm dazu die erforderliche „*Red-*

---

3   s. dazu unten Kap.9 S.176ff: Die Auswahl in Kinderbibeln.
4   INGO BALDERMANN 1969 S.160.
5   INGO BALDERMANN 1969 S.162f.

undanz", die Wiederholung von Bekanntem und Vertrautem. So hat er genügend Zeit, mit der erzählten Geschichte vertraut zu werden.

6.2 Die Versuchungen des ausschmückenden Erzählens

Besonders bei mündlichem Vortrag ist ein solches ausführlicheres, verweilendes Erzählen notwendig. Aber auch für die schriftlich fixierte Wiedergabe von Geschichten in Kinderbibeln gilt Entsprechendes. Daher hat sich so mancher fantasievolle Erzähler und Kinderbibelautor zu mehr oder weniger umfangreichen *„Ausschmückungen"* der biblischen Geschichten veranlaßt gesehen. Die Kinder brauchen *anschauliches Erzählen*, so lautete die Begründung. Solch ausschmückendes Erzählen war lange unbestrittenes Leitbild für Kinderbibel-Verfasser ebenso wie für biblische Erzähler in Kindergarten, Kindergottesdienst, Schule und Familie. In diesem Erzählstil liegt sicher z.B. der Erfolg der verbreiteten Kinderbibel von ANNE DE VRIES mit begründet: Hier ist die Technik breit ausschmückender Erzählweise gleichsam zur höchsten Perfektion entwickelt worden.

6.2.1 Beispiel: Die Auferweckung der Tochter des Jairus (Enid Blyton)

6.2.1.1   Der lange Weg zu Jesus

Aber auch andere Kinderbibelautoren haben diesen Erzählstil benutzt – so etwa eine so erfolgreiche Kinderbuchverfasserin wie ENID BLYTON (1896–1968). Sie hat der Erzählung von der Tochter des Jairus (Markus 5,21–24. 35–43) eine überlang geratene Vorgeschichte vorangestellt.[6] Darin wird der Leser ausführlich in die Situation der Jairus-Familie eingeführt: Wortreich wird die Liebe des Vaters zu seiner kranken Tochter geschildert. Die Autorin beschreibt die Schwere ihrer Erkrankung und die vergeblichen Bemühungen von vielen Ärzten. Sie läßt den Leser ausführlich teilnehmen an der dramatisch getönten Suche des Vaters nach Jesus. Diese und andere hinzugefügte Erzählabschnitte majorisieren gleichsam die Ursprungsgeschichte im Verhältnis von drei zu eins!
Der Urspungsgeschichte entgegen, die gleich zu Beginn den Jairus vor Jesus stellt, geht die Autorin erst nach dieser breit ausgeführten Vorgeschichte auf den Originaltext aus dem Markus-Evangelium ein:

---

6   ENID BLYTON S. 69–71 (die Ausschmückungen, mit denen die Verfasserin stärker vom Mk Text abweicht, sind mit kursivem Druck gekennzeichnet). Ähnlich auch ECKART ZUR NIEDEN S.62–64.

... kniete Jairus vor Jesus nieder. „Ich bitte dich, Herr, komm zu meiner *kleinen* Tochter", bat er. „Sie liegt im Sterben, aber wenn du ihr die Hand auflegst, wird sie leben." Jesus *sah, wie verstört der arme Mann war*, und er ging sogleich mit ihm. Als sie in der Nähe von Jairus' Haus waren, kamen ihnen Boten entgegen. „Du brauchst Jesus nicht zu bemühen", sagte einer von ihnen. „Dein *kleines* Mädchen ist tot."

Tränen flossen aus Jairus' Augen. Jesus sprach *freundlich* mit ihm.

„Hab' keine Angst; glaube nur." Dann gingen sie zu dem Haus, und Jesus sagte der Menge hinter ihm, daß sie nicht weiter kommen dürfte. Er aber ging mit Petrus, Johannes und Jairus hinein.

Das Haus war voll mit Leuten, die jammerten und schrien. *„Warum macht ihr solchen Lärm?"*, sagte Jesus. „Das *kleine* Mädchen ist nicht tot, sie schläft nur."

Aber sie lachten ihn *verächtlich* aus.[6a] Dann ging Jesus in das Zimmer, wo das *kleine* Mädchen *still und weiß* auf seinem *kleinen* Bett lag. *Seine Mutter stand weinend neben ihm.*

Jesus nahm die Hand des Kindes in seine Hand. *„Kleines* Mädchen", sprach er, „ich sage dir, steh auf!"

Und das *kleine* Mädchen *setzte sich auf, blickte umher und war erstaunt, seine Eltern weinen zu sehen. Es stieg aus dem Bett und ging herum. Unter Freudentränen schloß seine Mutter es in die Arme, und Jairus streichelte seine Locken. Das war der glücklichste Tag seines Lebens. Voll Traurigkeit war er zu Jesus gegangen, und weil er geglaubt hatte, war sein kleines Mädchen wieder gesund, und er war glücklich.*

Diese Art der Nacherzählung soll den Leser auch *gefühlsmäßig ansprechen.* Tränen und Weinen durchziehen die ganze Geschichte: Nicht nur – wie in der Originalgeschichte – die Trauergesellschaft klagt. Nein – auch die Mutter weint am Krankenbett der Tochter, der „arme" Jairus läßt auf die Sterbebotschaft hin seine Tränen fließen und zum guten Ende schließt die Mutter unter Freudentränen die wiederbelebte Tochter glücklich in ihre Arme.
Die Autorin nennt dabei die Tochter des Jairus ständig das *„kleine"* Mädchen, was dem Ganzen fälschlich den Anschein einer (Klein-)*Kindergeschichte* verleiht. Die ausdrückliche Altersangabe im Evangelium (zwölf Jahre) läßt dagegen – damaligen Verhältnissen entsprechend – eher an eine heiratsfähige Heranwachsende denken. Das Ganze droht so in der Wiedergabe ENID BLYTONS zu einer sehr gefühlvollen intimen Familienstory mit dem Thema zu werden: Wie es zu dem glücklichsten Tag im Leben des Jairus kommt.

6a   Die Autorin tilgt die Passage: „Er [Jesus] aber trieb sie alle hinaus" Markus 5,40. Ist der aggressiv handelnde Jesus nichts für Kinder?

6.2.1.2   War Jairus' Tochter nur ein Einzelfall?

Damit aber führt diese ausschmückende Erzählweise gerade von der eigentlichen Botschaft der biblischen Geschichte weg. Denn *nicht um privates Familienglück und nicht um Krankheit und Gesundheit in einem individuellen Einzelfall* geht es hier, sondern viel umfassender, viel universaler um ein eschatologisches Zeichen: *um Rettung und neues Leben*.

Ein Bibelwissenschaftler weist darauf hin, daß es in unserer Geschichte gar nicht in erster Linie um das Sterben dieses einen Mädchens geht, von dem wir gar nichts Näheres erfahren: „Der Tod des Mädchens steht *für allen Tod* – darauf weisen die zwölf Jahre ihres Alters [die man auch als symbolische Zahl verstehen kann] hin –, und zwar für den Tod, der aufgehoben wird, wo Jesus in das Leben des Menschen tritt ..." Und „vertritt der Tod des Mädchens unseren Tod, so der Glaube des Vaters unseren Glauben"[7] – Also soll hier nicht eine vergangene „Es war einmal"-Geschichte (wie ENID BLYTON bezeichnenderweise ihre Nacherzählung im Märchenstil beginnt) geboten werden. Sondern diese Geschichte will uns heute Hoffnung vermitteln darüber, was an neuem, aus dem Tod geretteten Leben auch unserem Glauben zukommen soll, wenn er sich an Jesus hält.

Damit aber wird deutlich, daß der von ENID BLYTON gewählte Erzählstil aller beabsichtigten „Anschaulichkeit" zum Trotz gerade das nicht leistet, was biblische Nacherzählung leisten soll: die *Vergegenwärtigung* dessen, was an Glaube, Liebe und Hoffnung in den biblischen Geschichten Ausdruck gefunden hat und zum heutigen Leser herüberkommen soll.

Erzählerische Ausschmückungen sind also *nicht neutral*. Sie dienen nicht allein dem formalen Zweck, mehr Anschaulichkeit in eine Erzählung zu bringen. Vielmehr darin eingepackt liefern sie auch jeweils ein sehr bestimmtes Verständnis der nacherzählten biblischen Geschichten mit. Dieses Verständnis aber muß theologisch verantwortet werden.

Aus solchem Extrembeispiel eines ungewöhnlich ausschmückenden Erzählstils sollte man nun nicht vorschnell folgern, daß erzählerische Erweiterungen schon als solche problematisch, ja unzulässig seien. Sie gehören sicher zum unerläßlichen Handwerkszeug von Kinderbibelautoren und dafür gibt es gute erzählerische und sachliche Gründe. Aber Gefahr im Verzuge besteht dann, wenn der Kinderbibel-Autor hier die erzählerische Disziplin

---

7   WALTER SCHMITHALS: Das Evangelium nach Markus. Gütersloh: Gütersloher Verlagshaus Gerd Mohn 1979. S.290.

verliert, wenn er seine theologische Verantwortung nicht ausreichend wahrnimmt und mit der Art seiner ausschmückenden Nacherzählung den Sinn der Originalgeschichte verstellt und verzerrt.

6.3 Erzählerisches Entfalten und Bibeltreue – kein Gegensatz

Wer aus der Bibel erzählt, muß „zunächst einmal die Forderung der *Texttreue* uneingeschränkt anerkennen", wie INGO BALDERMANN fordert. Man müsse sich deshalb keineswegs puritanisch auf das beschränken, „was die biblischen Erzähler anbieten". Es gehe vielmehr um ein „*vergegenwärtigendes Entfalten* dessen, was in dem knappen Text schon enthalten war"[8]. Eine biblische Geschichte soll also nicht mit fremdem Flitter und reißerischen Mätzchen, aber auch nicht mit sentimentalem Beiwerk künstlich „aufgepcppt" werden. Sondern was an Sache und Sinn, an Handlung und Bild schon zum Text selbst gehört, das soll in seiner ganzen Farbigkeit und seinem Reichtum durch die Nacherzählung voll erschlossen werden.

Nicht daß ein Erzähler die biblischen Geschichten erweiternd entfaltet, schafft daher Probleme, sondern die Art und Weise, wie er dies tut, und die Absicht, die er dabei verfolgt. Solche Erweiterungen sind im Gegenteil oft aus erzählerischen und nun auch aus sachlichen Gründen geradezu notwendig. Sie können dann verschiedenen Zwecken dienen:

> - Sie schaffen dem Leser/Hörer die hinreichende Zeit, um in eine Geschichte hineinzukommen.
> - Sie bieten Sacherklärungen, die zum Verständnis unerläßlich sind.
> - Sie stellen wichtige theologische Deutungen bereit
> - Sie bilden eine Brücke zur Lebenssituation des Lesers

Die biblischen Erzählungen entstammen ja einer Alltagswelt, die sich in vielfacher Hinsicht von der unsrigen unterscheidet. Viele Dinge, die darin vorkommen, sind heutigen Kindern – und nicht nur ihnen – unbekannt und fern. Um diese fremde Welt den Lesern vorzustellen, fügen Kinderbibel-

---

8   1969 S.162f.

Autoren oftmals den biblischen Originalgeschichten *Sacherklärungen* hinzu. Das erweist sich in vielen Fällen als unumgänglich. Hierher gehören *historische Informationen* z.B. zu Isaaks Opferung, Sauls Kriegen, zu Sabbat, Tempel, Synagoge u.ä. Was ist ein Zöllner, was ein Pharisäer? Wie lebte man damals in einem Dorf? Wie behandelte man die Kranken? Wie feierte man Feste? Wie sah ein Haus damals aus? – Zu dem allen brauchen kindliche Leser von heute nähere Aufklärung.

Solche erzählerischen Erweiterungen können aber auch wichtige *exegetische und theologische Deutungen* bereitstellen, die den Sinn des Erzählten stärker beleuchten wollen: So z.B. wenn die Tischszene in der Emmausgeschichte erzählerisch deutlicher mit dem Abendmahl verknüpft werden soll[9]. Oder wenn eine Einleitung zur Schöpfungserzählung von 1.Mose 2 die Fragen nach Gott, der Welt und dem Sinn des Lebens benennt, auf die die Geschichte vom Paradies bezogen ist.[10]

Schließlich bieten solche Erweiterungen auch oft eine *Brücke* an, die die Geschichte mit der *Lebenssituation des Lesers/der Leserin* in Verbindung bringen möchte.

6.3.1 Entfaltendes Erzählen: Gottes Augen suchen den Zachäus (WILHELM BENEKER)

Ein anschauliches Beispiel für solche Art, entfaltendes Erzählen mit Sacherklärungen und theologischen Deutungen zu verbinden, bietet BENEKER mit seiner Jesusgeschichte. Hier z.B., S.86, seine Nacherzählung der Zachäusgeschichte (Lukas 19,1–10)[11]:

---

9   So z.B. FRIEDRICH HOFFMANN S.258. s. auch W.PIOCH S.145.
10 So die Elementarbibel 4 S.55f. s.u. S.90f.
11 WILHELM BENEKER 1972 S.62ff.

TEXT: ZACHÄUS LK 19,1–10 (BENEKER)

TEXT:	KOMMENTAR
In Jericho wohnte ein Mann, der hieß Zachäus. Er war ein Steuereinnehmer. *Er nahm für die Römer die Wegesteuer ein.*[12] *Wenn einer mit Waren über die Grenze ging, mußte er den Wegzoll bezahlen. Aber die Zöllner nahmen mehr Geld von den Leuten, als die Römer haben wollten. So einer war auch Zachäus. Er betrog die Leute. Was er zuviel einnahm, behielt er für sich. So war Zachäus reich geworden. Ja, er war ein Betrüger, der Oberzöllner von Jericho, ein Betrüger im Dienst der Römer. Die Leute von Jericho wußten das wohl. Darum mochten sie ihn nicht leiden. Mit einem Betrüger und Römerfreund wollten sie nichts zu tun haben. Der war ja ein Sünder. Sie sagten: „So einer gehört nicht mehr zu uns. Er gehört nicht mehr zum auserwählten Volk Gottes – der nicht!"*	Die Sacherklärung zum Thema „Zöllner" ist anschaulich gestaltet und fast nahtlos in die Erzählung integriert. Nun kann der Leser verstehen, was es Besonderes auf sich hat, wenn Jesus sich einem solchen Menschen wie Zachäus zuwendet.
Als nun Jesus durch Jericho kam, da wollte auch Zachäus ihn sehen. Er wollte doch wissen, wer dieser Jesus war. Aber er konnte nicht. Er war zu klein. Und die vielen Leute dort am Weg, *die ließen ihn nicht durch. Sie hörten gar nicht auf ihn, denn sie verachteten den Oberzöllner. Warum sollten sie ihn auch durchlassen, diesen Sünder? Aber Zachäus wollte ihn sehen.* Er lief schnell ein Stück die Straße voraus und kletterte auf einen Baum. *Zachäus dachte*: Hier kommt er vorbei. *Dann kann ich sehen, wer Jesus ist.*	Entfaltendes Erzählen
Und Jesus kam. *Er kam die Straße herunter* zu dem Baum, *auf dem Zachäus saß. Jesus blieb stehen.* Er sah hinauf zu ihm. *Er suchte Zachäus mit seinen Augen. Gottes Augen suchten den Oberzöllner von Jericho.*	Theologische Deutung zu: Jesus blickte auf zu ihm.
Und der Herr sprach zu ihm: „Steige schnell herunter von diesem Baum. *Ich muß zu dir kommen,* Zachäus. Heute muß ich in dein Haus kommen. *Gott will es!"*	Theologische Deutung des „muß"

[12] Die Veränderungen und Erweiterungen gegenüber dem Originaltext wurden wieder durch *kursive Schrift* kenntlich gemacht.

86

Vom unkontrolliert ausschmückenden Erzählen unterscheidet sich diese Erzählart dadurch, daß sie nicht auf Material zurückgreift, das der Geschichte fremd ist. Sie verwendet vielmehr Elemente, die der Geschichte selbst zugehören. Die in die Erzählung einbezogene Sacherklärung zum Stichwort „Zöllner" macht verständlich, was es Besonderes auf sich hat, wenn Jesus sich einem solchen Menschen wie Zachäus zuwendet. [13]

In ähnlichem Stil findet der Engelsgesang in der Weihnachtsgeschichte (Lukas 2,14) bei BENEKER eine poetisch sehr einfühlsame Entfaltung:

> Und dann, ganz plötzlich, waren da viele Engel. Sie sangen: „Ehre und Herrlichkeit bei Gott und Friede bei seinen Kindern auf Erden!" So sangen sie *alle: die Sterne, die Wolken, der Wind und die Erde* – die Heerscharen des Himmels sangen Gottes Lob.

Mit diesem Zusatz, der das Bild von den singenden Engeln weiterdichtet, hat BENEKER dem Leser ganz unaufdringlich einen Blick gegeben für die symbolische Sprache des Weihnachtsevangeliums. Jede skeptische Frage erübrigt sich von selbst: Gibt es Engel? Wie sehen sie aus? Wie singen sie und wie kann man das überhaupt hören? – Der Leser versteht von allein: Natürlich – die ganze Welt, der Kosmos selbst muß singen, wenn solch ein Wunder geschieht, wenn solch eine Freudenbotschaft laut wird.

Solche der sachlichen Erklärung und dem Sinnverständnis dienenden Hinzufügungen müssen nicht umfangreich sein. Ein knappes Wort, ein kurzer Satz reichen oft hin. Einen solchen Satz setzt BENEKER an den Schluß der Speisungsgeschichte (Markus 6,43f) und zieht damit die Linie zum Leser heute aus:

> Und die Jünger sammelten die Brocken ein, die übrig geblieben waren. Es waren zwölf Körbe voll Brot. Es hatte für alle gereicht – *und es reicht für alle.*

Der Leser versteht: Dieser Überfluß gilt auch ihm, auch für ihn reicht es, auch er wird am Tisch Gottes satt.

6.3.2 Elementarisierendes Erzählen: Die Elementarbibel (ANNELIESE POKRANDT)

Um die Entwicklung eines elementaren, kindgemäßen Erzählstils bei gleichzeitiger relativ enger Bindung an den Text der Lutherbibel haben sich besonders zwei Kinderbibel-Autoren bemüht: D.STEINWEDE in seinen verschiedenen Bibelausgaben und A.POKRANDT in ihrer Elementarbibel.

---

[13] s. auch oben Kap. 2.1 S.21f, wo dargestellt ist, wie Kinder diese Geschichte verstehen können.

Hierfür mag als Beispiel dienen, wie die Autorin die Erzählung von den Emmausjüngern (Lukas 24,19ff)[14] wiedergegeben hat:

TEXT EMMAUSJÜNGER LK 24 (POKRANDT)

LUTHERTEXT	ELEMENTARBIBEL
19 ff Die Jünger aber sprachen zu ihm:	Sie sagten:
Das von Jesus von Nazareth,	Das *mit* Jesus von Nazaret!
welcher war ein Prophet,	*Er war* ein gewaltiger Prophet
mächtig von Worten und Taten	und *hat große Dinge getan*
vor Gott und allem Volk,	vor Gott und allen Menschen.
wie ihn unsere Hohenpriester und	Wir hatten gehofft,
Obersten überantwortet haben zur	er würde unser Volk
Verdammnis des Todes und gekreuzigt.	*von den Römern befreien.*
	Diesen Jesus haben die Hohenpriester
Wir aber hofften, er sei es, der Israel	
erlösen würde.	
	und Oberen *verurteilt* und kreuzigen
	lassen.
Und über das alles ist heute der dritte	
Tag, daß solches geschehen ist.	*Das war vorgestern.*
Auch haben uns erschreckt etliche	Heute haben uns *einige Frauen* er-
Frauen aus unserer Mitte;	schreckt.
sie sind frühe bei dem Grabe gewesen,	*Früh am Morgen* waren sie an seinem
	Grab,
haben seinen Leib nicht gefunden,	aber sie fanden den *Toten* nicht.
kommen und sagen,	Sie sind zu uns gekommen und behaup-
	ten:
sie haben eine Erscheinung von Engeln	*Engel haben wir gesehen,*
gesehen,	
welche sagen, er lebe.	die sagten: *Er ist lebendig!*
…	…
35 Und die Jünger erzählten ihnen,	Da erzählten die beiden,
was auf dem Weg geschehen war	was auf dem Weg geschehen war.
	Sie sagten:
und wie er von ihnen erkannt wäre,	*wir haben* den Herrn erkannt,
als er das Brot brach.	als er das Brot brach.

---

[14]   Band 8 S.7ff.

Der Vergleich zeigt:

- Umfangreichere Satzgebilde sind in *einfache Sätze,* möglichst *Hauptsätze,* zerlegt.
- Indirekte Rede ist in *direkte Rede* gesetzt.
- Schwerer verständliche Worte und Ausdrücke sind *umformuliert:*
  > wir hofften, er sei es, der Israel erlösen würde – in das Konkrete: der unser Volk von den Römern befreien würde;
  > Überantwortet haben zur Verdammnis des Todes – in: haben verurteilt;
  > Frühe – in: Früh am Morgen;
  > der dritte Tag – in: vorgestern;
  > seinen Leib – in: den Toten;
  > Erscheinung von Engeln – in: Engel.
- Substantivische Ausdrücke werden in *verbale Ausdrücke* umgesetzt:
  > mächtig in Tat und Wort – in: er hat große Dinge getan.
- Um das Verständnis für den zeitlich-logischen Ablauf des Geschehens zu erleichtern, ist eine *Umstellung* vorgenommen: Wir hatten gehofft … Diesen Jesus haben …
- Der Text ist in linksbündigem Flattersatz gesetzt: Nur ein Gedanke, ein Wortzusammenhang in einer Zeile. So ist er für den Leser, gerade auch den Leseanfänger leichter zu übersehen.

Während die in diesem elementaren Stil gehaltene Nacherzählung sich bei den einzelnen Geschichten sehr stark an den Bibeltext anlehnt, bedient sich A. POKRANDT des weiteren gerne *überleitender und zusammenfassender Zwischentexte.* In kursive Schrift gesetzt heben sie sich für den Leser deutlich von den eigentlichen biblischen Erzählungen ab. So wird klar: Die darin gebotenen Sacherklärungen[15] und theologischen Deutungen gehen auf die Verantwortung der Autorin. Sie sind als „Gelenktexte" gemeint, die den Zusammenhang der biblischen Erzählungen und deren theologische Intentionen vermitteln möchten. „Sie sollen einerseits Querverbindungen zu anderen biblischen Figuren oder Ereignissen schaffen, andererseits aber den Leitgedanken wie einen cantus firmus immer wieder anklingen lassen. Oder, in einem Bild: Die Kursivtexte haben die Qualität von Schuß- und Kettfäden bei dem Gewebe (Text = Textil!) des biblischen Redens von Gott."[16]

---

15 Ähnlich auch ein knapp eingerichteter Erklärungsteil am Schluß jeden Teilbandes.
16 Schriftliche Mitteilung der Autorin an den Verf. vom 13.7.1992.

So leitet A. POKRANDT die alte jahwistische Schöpfungserzählung vom Paradies (1.Mose 2) mit einem meditierend nachdenklichen Abschnitt so ein[17]:

Text zu 1.Mose 2 (POKRANDT)	
Der Mensch fragt. Er fragt nach sich selber: Wer bin ich? Woher komme ich? Wer kennt mich? Wer liebt mich? Wohin gehe ich? Der Mensch erfährt: Allein kann ich nicht leben, erst mit anderen Menschen zusammen kann ich glücklich sein. An ihnen aber werde ich auch böse. Der Mensch meint: Ich bin stark, ich allein kann tun, was richtig ist. Ich brauche Gott nicht. Seit Urzeiten hat der Mensch gefragt und Erfahrungen gemacht. Schon früh hat er versucht, von seinen Erfahrungen mit Bildern zu sagen. So sind die frühen Erzählungen mit ihren Fragen nach Gott und dem Leben Zeichen dafür, wie Gott mit den Menschen umgeht. Kinder fragen: Wie sieht Gott aus? Sieht er aus wie ein Mensch? Auch die Menschen der Bibel.	haben so gefragt und sich Gott in frühen Zeiten so vorgestellt. In den alten Erzählungen tritt Gott deshalb auf wie ein Mensch, er begegnet den Menschen und redet sie an. In späterer Zeit wird erzählt, wie Gott Boten sendet, die seinen Willen sagen. In manchen Erzählungen erscheint Gott im Traum, im Feuer, in Wolken oder im Sturm. Er läßt sich durch eine Stimme hören. Menschen werden in die Wüste geführt und erfahren dort, was Gott ihnen sagen will. Niemand hat Gott je gesehen. Wenn Menschen in der Bibel davon erzählen, wollen sie auf besondere Weise sagen: Wir haben Gott in unserem Leben erfahren, Gott ist der Herr. Die Menschen erzählen sich, warum Mann und Frau zusammengehören. Gott formte den Menschen aus Lehm …

---

[17] Bd 4 S.55f.

Eine solche Einführung in die Urgeschichten der Bibel leistet für den Leser Verschiedenes:

- Sie läßt die biblischen Geschichten *als wirkliche Erzählungen* von Menschen verstehen und versteckt sich nicht hinter einem anonymen „Die Bibel erzählt".

- Sie präsentiert die Geschichten aus der Bibel zugleich als Erzählungen, die *Ausdruck menschlicher Erfahrungen von Gott* sind.

- Sie macht die Leser darauf aufmerksam, daß solche Erfahrungen mit Gott *sehr verschieden* sind, daß man von Gott verschieden sprechen und denken kann. Dieser Tatbestand aber wird gerade als Bereicherung zu verstehen gegeben. – Eine solche Einführung bringt diese Erzählungen in *Verbindung mit wichtigen existentiellen Fragen* der Menschen nach Sinn und Hoffnung und Liebe. Sie schlägt damit die Brücke zu den Erfahrungen und Fragen von Kindern.

- Last not least: Diese Einführung trägt deutlich die Handschrift der Verfasserin und ist klar vom biblischen Text abgehoben.

Mit alle dem stellt die Elementarbibel die Geschichten in einen Rahmen, der unaufdringlich, aber sehr klar bestimmt ist von Einsichten, die uns die *Bibelwissenschaft* zum Verständnis der biblischen Erzählungen beisteuert. Auf diese Weise versucht die Autorin, dem kindlichen Leser – seiner Verständnisstufe entsprechend – ein notwendiges Stück *biblischer Bildung* zu vermitteln, das ihm ermöglicht, allmählich ein reifes, aufgeklärtes Verhältnis zu diesem Buch zu entwickeln.

6.3.3 Erzählung und Kommentar vermischt (Irmgard Weth)?

Daran gemessen bieten viele Kinderbibeln ein Ineinander von biblischer Nacherzählung und historischer, psychologischer und theologischer Kommentierung, das der Leser nicht durchschauen kann, weil es ihm als erzählerische Einheit erscheinen muß.
Die Geschichte von der Kindersegnung (Markus 10,13–16) etwa hat oft die Autoren veranlaßt, nach mutmaßlichen Gründen dafür zu fahnden, warum eigentlich die Jünger die Kinder zurückgewiesen haben könnten. So etwa IRMGARD WETH in ihrer Kinderbibel:

> Als die Jünger aber sie [die Kinder] sahen, wurden sie ärgerlich. *Jesus hatte doch genug mit den Männern zu tun! Und nun auch noch Frauen und schreiende Kinder? Das ging wirklich zu weit!*
>
> *„Was wollt ihr hier?"* herrschten sie die Frauen an. *„Wollt ihr etwa die Kinder zu Jesus bringen? Die sind doch viel zu klein! Die verstehen ja noch nichts! Geht nur wieder heim! Ihr stört Jesus!"* ...[18]

Von alledem steht natürlich nichts in der Originalgeschichte. Solche Hinzufügungen von Autoren werten hier historische Nachrichten über die Einschätzung von Kindern in der (palästinensischen) Antike aus: Lehre ist nichts für Kinder. Kinder und Frauen gelten weniger in einer patriarchalischen Männergesellschaft u.ä.m. Oder sie fantasieren frei über die Situation Jesu: Er ist müde, braucht Ruhe – oder sie beziehen sich auf Aktuelles z.B. auf die kinderunfreundliche moderne Gesellschaft.

Nun sollte man einem Kinderbibel-Autor nicht aus falscher Grundsätzlichkeit verbieten, solche Elemente beizuziehen: Sie könnten natürlich auch sehr nützlich für das Verständnis des Lesers sein. Doch sollte ein Verfasser offen die Verantwortung für seine Hinzufügung übernehmen. Seine (berechtigten oder auch weniger berechtigten) Vermutungen schmücken sich nicht mehr mit der Autorität der Bibel. – Damit wird die Situation dann ganz anders, wenn er sich selbst in Person – für den Leser klar erkennbar – einschaltet, etwa in der folgenden Art:

> „Warum die Jünger sich über die Kinder ärgerten? Warum sie die Kleinen wegdrängen wollten? Wir wissen es nicht. Aber vielleicht haben sie gedacht: Jesus ist für Große da. Kinder sind dafür zu klein! Die verstehen ja noch nichts! Vielleicht auch wollten die Jünger, daß Jesus Ruhe hat und nicht gestört wurde.
>
> Ja, so könnte es gewesen sein.
>
> Aber Jesus fuhr seine Jünger an. „Laßt sie!" rief er. „Laßt die Kinder zu mir kommen ..."

Wenn man so erzählt, ist damit die Situation offen. Die biblische Geschichte ist geblieben, wie sie ist. Sie bleibt so *wiedererkennbar* für das lesende Kind, wenn es einmal die Bibel selber in die Hand nehmen wird. Und deutlich davon abgehoben erscheint die Hinzufügung des Kinderbibel-Autors in seiner Nacherzählung. Darüber kann man dann eben auch anders denken, wenn man will.

---

[18]   S.217.

6.4.1 Rahmenerzählung auf der Ebene der Jesus-Zeit: Der junge Daniel als Augenzeuge (JÖRG ZINK)

JÖRG ZINK versucht in seiner Kinderbibel andere erzählerische Wege. Er hat sich in einer fiktiven Rahmenerzählung das Medium für sachliche Erklärungen und theologische Deutungen geschaffen.

Darin treten David und sein väterlicher Freund, der Fischer Raffael, als unmittelbare „Zeugen" der Jesusgeschichten auf, so z.B. bei der wunderbaren Speisung (Markus 6,35–44). Raffael sagt dazu:

> „Ich kann mir denken, daß viele von den Leuten ihr Brot in der Tasche hatten. Ich auch. Andere hatten nichts. Als aber Jesus vom Reich Gottes sprach, und wir merkten, was für eine große Liebe von diesem Mann ausging, da konnten wir einander auch ein wenig mehr lieben. Da merkten wir, daß das Brot in unseren Taschen auch für die bestimmt war, die neben uns saßen. Und dann gingen die Taschen auf, und die Brote gingen von Hand zu Hand, und jeder bekam etwas zu essen. – Man kann es auch anders erklären: Weißt du, ich glaube, man wird nicht nur vom Essen satt…"

> Und als sie in ihrem Schiff saßen, sagte David: „Ich glaube, wenn die Menschen einander mehr liebten, dann gäbe es mehr Brot für alle, und es brauchte niemand zu hungern. Ist das so?" „Es ist genau so", antwortete Raffael.[19]

Wenn ZINK diese fragend erklärenden Kommentierungen zur Geschichte in seine Rahmenerzählung verlegt, gibt er damit eindeutig zu erkennen, daß er als Verfasser dafür verantwortlich zeichnet. So denkt er selber zu einer Geschichte – das ist seine Meinung. Dazu kann man Stellung nehmen.

Allerdings bietet eine solche Rahmengeschichte auch Anlaß zu Mißverständnissen und zu Täuschungen. Daniel und Raffael als direkte Augen-, Ohren- und sogar Mundzeugen der Speisungswunders, – das legt dem Leser natürlich ein bestimmtes Verständnis der Geschichte nahe. Er muß sich vorstellen: Das Speisungswunder, von dem die Evangelien erzählen, ist ein objektiver, von „neutralen" Zeugen wahrnehmbarer, beweisbarer Vorgang. Da muß natürlich erklärt werden: Wie war das alles möglich? Wie soll man sich das Wunder denken? Und wie um sich die Aufgabe des Erklärens zu erleichtern, ist dem Wunder sozusagen die Spitze abgebrochen: So fehlen bei ZINK die Schlußverse der Markuserzählung, die die überfließende Fülle und darin die göttliche Größe des Wunders (zwölf Körbe Brocken, fünftausend gespeiste Menschen) konstatieren wollen. Denn nichts anderes als die Vision der neuen Welt Gottes will der Evangelist in seinem Bild von dem

---

[19] S.68f.

übervollen Tisch, von dem festlichen Gastmahl in der Wüste malen. Es bleiben zwölf Körbe Reste, unvorstellbar mehr als der schmale Vorrat von fünf Broten und zwei Fischen, mit dem alles anfing. Davon kann jeder der Jünger, jeder der zwölf Apostel sozusagen einen Korb mitnehmen, um die übrige, die „Dritte" Welt damit zu speisen. Was hier ausgeteilt wird, das reicht für die ganze Welt und die ganze Weltgeschichte, das reicht bis hin zu uns.[20]

> Eine Anekdote, die in der Alten Kirche von einem Bischof erzählt wird, gibt diesem Symbolsinn der Geschichte sehr „sprechenden" Ausdruck. Auf den skeptischen Einwurf, wie denn fünf Brote für so viele hätten auslangen können, habe der Bischof dem Frager erwidert: Du wirst dich wundern – aber davon leben wir noch heute – im Abendmahl! So will diese alte Speisungsgeschichte in Wahrheit von etwas erzählen, das an uns heute geschieht. Und das kann sie nur so – in einem symbolischen Bild.

Ähnlich muß auch etwa die Eselin Suleika, die ZINK als Augen- und Ohrenzeugin seiner Weihnachtsgeschichte einführt, den falschen Eindruck einer faktischen Objektivität erwecken, der später nur mit Mühe korrigiert werden kann. Die lukanische Weihnachtserzählung wird so behandelt, als wäre sie ein Augenzeugenprotokoll und nicht eine im Stil von Legenden gehaltene Glaubenserzählung von hinterher.

Auf diese Weise wird der Leser über den erzählerischen Typus der Originalgeschichten verwirrt: Er muß sie mißverstehen als historische Dokumentationen über äußere Vorgänge. Er kann sie nicht aufnehmen als symbolische Bilder des Glaubens, in denen „verdichtet" eingefangen ist, was Jesus in unzähligen Begegnungen den Menschen an „großer Freude", an „Frieden auf Erden", an neuem Leben gebracht hat.

Seine Methode, die Rahmenerzählung als Sprachrohr des Autors einzusetzen und darin deutlich erkennbar von der biblischen Erzählung abzuheben, hat ZINK zudem nicht allenorts konsequent verwirklicht. In der Schöpfungsgeschichte legt er seine eigene ökologisch getönte Theologie dem lieben Gott selbst in den Mund:

> Als Gott alles anschaute, sagte er: „Nun fehlt nur noch ein Wesen, das sich an allem freuen kann wie ich, das alles sieht und dafür sorgt, daß alle Tiere und Pflanzen miteinander leben können. Mir fehlt noch ein Wesen, das nachdenken kann wie ich und neue Dinge schaffen wie ich selbst. Ich will den Menschen erschaffen. Der soll ein Freund der Tiere sein und ein Gärtner für die Pflanzen. Er soll Getreide auf die Felder säen und es ernten, Häuser bauen und viele Dinge erfinden. Er soll schreiben können und Lieder singen und Bilder malen und sich an allem freuen, was um ihn her lebt."[21]

---

[20] s. dazu W. BENEKER zu dieser Geschichte S.50: „... zwölf Körbe voll Brote. Es hatte für alle gereicht – und es reicht für alle."

[21] S.20.

94

Es mag sehr sinnvoll sein, heutigen Kindern solche Gedanken zum biblischen Schöpfungssegen nahezubringen: Ein neues „sanftes" Verständnis über die Beziehung des Menschen zur Schöpfung zu fördern gegen ein bisheriges Mißverständnis, das von patriarchalischer Aggressivität gegenüber Welt und Natur gekennzeichnet war. Aber der Autor sollte sich dabei nicht als eine Person aufspielen, die über die Fähigkeit zu metaphysischer Gedankenleserei verfügt und dem lieben Gott in die Karten gucken kann, wie es in der Kinderbibel-Tradition weithin der Fall war.[22] Daß ZINK hier diese kommentierenden und meditierenden Gedanken innerhalb der biblischen Ebene bringt, das verleiht ihnen ein autoritatives Gewicht, das keine Deckung hat. Hier scheint ja nicht JÖRG ZINK zu sprechen – und das wäre doch auch ernst zu nehmen! – sondern der Schöpfergott selber: So wird der Leser zu denken verführt.

Bei allem bleibt ZINKs Versuch, die biblischen Stoffe im Zusammenhang einer Rahmenhandlung zu vermitteln, eine interessante Stimme im Konzert der Kinderbibel-Ausgaben. Nicht nur daß der Autor auf diese Weise sein eigenes Geschichtenverständnis offen deklariert, darüber hinaus kann er so auch notwendige Kenntnisse über den geschichtlichen Hintergrund einflechten, den Leser mit seinen Interessen und Fragen in die Geschichte einbeziehen und so Brücken zu seiner Gegenwart schlagen.

> Eine Variante zu dieser historisch angesiedelten Rahmenerzählung versucht der Verfasser (RT) mit seinem Buch: „Erzähl mir doch von Jesus" vorzulegen. Die Rahmenhandlung ist in die Lukaszeit – um das Jahr 80 nach Jesus – verlegt: Damit sollen die sachlichen Irritationen und gefühlsmäßigen Peinlichkeiten eines Ansatzes vermieden werden, der die Handlungspersonen zu unmittelbaren Augenzeugen der Geschichte Jesu macht. Alltagssituationen aus dem Leben der ersten Christen rufen Erinnerungen an Jesus wach und beleuchten, welche Lebensbedeutung die Jesusgeschichten des Lukas in seiner Welt haben. Unaufdringlich vermittelt diese „Kinderbibel", in die alle zentralen Texte des Lukas aufgenommen sind, zugleich ein Stück Christentumsgeschichte und biblische Bildung – dies nicht durch sachliche Belehrung, sondern durch eine spannende geschichtliche Erzählung.[23]

---

[22] s. das Kap.8.2.3 S.157f.
[23] s. auch den interessanten Versuch des Neutestamentlers GERD THEISSEN: Der Schatten des Galiläers (München 1986), in einer spannenden „Agentenstory" Zeitgeschichte und bibelwissenschaftliche Erkenntnisse zu vermitteln.

6.4.2 Rahmenerzählung auf der Ebene der Jetzt-Zeit (WILFRIED PIOCH)

W. PIOCH wählt für seinen erzählerischen Rahmen die *Gegenwart*[24] und läßt darin Eltern und Kinder von heute zu Wort kommen. In den *Gesprächen*, die die Eltern mit ihren Kindern Stefan und Katrin über viele biblische Geschichten führen, möchte PIOCH Kinderfragen aufnehmen und „dazu anregen, daß Eltern mit ihren Kindern sich von den biblischen Geschichten zum Gespräch … über den Glauben an Gott anregen lassen." „In den Gesprächen über den Glauben und beim Erzählen der biblischen Geschichten geht es darum, den Kindern zu einem solchen Kinderglauben zu verhelfen, der im Erwachsenwerden nicht als naiv und lächerlich abgetan wird, sondern der reifen und sich vertiefen kann."[25]
Diesem sehr bejahenswerten Ziel sollen denn auch die erzählerischen Erweiterungen, Erklärungen und Kommentare dienen, die der Autor in diesen fiktiven Gesprächen mit den Kindern untergebracht hat.
So geht das Gespräch zu der Geschichte vom Auszug der Israeliten aus Ägypten z.B. auf die Frage Stefans ein:

> „Du, Mutti, war all das Unglück den Ägyptern eigentlich von Gott geschickt worden?" „Darüber zerbrachen sich wohl schon damals viele Menschen den Kopf und keiner wußte, wessen Ansicht wirklich richtig war. Jedenfalls kamen die Ägypter durch das Unglück zum Nachdenken. Als es den Ägyptern so schlecht ging, spürten sie ihr schlechtes Gewissen den Ausländern gegenüber. Einigen Menschen tat es leid, daß die Ausländer[26] so hart arbeiten mußten. Sie schenkten ihnen etwas zum Abschied, um ihnen eine Freude zu bereiten. Oftmals werden wir Menschen erst durch Unglücksfälle daran erinnert, daß wir nicht Gottes Willen tun. Doch niemand kann wissen, ob ein Unglück wirklich von Gott gewollt ist."[27]

Der selbstverständliche Zusammenhang, den die alten Erzählungen zwischen den ägytischen Plagen und Gott sehen (s. z.B. 2.Mose 11,1 u.a.), ist in dem Gespräch zwischen Mutter und Stefan in Frage gestellt. Das Gerechtigkeitsempfinden, das Kinder hier in der Bibel – und nicht nur an dieser Stelle – zum Mitleid mit den geschlagenen Ägyptern bewegt hat[28], kommt zu

---

24 Ausführliche in der Jetztzeit spielende Rahmenerzählungen verwendet HANS HEINRICH STRUBE in seinen biblischen Geschichten. Sie bieten dem Autor Gelegenheit, eine (Un)Menge historischen Stoffs und theologischer Anmerkungen unterzubringen, und wirken streckenweise recht konstruiert.
25 S.8f.
26 Mit dem Stichwort „Ausländer" bietet sich dem Leser eine Brücke an, die die Geschichten vom Auszug aus Ägypten mit der Gegenwart verbinden kann.
27 S.51.
28 s. hierzu die alte jüdische Legende, die davon erzählt, daß Gott seinen Engeln Einhalt gebot, als die den Lobgesang darüber anstimmen wollten, daß die ägyptischen Solda-

Wort. Dem in der Tradition der Kinderbibeln verbreiteten düsteren Leitbild eines strafenden Gottes, ist damit vorgebeugt.[29] Allerdings bleibt im Zweifel, wieweit dies auch tatsächlich gelungen sein mag. Der vorsichtige Satz: „Doch niemand kann wissen, ob ein Unglück wirklich von Gott gewollt ist" läßt ja auch den Schluß zu: Man kann es nicht wissen, aber möglich ist es, daß Gott ein Unglück direkt will.

Solche Rahmengespräche können aber eine Geschichte auch von vorneherein in falsches Licht setzen. Zu den Josefsgeschichten (1.Mose 37,3ff) etwa fragt der heimkehrende Vater die beiden Kinder, was sie wohl gesagt hätten, wenn er für sie von der Reise nur einen Pullover als Geschenk mitgebracht hätte. Die Kinder zeigen sich sehr verständnisvoll: „Ach, ich weiß auch so, daß du mich lieb hast", sagt Katrin. „Wir hätten ihn vielleicht abwechselnd getragen", ist Stefans Vorschlag. Keine Rivalitäts- und Neidgefühle also – und entsprechend dann behandelt PIOCH auch in der biblischen Erzählung selbst den Neid der Brüder auf Josef: Er erscheint als unbegründet.

> … Eines Tages brachte der Vater Jakob ein buntes Hemd mit. Er schenkte es seinem Sohn Josef. Keiner wußte so recht, warum gerade der Josef ein solches Hemd bekam.
>
> Vielleicht reichte sein Geld nicht, um jedem seiner Söhne ein solches Hemd nähen zu lassen. Vielleicht gab es aber auch beim Händler nur ein buntes Hemd. Vielleicht hatte Vater Jakob einen Grund dafür, den keiner kannte. Sicherlich hatte der Vater Jakob alle seine Kinder lieb.

Die Brüder scheinen sich also nur einzubilden, daß Josef das bevorzugte Kind des Vaters ist. Ihr Neid und Haß auf Josef hat keinen wirklichen Grund: Vater Jakob gehört nicht zu den Vätern, die eines ihrer Kinder bevorzugen. Die Originalgeschichte dagegen stellt lapidar fest:

> Israel (= Jakob) aber hatte Josef lieber als alle seine Söhne, weil er der Sohn seines Alters war.

Damit aber eliminiert PIOCH den zentralen Konflikt, der das Drama zwischen Josef und seinen Brüdern eröffnet und erst gegen Ende seinen Ausgleich findet: „Ihr gedachtet es böse mit mir zu machen, aber Gott gedachte es gut zu machen" (1. Mose 50,20). Ebenfalls fällt dahin das Spannungsmoment, das gerade dem kindlichen Leser diese Geschichte interessant macht: Seine eigenen Erfahrungen mit Zurücksetzung und Ungerechtigkeit in der

---

ten bei der Verfolgung der Israeliten in den Wellen des Schilfmeeres umkamen: „Meine Geschöpfe versinken im Meer und ihr wollt jubeln?"

[29] s. dazu unten Kap.8.2 S.151ff.

Familie und seine Gefühle von Neid und Rivalität sind es, an die ihn die Geschichte erinnern kann.[30]

Das erzählerische Instrument zwischengeschalteter Gespräche, in denen die Fragen kindlicher Leser aufgenommen und die Erzählungen durch notwendige Erklärungen verständlich gemacht werden können, muß also behutsam verwendet werden. Manche Dialoge bei PIOCH wirken denn auch recht konstruiert, manche Gesprächsanlässe scheinen weit hergeholt. Zuweilen fällt dem Autor dann auch nichts mehr ein als ein Appell der Kinder Katrin und Stefan an ihre Eltern weiterzuerzählen oder eine formelhafte Einleitung zu einer neuen Geschichte.[31]

6.5   Die Funktion der Überschriften

Auch die *Überschriften*, die die Kinderbibelautoren ihren Geschichten geben, sind von Bedeutung für das Verständnis des Lesers. Solche Überschriften sind uns aus der Lutherbibel gut vertraut, manche gar sind unter uns sprichwörtlich geworden: die „Bergpredigt" mit den „Seligpreisungen", „Jesus segnet die Kinder", „der verlorene Sohn", „der reiche Kornbauer", „reicher Mann und armer Lazarus", der „barmherzige Samariter", der „ungläubige Thomas" u.a.m. Diese traditionellen Überschriften geben uns im Voraus Hinweise auf Inhalt, Kern und Sinn von Texten. Sie „beeindrucken"[32] den Leser zum vornherein und lenken damit seine Aufmerksamkeit in ihre Richtung. Freilich begrenzen sie auch seine Fantasie und können ihn gar in die Irre führen.

Das aber ist mit einer ganzen Reihe von uns gewohnten Bibelüberschriften der Fall. So erweckt z.B. der Titel „Die Bergpredigt" in zweierlei Hinsicht einen falschen Eindruck: Es handelt sich dabei natürlich in keiner Weise um eine gottesdienstliche „*Predigt*" im heutigen Stil und schon gar nicht nicht um das „Protokoll" einer Rede Jesu, die in einem Guß so gehalten wäre. So wie die Bergpredigt sich in den drei Kapiteln des Matthäus findet, ist sie das Werk des Evangelisten: Er hat Worte Jesu, die ihm in einzelnen Überlieferungsstücken überkommen waren, zu einer großen Lehre Jesu zusammengefaßt und der Lehre des Profeten Mose vom Gottesberg Sinai entgegenge-

---

30 Solche Rivalitätserfahrungen können kindliche Leser unbewußt auch an entsprechenden Märchen durcharbeiten. s. dazu B. BETTELHEIM a.a.O. S.53f.
31 So z.B. S.99, 101, 103, 123,126.
32 Wie stark sie das tun können, zeigt die oben (Kap.4.1.1 S.33f) zitierte Erinnerung KARL FRIEDRICH VON KLÖDENs: „Uns waren der Titel, die Vorreden, die Kapitelüberschriften ebensogut Gotteswort, weil sie in der Bibel standen ..." In ähnlicher Weise wirken natürlich auch die fettgedruckten sog. „Kernstellen" in der Lutherbibel.

stellt (ebenso hat der Evangelist Lukas Redestücke Jesu in seiner „Feldrede" gesammelt: Lukas 6). – In dieser Weise sind natürlich auch manche anderen uns überlieferte Bibelüberschriften insofern problematisch, als sie uns mit einem falschen „Vorurteil" in einen biblischen Text hineinführen.

Kinderbibeln nun benutzen einerseits die uns aus der Lutherbibel vertrauten Überschriften und tun damit in der Regel auch gut daran. Andererseits aber haben Kinderbibel-Autoren an vielen Stellen auch Anlaß gesehen, solche Überschriften zu verändern. So wird zum Beispiel bei der Geschichte von der Speisung der Fünftausend deutlich, wie sie mit ihren Überschriften den Akzent jeweils auf einen anderen Punkt setzen können:

Die Speisung der *Fünftausend*

Jesus macht *fünftausend* Menschen *satt*

Jesus *sorgt für alle* Menschen – Die Speisung der Fünftausend

Alle werden *satt*. Wie sie *alle satt* wurden. Jesus macht die *Hungrigen* *satt*.

Ein Mahl für *mehr als fünftausend* Menschen

Brot aus*teilen*

Wie Jesus den Menschen eine lange Predigt hielt und nachher *mit ihnen* das Brot *teilte*

Fünf *Brote* und zwei *Fische*

Jesus speist *mehrere tausend* Menschen *mit wenig* Nahrungsmitteln (J.P.HEBEL)

Die Brot*vermehrung*

Das Brot*wunder*

Die *wunderbare* Speisung

Aktion Brot *ohne Geld*[33]

Die Überschriften enthalten jeweils *verschiedene Schlüsselwörter*: Die Zahl „*Fünftausend*" (sogar „mehr als fünftausend"), das *Satt*machen/werden, die Angabe „*Alle*", das *Teilen*, das *Wunder*. Schon daran läßt sich im vornherein erkennen, was die verschiedenen Autoren dem Leser als das Wichtigste an der Geschichte nahebringen wollen. Man muß dazu noch nicht die Nacherzählung der Speisungsgeschichte selbst gelesen haben.

Wo beispielsweise das Stichwort „*Wunder*" schon im Titel auftaucht, läßt sich erwarten, daß der betreffende Kinderbibelautor auch weiterhin das Wunderhafte an der Geschichte besonders hervorhebt:

---

[33] MICHAEL KORTH S.192.

Die Jünger brachten die Körbe zu den Menschen. Körbe voll Brot und Körbe voll Fisch. Die Menschen konnten essen, *soviel sie wollten.* Aber woher kam all das *herrliche* Essen? Es kam alles aus den Händen Jesu. Die hatten das *große Wunder* getan.[34]

Eine ähnliche Tendenz haben auch Überschriften, die besonders den *kleinen Anfang*: Fünf Brote und zwei Fische, wenige Nahrungsmittel betonen, mit dem das reiche Ende: mehrere tausend Menschen – besonders kontrastiert.

Bei einem anderen Autor dagegen bestimmt das Stichwort „*Teilen*" die Erzählung:

> „Ihr habt doch selbst etwas mitgenommen für unser Abendbrot. Seht nach, wieviel das ist", fragt dort Jesus die Jünger. Und die Jünger denken: ‚„Er wird doch nicht unser ganzes Abendbrot *verteilen*. Was sollen wir dann essen?' Genau das tat Jesus [nämlich das eigene Abendbrot *verteilen*].[35]

So schließt der Autor dann auch ein längeres Nachgespräch zwischen Kindern und Eltern an, in dem es um das Teilen und Abgeben an die Armen und Hungernden in der Welt geht.

Um dem eigenen Verständnis einer Geschichte deutlicheren Ausdruck zu geben, sehen sich Kinderbibelautoren oft veranlaßt, *traditionelle Überschriften* zu biblischen Geschichten zu *verändern*. Das wird deutlich, wenn man einmal solche unterschiedlichen Überschriften – hier zum Gleichnis vom verlorenen Sohn – nebeneinander setzt und genauer miteinander vergleicht:

1. (Das Gleichnis vom) *verlorenen* Sohn
2. Wenn einmal einer vom Weg abkommt
3. Verloren und *wiedergefunden*
4. Der *wiedergefundene* Sohn (Überschrift eines kindlichen Lesers zu diesem Gleichnis)
5. Vom barmherzigen *Vater*. Schaut, wie barmherzig der Vater ist! So ist Gott!
6. Vom guten *Vater* und seinen *beiden Söhnen*. Der Vater liebt beide
7. Ein *Vater* hatte *zwei Söhne*.
   Von den beiden Söhnen
8. Von den *verlorenen Söhnen*
9. Wie *Jesus* erklärt, daß er die *Zöllner* nicht verachtet

---

34   ANNE DE VRIES 1992 S.181.
35   W. PIOCH S.122. Ähnlich JÖRG ZINK zur Stelle.

Wie diese Vielzahl zeigt, hat unser Gleichnis die Fantasie der Autoren besonders angeregt, die unterschiedlichsten Überschriften zu formulieren und damit die Vorerwartung des Lesers auf jeweils andere Aspekte der Geschichte zu richten. Denn die Formulierung eines Titels beruht jeweils auch auf einem ganz speziellen Verständnis des Textes.

So stellt die traditionelle Überschrift 1 den *jüngeren Sohn* und sein Schicksal in den Mittelpunkt. Ebenso tut das die Überschrift 2, die das Verhalten des Sohnes als ein „vom Weg abkommen" bewertet. Das hat Konsequenzen: Wo der Hauptton so auf den ersten Teil des Gleichnisses gelegt wird, erscheint der zweite Teil des Gleichnisses leicht als eine Art Anhang, der zum Verständnis der Geschichte nicht unbedingt nötig ist. Darum wohl hat der eine und andere Kinderbibelverfasser auch geglaubt, diesen zweiten Teil ganz weglassen zu können.[36]

Die Überschriften 3 und 4 beleuchten mit dem Stichwort „*Wiedergefunden*" einen anderen Aspekt in der Geschichte dieses Sohnes, der in dem gewohnten Titel vernachlässigt scheint: das gute Ende.

Die Überschrift 5 lenkt den Blick auf eine andere Handlungsfigur: Der *Vater*, der den Sohn aufnimmt, steht jetzt im Mittelpunkt, nicht mehr der Sohn, der zum Vater zurückkehrt. Damit wird das Gleichnis zu einer bildhaften Darstellung der Güte Gottes.

Die Titel 7 und 8 lassen uns eine Geschichte mit *zwei* „gleichberechtigten" Handlungsträgern und zwei Teilen erwarten, die letztere Überschrift bringt die zusätzliche Überraschung, daß man auch in dem anderen Sohn einen „Verlorenen" sehen kann.

Die Überschrift 9 schließlich, die sich am weitesten vom traditionellen Titel entfernt, zielt auf den Rahmen des Gleichnisses: die umstrittene Annahme der *Zöllner* durch Jesus. Sie freilich ist dadurch auch besonders problematisch: denn sie erschwert dem Leser das Wiedererkennen der Geschichte an Hand der Überschrift.[37]

Daß unser Gleichnis zur Formulierung von so vielen Titeln angeregt hat, mag man als Hinweis auf den Reichtum an Sinn nehmen, den unsere Geschichte in sich birgt: Er kann nicht in einer einzigen Überschrift erfaßt wer-

---

[36] So ENID BLYTON. s. dazu auch Kap.7.2.1 S.114.
[37] s. zum Gleichnis vom Verlorenen Sohn auch Kap.7.2 S.109ff.

den. Doch empfiehlt sich andererseits gerade bei dieser Geschichte ein Titel, der der gewohnten Überschrift möglichst nahe bleibt, unter der sie allgemein bekannt ist. Um die inhaltliche Verengung aufzulockern, die diese Überschrift mit sich bringt, wäre es hier wie anderswo sinnvoll, die Überschrift mit einem *Untertitel* zu ergänzen. [38]

Erzählerisches Entfalten, Erzählweise, Ausarbeitung einer Rahmenerzählung, Formulierung von Überschriften, – dies alles hat sich als wirksames Mittel erzählerischer Gestaltung erwiesen. Dabei ging es nicht einfach um „kindgemäßes" Erzählen, sondern eben auch um Treue gegenüber dem Sinn und der Gestalt der biblischen Texte. Hiermit aber kommt die theologische Verantwortung des Kinderbibel-Autors ins Spiel.

---

[38] s. dazu auch Kap.10.2.1.1 S.199.

7 Bibelwissenschaftliche Voraussetzungen für biblisches Erzählen

In diesem Kapitel wird die Weise, wie einige wichtige biblische Stoffe in verschiedenen Kinderbibeln wiedergegeben sind, unter Anwendung von theologischen Kriterien miteinander verglichen.
Der Vergleich macht deutlich, welche Probleme entstehen, wenn wichtige theologische Gesichtspunkte und exegetische Erkenntnisse außer acht gelassen werden. Andererseits zeigt sich auch, welchen Gewinn deren Einbeziehung mit sich bringen kann.
So steht am Schluß die Frage nach der theologischen Verantwortung des Kinderbibel-Autors.

7.1 Die Evangelien erzählen verschieden

7.1.1 Bibelkritik schon in Kinderbibeln?

Wie sich gezeigt hat, ruft die erzählerische Verantwortung also nach theologischer Unterstützung. Was für die Vermittlung biblischer Stoffe in Predigt, Unterricht und und anderswo gilt, das trifft auch für das Medium Kinderbibel zu. Auch hier bedarf es einer verantwortlichen und sorgfältigen bibelwissenschaftlichen Vorarbeit. Und doch machen viele Kinderbibel-Ausgaben den Eindruck, als fehle es ihnen an der notwendigen theologischen und exegetischen Bemühung. Wichtiger als dies scheint manchem Kinderbibelautor immer noch einseitig anschauliches Erzählen oder was immer er dafür hält. Ja – vor Bibelwissenschaft und Bibelkritik in Kinderbibeln kann sogar ausdrücklich gewarnt werden – so in einer evangelikalen Zeitschrift mit dem Alarmruf: „Bibelkritik jetzt auch in Kinderbibeln?"[1]
Doch gibt es zunehmend auch Kinderbibel-Ausgaben, deren Verfasser bemüht sind, Anregungen aus der Bibelwissenschaft als Bereicherung in ihre Arbeit aufzunehmen. Denn natürlich geht es dabei überhaupt nicht darum, Kinder über die letzten bibelwissenschaftlichen Einsichten zu belehren und sie mit theologischer Bibelkritik zu überfordern. Aber es soll ihnen auch nichts Falsches über die Eigenart biblischer Bücher und über die Bedeutung

---

[1] So MARTIN KUGELE in: Hoffen und Handeln. Östringen. Nr.9/1992. s.auch Anm.7 in Kap. 8.1.5 S.150.

biblischer Erzählungen vorgemacht werden. Sonst läuft man Gefahr, schon am Anfang ein verhängnisvolles Fehlbild von Bibel grundzulegen, das sich später nur mit Mühe oder in vielen Fällen auch gar nicht mehr berichtigen läßt und zu Bibelmüdigkeit und Bibelfremdheit unter Jugendlichen und Erwachsenen beiträgt.

Daß weithin noch zu wenig solcher unerläßlichen theologisch-kritischen Vorarbeit in Kinderbibelausgaben investiert wird, zeigt sich z.B. daran, wie hartnäckig immer wieder eine Reihe von ganz elementaren bibelwissenschaftlichen Grundeinsichten, die schon seit Generationen bereit liegen, bei der Gestaltung von Kinderbibeln außer acht gelassen werden:

- Der erzählerische Zusammenhang, der *Kontext* innerhalb eines Evangeliums, aus dem heraus die Erzählungen erst angemessen verstanden werden können, wird oft vernachlässigt.
- Erzählungen aus verschiedenen Evangelien werden miteinander in Art einer *Evangelienharmonie* vermischt.

7.1.2 Eine problematische Praxis: die Evangelienharmonie

Die Bibelwissenschaft hat z.B. in langer sorgfältiger Bemühung herausgearbeitet, daß *jedes der vier Evangelien ein Eigenes ist* und seinen unverwechselbaren Eigencharakter besitzt: Jeder Evangelienautor hat eine eigene theologische Absicht, seinen Blick auf Jesus. Auch seine Geistes- und Sprachwelt sind ganz spezifisch. Denn die geschichtliche Situation zur Entstehungszeit eines Evangeliums war jeweils sehr verschieden und dementsprechend auch die Problemlage in den ersten Gemeinden, in deren Mitte die Evangelien entstanden sind.

Darüber hinaus besteht zwischen *den ersten drei Evangelien Mattäus, Markus und Lukas eine besondere geistige Verwandtschaft*[2]. Wie schon ein aufmerksamer Bibelleser bemerken kann, begegnet uns demgegenüber in dem Evangelium nach *Johannes* eine ganz andere Atmosphäre: Nicht nur die Sprachgestalt (z.B. die Bildreden Jesu), auch der Blick auf Jesus hebt sich von dem der drei anderen Evangelien deutlich ab.

Diese Verschiedenheiten zwischen den Evangelien nun sind nicht peinlich zu verstecken – im Gegenteil: sie sind durchaus sinnvoll. Es gibt eben nicht einen einheitlichen Blick auf Jesus. Nicht eine dogmatische Uniformität

---

[2] Deshalb werden sie mit einem griechischen Ausdruck die „*Synoptiker*" genannt, also Schriftsteller mit einer „gemeinsamen Optik", Sichtweise.

steht am Anfang der christlichen Geschichte, sondern ökumenische Vielfalt. Das aber ist gerade nicht als Schwäche, sondern als Bereicherung zu verstehen!

Trotz dieser sinnvollen Verschiedenheit der Evangelien reihen viele Kinderbibeln unterschiedslos Erzählstücke aus den verschiedenen Evangelien aneinander. Sie reißen sie so aus ihrem ursprünglichen Zusammenhang, der ihnen doch gerade ihren besonderen Sinn verleiht. Diese kontextlose Aneinanderreihung von Geschichten in der Art einer *Evangelienharmonie* ist weithin Praxis.

So mischt z.B. E.BECK in ihrer Kinderbibel Texte aus den verschiedenen Evangelien miteinander. Sie sortiert ihre Erzählstücke in verschiedene *thematische Einheiten* ein: Jesus kommt, Jesus macht heil, Jesus erzählt usw., zerstört aber dadurch die ursprünglichen Erzählzusammenhänge der Evangelienverfasser total. Der blinde Bartimäus und Zachäus, der Zöllner, bei Lukas mit Absicht auf dem Kreuzesweg Jesu nach Jerusalem eingeordnet, finden sich in dieser Kinderbibel schon am Anfang des Wirkens Jesu. Die Autorin verfährt hierbei sehr eigenwillig und konstruiert neue Zusammenhänge: Mit den Überschriften „So sind die Menschen – so ist Gott" setzt sie z.B. zwei Gleichnisse aus zwei verschiedenen Evangelien einander gegenüber, die vom Inhalt her nichts miteinander zu tun haben: das Gleichnis von den bösen Weingärtnern (Markus 12,1ff) und das vom verlorenen Sohn (Lukas 15,11ff).

Ähnlich reiht z.B. von IRMGARD WETH[3] folgende Geschichten aneinander:

> Die Taufe Jesu nach Lukas
> die Berufung der ersten Jünger nach Mattäus
> die Hochzeit von Kana nach Johannes
> die Heilung des Aussätzigen nach Markus usw.

Gerade die Geschichte von der Hochzeit zu Kana, der im Zusammenhang des Johannesevangeliums eine ganz besondere Bedeutung zukommt als „das erste Zeichen, das Jesus tat", das „seine Herrlichkeit offenbarte" (Johannes 2,11), – sie muß hier in der ihr ungewohnten Umgebung von Heilungsgeschichten aus dem Zusammenhang der synoptischen Evangelien wie ein merkwürdiger Fremdkörper wirken.

Auch innerhalb eines einzelnen biblischen Erzählstücks mischen Kinderbibeln oft Motive aus den verschiedenen Evangelien zusammen und leihen sich bald ein Motiv von dem einen Evangelisten, bald ein zweites von dem anderen aus. So schließt JÖRG ZINK[4] an die Nacherzählung der Geschichte

---

3 S.183–190.
4 S.67, ähnlich A. DE VRIES und E.BECK.

von der wunderbaren Speisung nach Markus 6,30–44 ein dem synoptischen Erzählgut fremdes Motiv aus der johanneischen Speisungsgeschichte an: Jesus soll zum König gekrönt werden (Johannes 6,15).

Beliebt ist auch die Verknüpfung des lukanischen Gleichnisses vom verlorenen Schaf (Lukas 15,3ff) mit der johanneischen Bildrede vom Guten Hirten (Johannes 10,1ff): so z.B. bei A. DE VRIES unter dem Titel „Der gute Hirte". Beide Stücke jedoch entstammen einem völlig unterschiedlichen Zusammenhang und haben darum auch eine ganz unterschiedliche Aussage.[5]

Von dieser Vorgehensweise sind auch die Weihnachtsgeschichten nicht ausgenommen. Die meisten neueren Kinderbibeln reihen die Geburtserzählungen aus Lukas und Mattäus unterschiedslos aneinander. Ja manche Kinderbibel bringt diesen Mix in derselben Nacherzählung unter, die dann in ihrem Aufbau zumeist dem Lukastext folgt: So EYKMAN, der Herodes und Augustus in dieselbe Geschichte steckt, oder ELEONORE BECK, die die Hirten und die drei Weisen in einer Geschichte den Stall von Betlehem besuchen läßt. Diese Vermischung ist bis in die Illustration hinein wirksam: So kann der Stern der Magier als Illustration von Lukas 2 über der Herberge von Betlehem leuchten; auch Reinhard Herrmann hatte seinerzeit in EMMA WITTMANNs Kinderbibel die Krippenszene mit dem Wunderstern ausgestattet.

Nicht nur wird auf diese Weise der originale Sinn einer evangelischen Erzählung verwischt, eine solche Vermischung macht es dem heranwachsenden kindlichen Leser zugleich schwerer, die Geschichten später einmal bei eigenem Bibelgebrauch eindeutig wiederzuerkennen.

7.1.3   Die sieben Kreuzesworte (ANNE DE VRIES)

Die Jesusgeschichten in der Art einer Evangelienharmonie, die die verschiedenen Erzählungen aus den Evangelien miteinander ausgleichen und dabei Unterschiede zwischen ihnen glätten möchte, – diese Methode hat eine lange Tradition: besonders die Passions- und Kreuzigungsgeschichten wurden so miteinander harmonisiert. Diese Darstellungsart, bei der schlicht die

---

[5]   Auch die neu bei Herder herausgegebene Kinderbibel von INGRID WILLER und ELMAR GRUBER bietet bei diesen beiden Erzählungen eine harmonisierende Zusammenstellung aus den verschiedenen Evangelien. Auch sonsthin bedient sich diese aus dem Englischen übersetzte Kinderbibelausgabe der Methode der Evangelienharmonie, z.B. bei den Jüngerberufungen, bei Abendmahl und Fußwaschung, bei der Kreuzigung und an anderen Stellen.

sieben Kreuzesworte Jesu aneinandergereiht werden[6], reicht schon bis in die Zeit der alten Kirche zurück.

Dieser Tradition folgen auch heutige Kinderbibeln (so z.B. EMMA WITTMANN, ELEONORE BECK u.a). Wer so nacherzählt, gerät jedoch leicht in Schwierigkeiten mit der erzählerischen Logik – wie besonders deutlich die Version von ANNE DE VRIES zeigt: der Kinderbibel-Autor hat Mühe, das stimmungsmäßige Auf und Ab, das ja er selbst erst mit seiner Aneinanderreihung der Kreuzesworte aus den verschiedenen Evangelien geschaffen hat, nun wieder in einen verstehbaren Zusammenhang zu bringen.

> ... Und in dieser Stille hing Jesus und litt solche Not.
>
> Es schien, als wolle sein Vater im Himmel nichts mehr von ihm wissen.
>
> Alle seine Freunde waren fort, sie hatten ihn verlassen.
>
> Hatte Gott ihn auch verlassen?
>
> Drei Stunden blieb es dunkel. Dann konnte Jesus es nicht mehr aushalten. Er rief: „Mein Gott, mein Gott, warum hast du mich verlassen?"
>
> Da wurde es wieder hell.
>
> Und jetzt wußte Jesus, daß sein Vater im Himmel ihn nicht verlassen hatte. Daß Gott ihn liebhatte und ganz nahe bei ihm war ...

Bei Mattäus und Markus ist dieser Verzweiflungsschrei (nach Psalm 22,2) ganz bewußt an das Ende des Lebens Jesu gesetzt: Bei ANNE DE VRIES hingegen wird er zum Ausdruck einer momentanen Schwäche entwertet. Es handelt sich nur um ein vorübergehendes seelisches Tief. Doch dann geht es wieder aufwärts: In Wahrheit liegt kein Grund für diese Klage eines von Gott und aller Welt verlassenen Gerechten vor.

Auch in einer anderen Hinsicht ist die erzählerische Logik verwirrt: ANNE DE VRIES hatte zuvor nach Johannes 19,25–27 die Freunde Jesu, darunter Maria und Johannes zu Zeugen der Kreuzigung gemacht. Aber plötzlich sind sie weg: „Alle seine Freunde waren fort, sie hatten ihn verlassen." Damit ist der Autor wieder hinübergewechselt zu der Passionserzählung der synoptischen Evangelien: Bei ihnen stehen gerade nicht die Jünger unter dem Kreuz.[7]

Auch der weitere Gang der Erzählung konfrontiert den Leser mit einem verwirrenden Auf und Ab:

---

[6]   s. CHRISTINE REENTS 1984 S.49.

[7]   Solche logischen Brüche schleichen sich leicht bei Harmonisierungstendenzen ein. s. dazu auch die Ostermorgenerzählung bei ANNE DE VRIES (S.224f): Ein Engel oder zwei? Wer erzählt wann was den Jüngern?

Jetzt war die Todesqual fast vorüber. Jesus hatte alles ertragen, aber er litt immer noch und jammerte: „Mich dürstet." …

Als Jesus getrunken hatte, blickte er um sich und rief: „Es ist vollbracht."

Das klang so froh!

Das große Werk war getan. Die Menschen konnten wieder in den Himmel kommen. Jetzt konnte Jesus ruhig sterben.[8]

Nach den Worten: „Vater, in deine Hände befehle ich meinen Geist" senkte er den Kopf und schloß die Augen.

Jesus war tot.

Entgegen der harmonisierenden Vereinerleiung der unterschiedlichen evangelischen Kreuzigungserzählungen bei ANNE DE VRIES bleibt festzuhalten: Es hat seinen guten Sinn, daß die Kreuzesgeschichte uns viermal in den Evangelien überliefert ist. Gerade an der Kreuzigungsgeschichte wird sehr deutlich: Jeder Evangelist hat seinen eigenen Blick auf Jesus.

Das Kreuzesgeschehen erhält eigene unverwechselbare Farbe und Bedeutung, wenn Mattäus und Markus Jesus mit dem Verzweiflungsausruf des Psalms 22 sterben lassen: „Mein Gott, mein Gott warum hast du mich verlassen?". Diese *Verlassenheit* findet hier auch darin ihre schreckliche Widerspiegelung, daß Jesus obendrein von allen seinen Jüngern verlassen ist: Sie sind geflüchtet, haben ihn verraten und verleugnet! Nur ein paar Frauen schauen von ferne (Markus 15,40). Der Gekreuzigte erscheint wirklich von Gott und allen Menschen verlassen! Eine Frage steht am Ende des Lebens Jesu und diese Frage gerade ist es, die z.B. den französischen Schriftsteller ALBERT CAMUS, Atheist und Christentumskritiker, der er war, Zugang zu Jesus finden läßt. Er bekennt von sich:

„Christus war kein Übermensch … Er hat seine Todesangst herausgeschrieen. Und darum liebe ich ihn, meinen Freund, der da starb mit der Frage auf den Lippen."[8a]

Ganz anders dagegen Lukas, der Jesus in einem großen *Vertrauen* sterben läßt mit den Worten des jüdischen Abendgebets: „Vater, in deine Hände befehle ich meinen Geist". Das letzte Wort, mit dem sich der Fromme dem Dunkel des Schlafes – nein eben den Händen des Vaters anvertraut, läßt Lukas uns aus dem Munde des leidenden Gerechten am Kreuz hören! In all dem Grauen ein Bild des Trostes und des Vertrauens!

---

[8]   Die alte ANNE DE VRIES Bibel fährt hier fort: Er dachte: Ich werde meinen Vater bitten, daß er für mich sorgt, wenn ich gestorben bin.

[8a]   Der Fall. 1963. S.105f.

Für Johannes schließlich steht das Wort des am Kreuz Erhöhten, des Über-
winders und *heimlichen Siegers* am Ende : „Es ist vollbracht". Jesus erleidet
nicht ohnmächtig den Kreuzestod: Nicht Pilatus, nicht die Soldaten des
Hinrichtungskommandos, nicht die jüdischen Behörden sind es, nein Jesus
selbst ist es, der hier heimlich am Werk ist und sein Werk vollendet.

Hier zeigt sich: auch Autoren, die als besonders „bibeltreu" gelten, bieten
keineswegs eine Garantie dafür, daß ihre Arbeit die Voraussetzung von
Texttreue erfüllt. Der einebnende Umgang mit biblischen Texten wie in der
harmonisierenden Darbietung der Kreuzigungsgeschichte bei ANNE DE
VRIES ist ein deutlicher Beleg dafür. Und umgekehrt ist dies ein Hinweis
darauf, wie bibelwissenschaftliche Arbeit dazu verhilft, auch in der Nacherzählung einer Kinderbibel nahe beim Text und seinen Absichten, also „bibeltreu" zu bleiben.

So ist es nur sachgerecht, wenn eine Reihe heutiger Kinderbibel-Verfasser
wie I.WETH, W.PIOCH und W.BENEKER ihre Kreuzigungserzählungen – wie
auch ihre anderen evangelischen Erzählstoffe – ausdrücklich je an dem Text
eines Evangelisten orientieren.

7.2   Textvergleich Gleichnis: Vom Verlorenen Sohn (Enid Blyton/Wilhelm Beneker)

7.2.1   Wichtige Erzählungselemente sind weggelassen

Das Gleichnis vom Verlorenen Sohn fehlt in kaum einer Kinderbibel. Ein
Grund, der nahelegte, dieses Gleichnis in die Auswahl von Kinderbibel-Ge-
schichten aufzunehmen, ist wohl in dem schlichten Tatbestand zu vermuten,
daß hier von einem Vater und von seinen Söhnen (Kindern) erzählt wird.
Dieses Motiv hat aber auch weithin Anlaß dazu gegeben, daß Kinderbibel-
Autoren zugleich pädagogisierende und moralisierende Interpretationen in
den Text einflochten. So läßt ein kritischer Vergleich von Luthertext und
Nacherzählungen in Kinderbibeln sehr schnell ausmachen, wes „Geistes"
Kind eine Kinderbibel ist. Mit Absicht sind hier für einen solchen Vergleich
Kinderbibel-Ausgaben ausgewählt, die in Tendenz und Stil ihrer Behand-
lung des Gleichnisses sehr weit auseinander liegen.

LUTHER Lk 15,1ff.1–32	WILHELM BENEKER	ENID BLYTON
Es nahten sich aber zu ihm allerlei Zöllner und Sünder, daß sie ihn hörten.	Viele Menschen waren bei Jesus. Sie hörten ihm zu, wie er vom Reich Gottes redete. Auch viele Zöllner und Sünder waren da.	
Und die Pharisäer murrten und sprachen: Dieser nimmt die Sünder an und isset mit ihnen.	Die Pharisäer und Schriftgelehrten sahen das. Sie ärgerten sich. Sie sagten: „Er nimmt die Sünder an, die Zöllner und Sünder. Sie sind Gäste an seinem Tisch!"	
Er sagte aber zu ihnen dies Gleichnis und sprach: … Ein Mensch hatte zwei Söhne.	Da erzählte Jesus ihnen diese Geschichte: „Es war ein Mann, ein Bauer mit großem Besitz. Er besaß große Felder und viele Schafe und Rinder. Dieser Mann hatte zwei Söhne.	Es war einmal ein Mann, der hatte zwei Söhne. Sie lebten auf dem großen Hof ihres Vaters und hatten gutes Essen im Überfluß und schöne Kleidung zum Anziehen. Der älteste Sohn arbeitete hart und war glücklich. Der jüngere war faul und langweilte sich. Er mochte das Leben auf dem Hof nicht. Er wollte in die heitere, geschäftige Stadt ziehen und dort leben.
Und der jüngere unter ihnen sprach zu dem Vater: Gib mir, Vater, das Teil der Güter, das mir gehört.	Der jüngste Sohn ging zu seinem Vater und sagte: „Vater, gib mir doch von dem Geld und Gut, das ich einmal erben soll!" Dem Vater wurde das Herz schwer, aber er tat, was der Sohn wünschte.	Also ging er eines Tages zu seinem Vater und bat ihn, ihm seinen Anteil an Geld zu geben und ihn gehen zu lassen. Der Vater war traurig, aber er gab dem Sohn sein Geld,
Und er teilte ihnen das Gut.	Er teilte seinen Besitz und gab ihm sein Erbteil.	
Und nicht lange danach sammelte der jüngere Sohn alles zusammen und zog ferne über Land; und daselbst brachte er sein Gut um mit Prassen.	Und der Sohn verließ seinen Vater und seinen Bruder. Er ging einfach davon. Er nahm all sein Geld und ging in ein fernes Land. Sein Leben war nicht gut. Er gab all sein Geld aus. Er verpraßte es.	und der Junge zog fröhlich davon. Er kam in die weit entfernte Stadt. Er kaufte sich auffallende Kleidung und feierte jeden Tag. Als die Leute dort sahen, daß er viel Geld hatte, scharten sie sich um ihn, um daran teilzuhaben. Er gab große Feste und hielt viele Diener.

Als er nun all das Seine verzehrt hatte, ward eine große Teuerung durch dasselbe ganze Land, und er fing an zu darben

und ging hin und hängte sich an einen Bürger desselben Landes; der schickte ihn auf seinen Acker, die Säue zu hüten. Und er begehrte, seinen Bauch zu füllen mit Trebern, die die Säue aßen; und niemand gab sie ihm.

Da schlug er in sich und sprach: Wie viel Tagelöhner hat mein Vater, die Brot die Fülle haben, und ich verderbe im Hunger!

Ich will mich aufmachen und zu meinem Vater gehen und zu ihm sagen: Vater, ich habe gesündigt gegen den Himmel und vor dir. Ich bin hinfort nicht mehr wert, daß ich dein Sohn heiße; mache mich zu einem deiner Tagelöhner!
Und er machte sich auf und kam zu seinem Vater. Da er aber noch ferne von dannen war, sah ihn sein Vater, und es jammerte ihn,

Und als er nun nicht mehr viel hatte, kam eine Hungersnot und alles wurde sehr teuer. Er konnte sich kein Brot mehr kaufen. Sein Geld hatte er verspielt und vertan. Er war nun arm und hatte Hunger.

Da ging er zu einem Bauern im fremden Land. Der gab ihm Arbeit. Er mußte die Schweine hüten, die unreinen Tiere. Ein Jude durfte sie nicht berühren. Aber der Hunger quälte ihn. Er wollte von dem Futter essen, das man den Schweinen gab. Aber nicht einmal das gab man ihm.

Da besann er sich. Er dachte an seinen Vater. Er sagte zu sich selbst: „Mein Vater hat viele Arbeiter. Sie helfen ihm beim Vieh und auf dem Feld. Sie alle bekommen jeden Tag ihren Lohn. Sie haben genug Brot. Sie werden immer satt.

Darum will ich nun auch zu meinem Vater gehen. Ich will bei ihm arbeiten, dann habe ich genug zu essen!"

Und der Sohn ging den Weg zurück. Er ging in seine Heimat. Der Vater sah ihn kommen und lief ihm entgegen. Sein Herz war voll Liebe und der Sohn tat ihm so leid.

Aber eines Tages stellte er fest, daß er kein Geld mehr übrig hatte – und als das Geld ausging, gingen auch die Freunde. Dann kam eine große Hungersnot über jenes Land, so daß es dort sehr wenig zu essen gab. Der junge Mann mußte sich nach einer Arbeit umsehen, und es gab nicht viel, was er tun konnte, denn er war nicht an harte Arbeit gewöhnt.

Aber zuletzt bekam er eine Stelle. Er mußte eine Schweineherde hüten und sie mit Abfällen füttern. Sehr oft hätte der junge Mann gerne das Schweinefutter gegessen, denn er war schwach vorr Hunger. Er war sehr traurig.

Er erinnerte sich an den großen Hof seines Vaters und an all die Knechte, die viel zu essen hatten, viel mehr als er.

„Ich will mich aufmachen und zu meinem Vater gehen", sagte der junge Mann. „Ich will zu ihm sagen: „Vater, ich habe gesündigt vor Gott und auch vor dir und ich bin nicht länger wert, dein Sohn zu heißen. Laß mich einer deiner Knechte sein!"
Und er ging zurück zum Hof seines Vaters, und als er noch ein ganzes Stück entfernt war, sah ihn sein Vater, der immer nach ihm Ausschau hielt,

lief und fiel ihm um seinen Hals und küßte ihn.

Der Sohn aber sprach zu ihm: Vater, ich habe gesündigt gegen den Himmel und vor dir; ich bin hinfort nicht mehr wert, daß ich dein Sohn heiße.

Aber der Vater sprach zu seinen Knechten: Bringt schnell das beste Kleid hervor und tut es ihm an und gebet ihm einen Fingerreif an seine Hand und Schuhe an seine Füße und bringt das

Kalb, das wir gemästet haben, und schlachtet's; lasset uns essen und fröhlich sein! Denn dieser mein Sohn war tot und ist wieder lebendig geworden; er war verloren und ist gefunden worden.

Und sie fingen an, fröhlich zu sein.

Er lief hin zu seinem Sohn und nahm ihn in die Arme. Er faßte ihn um, weil er ihn so lieb hatte. Er gab seinem Sohn einen Kuß. Der Sohn sagte: „O mein lieber Vater, du hast mich so lieb. Ich habe es aber nicht verdient. Ich bin es doch nicht wert, daß du ‚mein Sohn‘ zu mir sagst. Ich habe Unrecht getan. Ich habe gesündigt. Ich bin von Gott getrennt durch meine Schuld! Ich bin von dir getrennt durch meine Schuld!"

Doch der Vater rief seine Diener. Er sagte: „Bringt die besten Kleider für meinen Sohn. Bringt ihm seine Schuhe. Gebt ihm auch einen Ring an seinen Finger. Er soll festlich gekleidet sein. Schlachtet nun schnell ein Kalb. Wir wollen ein Fest feiern!"
Und sie feierten das Fest. Sie waren fröhlich. Und der

Vater sprach: „Ich hatte meinen Sohn verloren, aber nun habe ich ihn wiedergefunden. Mein Sohn war wie tot, aber nun weiß ich, daß er lebt!"

---

und lief ihm entgegen. Er nahm ihn in die Arme und küßte ihn.

Da kniete der junge Mann vor ihm nieder und sagte: „Vater, ich habe gesündigt gegen Gott und auch gegen dich und ich bin nicht länger wert, dein Sohn zu heißen."

Aber sein Vater ließ ihn nicht weiterreden. Überglücklich rief er nach seinen Dienern. „Bringt die besten Gewänder, die wir haben, und legt sie meinem Sohn an. Bringt auch einen Ring und steckt ihn an seinen Finger und bringt Schuhe für seine Füße. Wir wollen heute abend ein großes Fest feiern. Wir wollen essen und fröhlich sein, denn dieser mein Sohn, den ich für tot gehalten habe, ist wieder lebendig; er war verloren, aber nun ist er gefunden worden."

Die schönen Gewänder und Schuhe wurden gebracht und dem jungen Mann angelegt. Ein Ring wurde auf seinen Finger gesteckt. Aus der Küche kam der Geruch von großen Festvorbereitungen. Der junge Mann war so dankbar für diesen wunderbaren Empfang, daß er vor Freude hätte weinen mögen. Wie hatte er jemals seinen liebevollen, freundlichen Vater verlassen können? Oh, wie er jetzt für ihn arbeiten würde, so daß er sei-

112

ne Vergebung verdienen und ihm zeigen würde, wie sehr er ihn für seine große Güte liebte!

Aber der ältere Sohn war auf dem Felde. Und als er nahe zum Hause kam, hörte er das Singen und den Reigen und rief zu sich der Knechte einen und fragte, was das wäre. Der aber sagte ihm: Dein Bruder ist gekommen, und dein Vater hat das gemästete Kalb geschlachtet, weil er ihn gesund wieder hat.

Da ward er zornig und wollte nicht hineingehen.

Da ging sein Vater heraus und bat ihn.

Er aber antwortete und sprach zum Vater: Siehe, so viel Jahre diene ich dir und habe dein Gebot noch nie übertreten; und du hast mir nie einen Bock gegeben, daß ich mit meinen Freunden fröhlich wäre. Nun aber dieser dein Sohn gekommen ist, der dein Gut mit Dirnen verpraßt hat, hast du ihm das gemästete Kalb geschlachtet.

Er aber sprach zu ihm: Mein Sohn, du bist allezeit bei mir, und alles, was mein ist, das ist dein. Du solltest aber fröhlich und guten Mutes sein; denn dieser dein Bruder war tot und ist wieder lebendig geworden, er war verloren und ist wiedergefunden.

Dann kam der älteste Sohn von der Feldarbeit heim. Er hörte die Musik und das fröhliche Singen. Er rief einen Knecht und fragte: „Was soll das? Warum feiern sie so fröhlich?" Und der Knecht gab zur Antwort: „Dein Bruder ist gesund zurückgekommen. Nun freut sich dein Vater. Er hat ihn wieder bei sich!"

Da wurde er zornig. Er wurde ganz böse in seinem Herzen.

Er ging zu seinem Vater und sagte: „Warum tust du das, Vater? Warum? Ich habe dir immer treu gedient. Nie habe ich getan, was du nicht wolltest. Aber ich konnte nie ein Fest feiern mit meinen Freunden. Und nun ist mein Bruder wiedergekommen. Er hat schlecht gelebt. Er hat nicht deinen Willen getan. Und nun hast du ein Fest für ihn bereitet!"

Da sprach der Vater zu ihm: „Du bist immer bei mir gewesen. Alles, was ich habe, gehört dir. Nun aber sollst du dich auch freuen. Hier ist dein Bruder. Er war schon verloren, aber wir haben ihn gefunden. Er war ja schon wie tot, aber nun lebt er!"

Diese Geschichte erzählte Jesus. Die Pharisäer und die Schriftgelehrten hörten sie. Sie hatten wohl verstanden, daß Jesus von Gott sprach: Sie erkannten nun: „Er will die Sünder zu Gott bringen!" – Darüber ärgerten sie sich sehr.

Auf den ersten Blick schon muß auffallen, daß ENID BLYTON – anders als bei WILHELM BENEKER – die das Gleichnis einleitende *Rahmenerzählung* Lukas 15,1–3 wegläßt. Wer eigentlich erzählt diese Geschichte? Und wem wird sie erzählt? *Jesus, der Erzähler*, und seine Zuhörer sind weggeblendet. Damit fällt aber der für das Verständnis wichtige Hinweis auf die Ursprungssituation, auf den „Sitz im Leben" dieser Erzählung aus. Jesus will doch mit seinem Gleichnis den Zuhörern, Pharisäern und Schriftgelehrten, das eigene Verhalten gegenüber Zöllnern und Sündern verständlich machen und sie dafür gewinnen, daß auch sie dem zustimmen – eine Lektion, die der Evangelienautor Lukas offensichtlich auch für die Gemeinden seiner Zeit für nötig hält.

Weiter fehlt in der Version von ENID BLYTON *der zweite Hauptteil* des Gleichnisses, der Protest des *älteren Sohnes*. Der aber gehört zum Verständnis der Geschichte so sehr dazu, daß Bibelwissenschaftler geradezu von einem *doppelgipfligen Gleichnis* sprechen[8a] und dies auch in der Überschrift deutlich machen können: Das Gleichnis von den *beiden* Söhnen. Denn in dem älteren Sohn sind die Zuhörer, zunächst einmal die Pharisäer und Schriftgelehrten von damals, in die Handlung miteinbezogen: Ihr Murren wird mit dem Protest des älteren Sohnes in der Geschichte selbst laut. Und wie im Gleichnis der Vater den älteren Sohn, so will mit dieser Erzählung auch Jesus seine Zuhörer gewinnen: Muß man sich nicht freuen, wenn sich Verlorenes wiederfindet? Seid doch nicht wie der ältere Sohn, sondern stimmt in die Freude des Vaters ein, stimmt in meine Freude darüber ein, daß Verlorene zu mir kommen!

Nicht die Auseinandersetzung zwischen Vater und älterem Sohn, sondern die guten Vorsätze des bußfertigen Rückkehrers beschließen bei ENID BLYTON die Geschichte. Die „Moral von der Geschicht'": Nie wieder wird der Heimgekehrte den lieben Vater verlassen, durch harte Arbeit wird er sich die Vergebung nachträglich verdienen usw. Das aber ist ein Gedanke, der in seiner Werkgerechtigkeitsideologie die Geschichte in ihr glattes Gegenteil verkehrt. Im Gleichnis selbst nimmt der Vater ja den Sohn *bedingungslos* auf, ohne irgendwelche Vor- oder Nachleistungen – aus reiner Liebe. Er fällt dem Rückkehrer um den Hals und küßt ihn, bevor der überhaupt den Mund zu dem Schuldbekenntnis auftun kann, das er sich unterwegs doch so genau zurechtgelegt hatte. Es ist, als wolle der Vater, daß der Sohn mit seinen Worten gar nicht zu Ende komme, geschweige denn daß er einen reumütigen Kniefall zuläßt, wie ihn ENID BLYTON dem Heimkehrer

---

[8a] So z.B. JOACHIM JEREMIAS: Die Gleichnisse Jesu. Berlin: Ev. Verlagsanstalt 1955 S.108.

andichtet[9]. Nicht die Reue des Sohnes, nicht sein Schuldbekenntnis, nicht eine Wiedergutmachung, sondern allein die Liebe des Vaters macht den Sohn wieder zum Sohn. Sie ist es, die – in der Symbolsprache des Gleichnisses gesprochen – einen Toten wieder zum Leben erweckt.

7.2.2 Der Kontext ist wichtig

Die Originalgeschichte im Lukas-Evangelium steht in einem *Zusammenhang,* der für ihr Verständnis wichtig ist. Man kann ihn nicht abschneiden, ohne die Geschichte in ihrem Sinn zu beschädigen:

- Das Gleichnis hat eine *Einleitung*: Jesus und die Pharisäer. Dies zeigt: Die Geschichte will etwas von ihren Zuhörern damals und heute erreichen.
- Das Gleichnis hat einen *zweiten Pol*: den Widerspruch des älteren Sohnes. Damit ist den Zuhörern mit ihrem Widerspruch in der Geschichte selbst Platz eingeräumt, damals und heute.
- Die Geschichte ist von Lukas als Schlußglied an eine *Kette von drei Gleichnissen* geknüpft, die unter dem Thema „Verloren und Wiedergefunden" zusammengestellt worden sind: Das Verlorene Schaf, der Verlorene Silbergroschen und der Verlorene Sohn.[10]

Diese Parallelgleichnisse gerade machen sehr deutlich, daß eine moralisierende Bewertung des rückkehrenden Sohnes nicht im Sinn der Erzählung liegt – wer wollte den Silbergroschen oder das Schaf beschuldigen dafür, daß sie verlorengingen? Daß eine moralisierende Nacherzählung den Sinn der Ursprungsgeschichte verbiegt, bringen auch einschlägige Kinderfragen an den Tag: „Bekommt man nur Vergebung, wenn man Reue hat?" – „Das Schäfchen wurde auch aufgenommen und hatte keine Reue."
Wer aber die erzählerischen Zusammenhänge in den Evangelien sorgsam berücksichtigt, wie sie in der bibelwissenschaftlichen Forschung herausge-

---

9   Und mit ihr viele Kinderbibelillustratoren zu diesem Gleichnis. Dieser Kniefall ist so zu einer ikonografischen Tradition auch in der Illustration dieser Gleichnisgeschichte in Kinderbibeln geworden. s. dazu das Kap. 5.4.1 S.63ff.

10   Viele Kinderbibeln zerreißen diesen Zusammenhang und bieten diese drei Jesusgleichnisse an verschiedenen Stellen an: so ANNE DE VRIES, WERNER LAUBI, PAT ALEXANDER. Bei WILLER/GRUBER ist die Reihenfolge vertauscht: Erst das Gleichnis von „den zwei Brüdern", dann als neue Geschichte das Gleichnis vom verlorenen Schaf mit dem Rahmen Lukas 15,1–7.

arbeitet sind, mag eher davor gefeit sein, eigenen (z.B. moralisierenden) Tendenzen bedenkenlos nachzugeben.[11]

7.2.3 Moralisierende Bewertung der beiden Söhne

Doch hat gerade dieses Gleichnis eben gern zu moralisierenden Bewertungen Anlaß gegeben. So beurteilt ENID BLYTON die beiden Söhne moralisch unterschiedlich. Der Jüngere wird als ein fauler Mensch geschildert: an harte Arbeit nicht gewöhnt langweilt er sich und zieht das Leben in der heiteren, geschäftigen und – wie man wohl verstehen muß – moralisch anrüchigen Stadt dem guten, einfachen und gesunden Leben auf dem Land vor.[12]
Wie schwer es fällt, nicht in die Falle solcher moralistischen Tendenzen zu geraten, die uns durch die Wirkungsgeschichte des Gleichnisses vermittelt sind, das stellt sich schon hier zu Anfang der Geschichte heraus: Was ist es eigentlich, was der jüngere Bruder vom Vater haben will? Nach der lutherschen Übersetzung, die hier den griechischen Originaltext präzise wiedergibt, wird um „das Teil der *Güter, das mir gehört*", gebeten. Das ist rechtlich vollkommen in Ordnung und wird in der Gleichniserzählung des Lukas ohne moralisch bewertenden Kommentar sachlich berichtet.
Viele Kinderbibeln aber sprechen vom *Erbe* und erwecken damit ein anderes Bild. Denn ein Erbe wird erst nach dem Tod des Vaters fällig. Wenn der jüngere Sohn es jetzt schon verlangt, dann klingt das wie ein vorzeitiger, ja unzeitiger Wunsch. Der Sohn – ungeduldig und habgierig, wie er zu sein scheint, kann den Erbfall, den Tod seines Vaters gar nicht abwarten.

> „Der Jüngere sagte zu ihm: Wenn du einmal stirbst, Vater, dann bekomme ich einen Teil ... von all dem, was *dir gehört*. Aber ich kann nicht warten, bis du gestorben bist. Ich möchte alles jetzt schon haben!" (WERNER LAUBI)[13]:

Ähnlich beschreibt PIOCH in seiner Nacherzählung die Bitte des Sohnes und fügt dann als Reaktion des Vaters hinzu:

---

[11] Dies tut z.B. ANNE DE VRIES: Er läßt das „dumme und ungehorsame Schäfchen" noch voller Reue sprechen: „Wäre ich nur nie vom guten Hirten fortgelaufen!" (so in den Auflagen bis 1989).
[12] S.79. Ähnlich wieder ECKART ZUR NIEDEN S.83: „Der Jüngere hatte selten Lust zur Arbeit". „Er wollte lieber frei sein und selbst entscheiden. Er hatte die dauernden Vorschriften in der Familie satt und die harte Arbeit erst recht."
[13] S.232.

„Der Vater hatte ihm ruhig zugehört. Er wurde auch jetzt nicht ärgerlich, wie sein Sohn befürchtet hatte. Er sah ihn nur ein wenig traurig an."[14]

Gegenüber einem Vater, der sich so besonnen und verständnisvoll verhält, muß natürlich das Verlangen des Sohnes als ganz besonders unpassend erscheinen. – Auch BENEKER, sonst in dieser Hinsicht sehr zurückhaltend, kann sich von dieser moralisierenden Tendenz nicht gänzlich freihalten: Er führt den jüngeren Sohn als jemanden ein, dessen Wunsch nach Auszahlung des Erbes *„dem Vater das Herz schwer"* macht und der dann *„einfach"* weggeht: So etwas tut man doch nicht, wenn man ein guter Sohn ist.[15]

Demgegenüber erscheint der ältere Sohn oft als leuchtendes Vorbild. Von ihm berichtet E.BLYTON lobend, daß er hart arbeitete, treu beim Vater blieb und dabei glücklich war. Bei EYKMAN putzt der Sohn selbst gegenüber dem Jüngeren sein eigenes vorbildliches Verhalten in kindlicher Manier heraus: „Immer habe ich getan, was sich gehört, und nie kam ich zu spät nach Hause [!]."[15a]

Dem Jesusgleichnis selbst fehlt dagegen jegliche moralisierende Tendenz: Nicht der Wunsch nach Vermögensteilung und der Weggang, sondern das Verhalten des jüngeren Sohnes in der Fremde ist Anlaß für sein Schuldbekenntnis: Geld verschwenden, mit Huren leben (wie jedenfalls der Bruder ihm vorwirft), Schweine, also unreine, für Juden verbotene Tiere hüten. Bei genauerer Betrachtung allerdings muß das „Unglück" des Jüngeren als eine Verstrickung von Schuld und Schicksal erscheinen: Eine Hungersnot, die das ganze Land trifft, kommt hinzu – sie aber kann ja nicht dem Einzelnen zugerechnet werden.

Übrigens findet man in mancher Kinderbibel auch eine moralisierende Tendenz gegenüber dem älteren Sohn, dessen Verhalten – entgegen der sachlichen Darstellung im Originalgleichnis – vor dem kindlichen Leser als neidisch, eifersüchtig, trotzig, aufmüpfig verdächtigt wird: so z.B. die Kinderbibel von EMMA WITTMANN. Damit aber wird dem Leser schwer gemacht, sich selbst – wie es das Jesusgleichnis anbietet – in der Figur des Älteren wiederzufinden und sich mit dessen Gefühlen und dessen Protest zu identifizieren. Die Nacherzählung von E.BLYTON gar merzt diesen Protest des Älteren völlig aus zugunsten eines bußfertigen, frommen Religionsstunden-Ichs, mit dem der jüngere Sohn am Schluß auftritt: So muß der Widerspruch des Lesers im Verborgenen unerledigt weiterschwelen. Das originale

---

[14] S.113.
[15] S.45.
[15a] S.334.

Gleichnis dagegen will dem verständlichen Widerspruch des Hörers und Lesers Raum geben, um ihn dann für Jesu Verhalten zu gewinnen.

7.2.4 Der Verlorene Sohn – ein moralisches Exempel?

Bei E.BLYTON wird die Aufmerksamkeit des Lesers, die im Jesusgleichnis zwischen drei handelnden Personen hin- und hergeht, einseitig auf den verlorenen Sohn zentriert: Er ist zum Modell für die Reue und Umkehr eines bußfertigen Sünders geworden. Auf diese Weise droht unser Gleichnis unter der Hand zu einer moralischen Mustergeschichte zu werden.

Das ist schon alte Tradition in Kinderbibeln – so z.B. in JOHANN HÜBNERS „Biblischen Historien". Dort läßt der Autor den Hausvater fragen:

> Vater: Was lernst du daraus?
> Das Kind wird ohne Verzug zur Antwort geben:
> Ich lerne daraus, daß man wieder umkehren und Busse thun soll, wenn man sich die Sünde hat verführen lassen.[16]

Und JOHANN PETER HEBEL formuliert als Moral des Gleichnisses[17]:

> Was sagt die Geschichte vom verlorenen Sohn? Leichtsinn führt zur Sünde, Sünde führt ins Unglück, Unglück weckt zur Erkenntnis und Reue. Die Reue rechter Art führt zu dem Vater. Kein Vater kann den Tränen seines unglücklichen und reumütigen Kindes sein Herz verschließen.

Dieser Tradition schließt sich ANNE DE VRIES an, wenn er die Gleichniserzählung beendet mit einem kollektiven „Wir", das den Leser mit einschließen möchte:

> So lieb hat auch der Vater im Himmel seine Kinder. *Wir* dürfen immer zu ihm kommen, wenn *wir* auch noch so viel Böses getan haben. Wenn *wir* echte Reue haben, dann dürfen *wir* zurückkommen. Dann ist Gott nicht mehr böse auf *uns*. Dann ist er froh, und dann dürfen *wir* doch noch seine Kinder sein. Und dann ist ein Fest bei den Engeln im Himmel, weil ein Kind [wie gesagt, handelt es sich im Originalgleichnis um Erwachsene!], das verloren war, zurückgefunden hat.[18]

---

[16] Vorrede.
[17] S.240.
[18] So in den Ausgaben bis 1989. Die neubearbeitete Version hat zum Glück diese Passage – mit gutem Grund – gestrichen und begnügt sich mit der Schlußfeststellung: „So lieb hatte der Vater sein Kind." S.194.

Gerade die Wirkungsgeschichte dieses Gleichnisses und ihre Widerspiegelung in Kinderbibeln mag zeigen, wie notwendig es ist, daß ein Erzähler sich immer wieder der strengen Kontrolle theologisch-bibelwissenschaftlicher Arbeit unterzieht. Der Gewinn daraus: Das könnte ihn kritisch werden lassen gegenüber solchen Tendenzen, die das Gleichnis als moralisch-pädagogische Allegorie oder als fromme Bußpredigt mißbrauchen. Und sie könnte ihn auch bei seiner eigentlichen erzählerischen Aufgabe gegenüber dem heutigen Leser unterstützen. Der nämlich kommt mit seinem eigenen Widerspruch in dem Protest der Pharisäer aus der Rahmenerzählung und des älteren Sohns in der zweiten Gleichnishälfte in der Geschichte selbst vor. Der heutige Leser ist gleichsam Bestandteil des Gleichnisses![19]

7.3 Textvergleich Wundergeschichte: Die Heilung des Blinden (Anne de Vries, Wilhelm Beneker, Anneliese Pokrandt)

7.3.1 Die Evangelien erzählen verschieden

Diese Erzählung (Markus 10,46–52 par s. S.122f.), die sich in allen drei synoptischen Evangelien findet, ist dort jeweils in einen besonderen Zusammenhang eingepaßt.

Markus sieht sie als ein Gegenstück zu der Erzählung von den „blinden" Zebedäus-Söhnen: Von Jesus gefragt: Was wollt ihr, daß ich euch tun soll? wünschen die sich ja unvernünftigerweise die ersten Plätze im Gottesreich. Bartimäus dagegen bittet auf die gleiche Frage: „Was willst du, daß ich dir tun soll?" um das Angemessene: Er will Jesus sehen. Mit dem letzten Satz der Erzählung von Bartimäus aber leitet Markus zum Einzug Jesu in Jerusalem, dem Auftakt zur Passion über: „Und alsbald sah er wieder und folgte ihm [Jesus] auf dem Wege" – d.h. aber auf dem Kreuzeswege. Es handelt sich also um eine Berufungsgeschichte: „Die Nachfolge ist das Gotteswunder" (EDUARD SCHWEIZER).

Auch bei Lukas überlagert das Symbolische den äußeren Hergang der Geschichte: Ihr geht das Unverständnis, die „Blindheit" der Jünger im Hinblick auf die Passion Jesu vorauf: „Und sie erfaßten nichts von diesen Dingen, und dieses Wort [über den Weg Jesu zum Kreuz und die Auferstehung] war vor ihnen verborgen, und sie begriffen das Gesagte nicht" (Lukas 18,34). Sie sind so blind wie die Emmausjünger, deren „Augen gehalten waren,

---

[19] s.o. S.115.

damit sie ihn [den sie begleitenden Auferstandenen] nicht erkannten" (Lukas 24,16). Der Blinde dagegen sieht besser als die Jünger, die Augen haben.

Auch innerhalb der Geschichte selbst sind Verschiedenheiten zwischen den einzelnen Evangelien zu beachten. Ob es sich um einen bekannten/namenlosen Blinden oder um deren zwei handelt, mag man vernachlässigen, ebenso ob die Geschichte vor oder hinter Jericho spielt. Die unterschiedliche Sichtweise der Evangelien wird an zwei Fragepunkten besonders deutlich:

- Wie ist die Heilung geschildert? Und:
- Wie verhalten sich die Umstehenden während des Geschehens?

Bei Markus scheint sich der Blinde schon vor dem Wortwechsel mit Jesus wie ein *Sehender* aufzuführen: Er warf seinen Mantel ab, sprang auf und kam (allein) zu Jesus. Demgegenüber müssen bei Lukas die Leute – von Jesus dazu aufgefordert – den der Hilfe bedürftigen Blinden heranbringen. Markus läßt Jesus auf die Bitte des Blinden feststellen: Geh' hin, dein Glaube *hat* dich gerettet! – Das entscheidende Wunder ist schon geschehen! Es ist *Vergangenheit*: Es hat sich mit dem Glauben ereignet. Lukas dagegen setzt die Heilung in die *Zukunft*. Hier sagt Jesus zu dem Blinden: *Werde* wieder sehend! Dein Glaube *hat* dich gerettet. Heilung und Rettung sind hier also offenbar *zweierlei*. Und Mattäus schließlich läßt uns Jesus als heilenden *Arzt* sehen, der in der Art antiker Wundermedizin die Augen der Blinden berührt.

Das ist nun nicht alles ungefähr dasselbe. Die erzählerischen Verschiedenheiten – weit entfernt davon, zufällig und nebensächlich zu sein – zwingen vielmehr den Erzähler heute zu klaren Entscheidungen: An welchem der drei Evangelien will er seine eigene Nacherzählung orientieren? Wo und wie will er selbst sich das Wunder denken? Darauf ist beim Vergleich der Kinderbibel-Versionen zurückzukommen.

7.3.2 Ein doppeltes Wunder

Markus erzählt darüber hinaus noch von einem anderen Wunder, nämlich dem der Umwandlung, ja *Bekehrung der Umstehenden*: Auch mit ihnen, nicht nur mit dem Blinden, geschieht eine Veränderung. Sie haben ja zunächst den Blinden zum Schweigen bringen wollen. Und nun lassen sich dieselben, die vor kurzem noch den Blinden bedroht haben, von Jesus dazu bewegen, den Blinden herbeizurufen und ihm Mut zuzusprechen: „Sei getrost, steh auf, er ruft dich." Damit ist dem Blinden geholfen: Er springt auf wie ein Sehender. Es ist, als wenn Markus darin das heilende Handeln der Kirche zu seiner Zeit mit abbildet und es als Fortsetzung des heilenden Han-

120

delns Jesu verstehen läßt. D.h. Markus erzählt uns mit seiner Geschichte im Grunde von *zwei Wundern:* einem, das dem Blinden geschieht, und einem, das sich an den Umstehenden, ja an den Christen seiner Zeit vollzieht.

Dann aber bedeutet es eine grobe Verkürzung des Sinngehalts unserer Geschichte, wenn sich viele Kinderbibel-Ausgaben mit ihren Nacherzählungen weithin nur auf das – oft noch recht mirakelhaft ausgeschmückte – Wunder der Blindenheilung konzentrieren!

7.3.3 Was ist es, was Bartimäus sieht?

Zwei wichtige Fragen sollen den kritischen Vergleich bestimmen; sie geben einen Hinweis darauf, wie nahe oder fern die gewählten Nacherzählungen dem jeweiligen evangelischen Erzähler und seiner Erzählabsicht sind: Wie wird die Heilung dargestellt? Und wie ist der Schluß?

A. DE VRIES stellt dieser Geschichte zunächst eine ausführliche Einleitung[20] voran, während die beiden anderen Kinderbibeln (A.POKRANDT und W.BE-NEKER) unmittelbar mit dem biblischen Text einsetzen[21]:

---

[20] Sie umfaßt fast die Hälfte der ganzen Geschichte!
[21] A. DE VRIES S.198ff, W.BENEKER S.61f, A.POKRANDT Bd.7 S.58f.

ANNE DE VRIES	ANNELIESE POKRANDT	WILHELM BENEKER
beschreibt ausführlich das Schicksal des blinden Bartimäus. Als Spitze seines Elends gilt: „Arbeiten konnte er auch nicht. Betteln war das einzige, was er noch konnte." Und so sitzt der Blinde Tag für Tag am Rand der Straße, bis die Menge mit Jesus vorbeikommt: …	Jesus kam nach Jericho. Seine Jünger und viele andere Menschen folgten ihm. Als sie aus der Stadt hinauszogen, saß da ein blinder Mann an der Straße und bettelte.	Auf dem Weg nach Jerusalem kam Jesus mit seinen Jüngern durch den Ort Jericho. Viele Pilger waren mit ihm unterwegs. Sie wollten alle zum Fest nach Jerusalem. Und als Jesus aus Jericho kam, da saß ein Bettler am Weg und bettelte. Er war blind. Der Blinde hörte, daß viele Menschen vorbeigingen. Er wollte wissen, was das bedeutete. Da sagten sie: „Jesus kommt! Jesus von Nazareth kommt hier vorbei!"
„Was ist los?" fragte Bartimäus. „Warum gehen da so viele Menschen vorbei?" Einige antworteten: „Weißt du das denn nicht? Jesus kommt doch hier durch." „Jesus?" Oh, wie klopfte da das Herz des Bartimäus! Jesus war vielleicht schon ganz in der Nähe, er konnte es vielleicht hören, wenn Bartimäus ihn ganz laut rief.	Bartimäus hörte, wie die Menschen sagten: Das ist Jesus von Nazareth!	
Plötzlich begann er zu rufen: „Jesus, hab doch Mitleid mit mir!" Die Menschen, die in der Nähe standen, erregten sich darüber. „Sei doch still!" sagten sie. „Du mit deinem Geschrei! Denkst du, Jesus hätte Zeit für dich? Er geht nach Jerusalem, um König zu werden."	Da fing er an zu schreien: Jesus, Sohn Davids, erbarme dich meiner! Viele Leute herrschten ihn an: Halte deinen Mund! Sei still!	Als der Blinde das hörte, da rief er mit lauter Stimme: „Herr, gehe nicht an mir vorbei! Hab Erbarmen mit mir, Herr. Hilf mir doch, Jesus, du Sohn Davids!" Es waren aber viele Menschen dort. Die schimpften mit dem Blinden: „Schweig! Sei still! Störe nicht den Pilgerzug! Störe den Meister nicht! Schweig, still!" Der Blinde jedoch hörte nicht auf zu rufen. Er schrie noch viel lauter: „Jesus hilf mir doch! Du Sohn Davids, erbarme dich!"
Aber Bartimäus störte sich nicht an dem Gerede der Menschen. Sie sollten selber einmal blind sein und den ganzen Tag im Dunkeln sitzen! Er rief noch viel lauter: „Jesus, hab doch Mitleid mit mir!"	Der Blinde aber schrie noch viel mehr: Sohn Davids, habe Mitleid mit mir!	

Jesus blieb stehen und sprach: „Bringt Bartimäus zu mir. Er sitzt dort am Wegrand und ruft mich."

Da riefen die Menschen: „Bartimäus, du sollst zu Jesus kommen."

Bartimäus krabbelte, so schnell es ging, hoch, warf seinen Mantel fort, und da kam er an! Die Hände vorgestreckt, humpelte er durch die Menschen hindurch zu Jesus. Da hörte er auf einmal eine gute, freundliche Stimme, die ihn fragte: „Was willst du, Bartimäus? Was soll ich für dich tun?" Das war die Stimme Jesu. Bartimäus antwortete: „Herr, ich möchte so gern wieder sehen können!"

Jesus sprach: „Werde sehend! Du hast geglaubt, daß ich dich gesund machen kann, und darum tue ich es auch."

Und plötzlich konnte Bartimäus wieder sehen. Er sah die grünen Bäume und den schönen blauen Himmel, er sah die Menschen. Und er sah Jesus, der ihn wieder gesund gemacht hatte. Er fiel vor ihm nieder, um ihm zu danken.

Und als Jesus weiterging, ging Bartimäus mit. Er lief hinter ihm her und tanzte und jubelte vor Freude. Er war jetzt kein Häufchen Elend mehr, von niemandem beachtet, jetzt war er ein fröhlicher und starker Mann, der nicht mehr zu betteln brauchte. Das hatte Jesus getan.

Jesus blieb stehen und sagte: Holt ihn her!

Sie riefen den Blinden und sagten zu ihm: Beruhige dich, nur Mut, steh auf, er ruft dich ja! Da sprang der Blinde auf, ließ seinen Mantel fallen und kam zu Jesus.

Jesus antwortete ihm und sprach: Was soll ich dir tun? Der Blinde sagte zu Jesus: Lieber Meister, ich will wieder sehen!

Und Jesus sprach zu ihm: Geh hin, dein Glaube hat dich gerettet!

Und sogleich konnte er wieder sehen.

und folgte Jesus nach auf dem Wege.

Und Jesus hörte das Rufen. Er blieb stehen. „Bringt diesen Mann zu mir!"

Da brachten sie den Blinden zu Jesus.

Und als er nahe bei ihm war, da fragte Jesus ihn: „Was willst du von mir? Was soll ich für dich tun?" Der Blinde sagte: „Herr, lieber Meister, ich möchte sehen können. Gib mir doch mein Augenlicht wieder, dann kann ich sehen und erkennen!" Da sprach Jesus zu ihm: „Ich will es tun. Sei sehend. Dein Glaube hat dir geholfen!"

Und als Jesus das gesagt hatte, da konnte der Blinde sehen. Durch sein Wort hatte Jesus ihn geheilt. Sein Wort hatte die Dunkelheit vertrieben. Nun war es hell um den Mann, der blind gewesen war.

Der aber erhob seine Stimme. Er lobte Gott. Er ging nun auch mit Jesus und folgte ihm. Und auch die vielen Leute im Pilgerzug lobten Gott.

A. DE VRIES will sich der Überschrift nach an die Markus-Fassung der Erzählung halten, mischt aber im Verlauf seiner Geschichte auch Motive aus den anderen Evangelien bei. Er reduziert den Glauben des Blinden auf die Überzeugung, daß Jesus ihn gesund machen kann. Jesus gibt dem Blinden die Sehkraft gleichsam wie zur Belohnung für dessen Wunderglauben wieder. Bartimäus kann optisch sehen, nämlich „die grünen Bäume und den schönen blauen Himmel, die Menschen. Und Jesus" – so stellt es der Text unterschiedlos in eine Reihe (ähnlich ausmalend tut dies z.B. auch I.WETH). Damit aber wird gerade das Entscheidende verwischt: „Jesus sehen können" – das ist noch etwas Anderes als nur optisches Wahrnehmen. Das ist Berufung, den Weg Jesu mitzugehen!

BENEKER, der sich an Lukas anlehnt, versucht hingegen, der symbolischen Sprache der Heilungsgeschichte Rechnung zu tragen. Er will das neue Sehen den jungen Leser umfassender verstehen lassen und umschreibt es deshalb so:

> „Gib mir doch mein Augenlicht wieder, dann kann ich sehen *und erkennen*."
> Und weiter. „Als Jesus das gesagt hatte, da konnte der Blinde sehen. Durch sein Wort hatte Jesus ihn geheilt. Sein Wort hatte die *Dunkelheit vertrieben*. Nun war es *hell* um den Mann, der blind gewesen war."

Damit will der Autor die Leser davor bewahren, Blindsein und Sehen nur einseitig optisch verstehen bzw. mißverstehen zu müssen.

Die ELEMENTARBIBEL hält sich in allen diesen Punkten dicht am Ursprungssinn. Sie hütet sich vor einem Mix zwischen den Evangelien und folgt der Markus-Version mit all den für sie kennzeichnenden Motiven. Sie beschränkt sich auf die Umsetzung des Textes in eine elementare, kindgemäße Sprache: Verwendung direkter Rede, Austausch von Kindern nicht zugänglichen alten Sprachformen wie „Sei getrost!" in: „Beruhige dich, nur Mut!" u.a.

Ohne Abstrich ist hier auch der *Schluß* bewahrt: die Jesus-Nachfolge eines Menschen, dem ein neuer Blick geschenkt wurde. Anfang und Schluß des biblischen Textes, dem hier wie an manchen anderen Stellen (Gleichnisse, Wundererzählungen) gerade besonderes Gewicht zukommen, sind dagegen bei A. DE VRIES einschneidenden Eingriffen zum Opfer gefallen. Das bedeutungsschwere Schlüsselwort „der *Weg*", das sich in der evangelischen Geschichte so eindrücklich wiederholt: Jesus auf dem *Weg nach Jerusalem*, Bartimäus sitzt am *Weg, folgt* Jesus *nach auf dem Weg* –, ist getilgt. he hodós – der Weg : Das ist der Weg Jesu ans Kreuz. Aber auch der Glaube der

Christen wird so genannt: der Weg, den Christen ihrem Herrn nachgehen.[21a]
So einer wird Bartimäus: Einer, der diesen Weg nachgeht. Und in ihm haben
sich die Christen der ersten Zeit wiedererkannt als Leute, die Jesus auf dem
Wege nachfolgen. A. DE VRIES dagegen hat das einprägsame Bild vom
„Weg" gestrichen – und damit hat seine Erzählung trotz aller vielen erzählerischen Details an Anschaulichkeit gerade verloren. Das „Nachfolgen" erscheint deformiert zu reiner Motorik:

> „Als der Herr Jesus weiterging, ging Bartimäus mit. Er lief hinter dem Herrn Jesus
> her und tanzte und jubelte vor Freude."

Diese Mobilität ist nun nur noch äußeres Zeichen dafür, daß der Blinde wieder sehen und deshalb sich auch ungehindert bewegen kann. Das Wunder
der Nachfolge ist demgegenüber verschwunden: Auch das Wunder der Bekehrung, das bei den Umstehenden stattfindet, ist getilgt. Als zentraler Sinn
der Erzählung wird an ihrem Abschluß Jesu Wunderkraft hervorgehoben:
„Das hatte Jesus getan!" [Ausrufungszeichen!] – Auch der ausdrückliche
Hinweis auf die Dankbarkeit des Geheilten darf natürlich hier wieder nicht
fehlen: „Er fiel vor ihm [Jesus] nieder, um ihm zu danken."
Schließlich fällt an der Version von A. DE VRIES noch auf, daß hier der
eigentlichen Geschichte eine überlange Ausführung vorgeschaltet ist. Der
Autor möchte damit seine Leser über die Situation von blinden Menschen
orientieren und ihr Mitgefühl gewinnen. Dies ist sicher gut gemeint. Aber
wie das hier geschieht, muß doch als sehr problematisch beurteilt werden.
Die Lage heutiger sehgeschädigter und blinder Menschen wird man in einer
solchen Darstellung schwerlich wiedererkennen können. Und wann und
wieso Blindheit in der alten und mittelalterlichen Welt demgegenüber ein
besonders schweres Schicksal war, ist nicht ausgeführt. Will man per Erzählung erreichen, daß Kinder eine realistische Vorstellung über die Situation
von Blinden bekommen, dann müßte dies sicher anders und nicht so kli-
scheeartig geschehen, wie es in dieser Kinderbibel der Fall ist.

[21a] So z.B. Apostelgeschichte 9,2; 24,14 – von Luther übersetzt mit: „die (neue) Lehre".

Biblische Geschichten benutzen – wie wir gesehen haben – an vielen Stellen eine übertragene, symbolische, bildhafte Redeweise. Sie müssen es, weil sie anders gar nicht von den im tiefsten Grund unsagbaren, unbeschreibbaren Glaubenserfahrungen der Menschen mit Gott sprechen könnten: „Die religiöse Sprache ist notwendig symbolisch" (PAUL TILLICH).[21b] Die Bibel ist überreich an solchen symbolisch gemeinten Bildern: Viele von ihnen kann man sehr leicht als solche erkennen und verstehen, bei anderen wiederum fällt das schwerer. „Siehe, des Herrn *Auge* achtet auf alle, die ihn fürchten", so heißt es in einem Psalm (33,18). Und der Schluß des Markus-Evangeliums verkündet die Universalität des Christus in dem Bild der Himmelfahrt, das uns vom apostolischen Glaubensbekenntnis her vertraut ist: Der Herr „ward aufgehoben gen Himmel und setzte sich zur *rechten Hand* Gottes" (Markus 16,19). Hier versteht jeder Erwachsene, daß „Auge" und „Hand" bildhafte Redefiguren sind und daß ein direktes, buchstäbliches Verständnis natürlich geradezu widersinnig wäre.

Kinder hingegen, deren Sprachverständnis sich erst allmählich ausbildet, können hier nicht sicher sein. Ihr Verständnis für Worte und Geschichten beginnt ja zunächst bei Konkretem, „Handgreiflichem" und nimmt Erzählungen gern als „Berichte" über äußere Vorgänge: „Ist das auch wahr?" Erst allmählich erwerben sie sich einen Sinn auch für solch eine übertragene Redeweise. Dazu kann die sprachliche und erzählerische Gestaltung einer Kinderbibel „Entwicklungsanreize" bieten. Andererseits aber muß es erschwerend für die biblische Bildung von Kindern sein, wenn Kinderbibeln mit bildhafter Sprache und symbolischen Redefiguren nicht angemessen umgehen, sondern ein naives, direktes, buchstäbliches Verständnis nahelegen.

7.4.1   Die Bildersprache der Bibel nachmalen

Wie ist das möglich, daß das Kind in der Christophoruslegende so lastend schwer wird und den Starken in die Wasserfluten niederdrückt – wer fragt so, wenn ihm die Geschichte richtig erzählt wird? Da muß nichts erklärt werden: So ist das eben in diesen Geschichten, und jeder versteht's, wenn er Sinn für Geschichten hat. Wie kommt es, daß der Stern der drei Weisen aus dem Morgenland wandern und stehen bleiben kann? Ist das wirklich ein

---

[21b]   Systematische Theologie I. Stuttgart. 1956. S.279f.

astronomisches Phänomen – etwa eine Konjunktur von Jupiter und Saturn? Wer die Weihnachtserzählungen als historische Berichte lesen wollte, die uns über ungewöhnliche astronomische Erscheinungen und über die Art des Engelgesangs aufklären sollen, der mißversteht ihre poetische Sprache: „Seinem Stern folgen" – diese Redefigur in einem Gedicht hat einen anderen Sinn als der Begriff „Stern" in einem astronomischen Fachbuch. Und so wollen die Weihnachtserzählungen uns eben nicht über die äußere Welt um uns herum, sondern darüber „aufklären", was sich der Glaube von dem Menschen, der hier als Kind geboren wird, erhoffen kann: Frieden und Erlösung für alle Welt. Und da geht es doch gar nicht anders, als daß nun auch alle Welt, ja der Himmel selbst, der ganze Kosmos, eben die Engel singen.[22]
Dazu braucht es die ganze Fülle dichterischer Sprache, ihren Reichtum an Bildern und Symbolen, vor dem die Tatsachensprache unseres Alltags und die Formel- und Begriffssprache unserer Wissenschaft blaß und farblos wirken muß.

Eine Hilfe zum Verständnis symbolischer Sprache können und müssen auch die Autoren von für Kinder bestimmten Bibelausgaben bieten. Sie müssen das Ihre dazu tun, um dem vorzubeugen, daß ihre jungen Leser Symbolgeschichten und symbolische Redeweisen in der Bibel direkt, buchstäblich nehmen. Das betrifft besonders Wundererzählungen: Die symbolischen Bilder, in denen sie erzählen, darf man nicht wegerklären in einer Weise, die dann doch eher rationalistisch flach wirken muß und die Geschichte tötet.

In dieser Hinsicht bereitet erstaunlicherweise gerade die ZINKsche Kinderbibel manche Enttäuschung. Dort eliminiert der Autor an vielen Stellen lebendig sprechende Bilder und Symbole biblischer Erzählung oder zerstört sie durch rationalisierende Erklärungen: Einem König müssen natürlich auch Königsgeschenke mitgebracht werden, Gold z.B. und nicht bescheiden „ein wenig Gold, damit es [das Jesuskind] die Mutter gut versorgen konnte". Der offene Himmel in der Taufgeschichte Jesu, ein Symbol, das bildhaft zum Ausdruck bringt, was sich uns in diesem Täufling „auftut", – verblaßt in einen Himmel „heller und leuchtender als vorher" (der Geist Gottes in Gestalt einer Taube muß dann natürlich auch fehlen). Für Engel muß man ein feineres (akustisches ?) Gehör besitzen: Dann kann ein Engel mit uns sprechen. Maria war offenbar so. Und Adam und Eva ebenfalls: „Wenn sie ganz still waren, konnten sie hören, wie Gott zu ihnen sprach." Denn Engel, Gott, Jesus sprechen leise selbst da, wo die biblischen Erzähler Jesus rufen, schreien lassen: „Kind, stehe auf!" (Lukas 8,54)[23] Wenn ein Engel, wenn

---

22   s. hierzu die Wiedergabe in W. BENEKERs Jesusgeschichte S.13.
23   ZINK 1981 S.77f.

Gott spricht, ist das etwa doch ein akustisches Phänomen? Will sagen – die Umschreibung: feineres Gehör, leises Verhalten der „Zuhörer" vermittelt dem kindlichen Leser die symbolische Redefigur von Gottes „Sprechen" gerade nicht angemessen, sondern verzerrt sie und verwirrt den Leser darüber.

7.4.2   Hast du Gott auch schon reden hören?

„Hast du Gott auch schon reden hören?" – so können Kinder zu Geschichten fragen, in denen erzählt wird, wie Gott zu Adam, zu Abraham, zu Moses gesprochen hat. „Gott redet" – das muß ein Kind anfangs ganz konkret wie einen Vorgang in der äußeren Realität auffassen, als handle es sich um einen akustisch wahrnehmbaren Tatbestand. Angemessener kann es dies verstehen lernen, wenn es einerseits an Menschen in seiner näheren Lebenswelt, an seinen Eltern etwa, erlebt, wie sie selbst sich *von Gott angesprochen* wissen. Es muß also – vor allen wörtlichen Erklärungen dazu – seine Erfahrungen mit dem Glauben, der Hoffnung, der Liebe in seiner unmittelbaren Umgebung gemacht haben. Und andererseits braucht ein Kind eine allmähliche Einführung in die Bedeutung symbolischer Sprache, innerhalb derer auch diese Redefigur *„Gott redet"* ihren Sinn hat. Auch anderswo begegnet ja dem Kind solche übertragene, symbolische Redeweise: Wir reden davon, ein Bild habe uns ganz besonders „angesprochen" oder „zugesagt". Wir sprechen von einer „vielsagenden" Geste oder von einem „beredten" Schweigen, von der „Stimme" des Gewissens.

Diese Symbolsprache haben die Bibelgeschichten mit Traum, Poesie, Legenden und Märchen gemein. Gerade unsere Märchen können eine gute Hilfe bieten, Kinder in solche symbolische Sprache einzuführen. Hier „reden" ja auch viele Dinge, die äußerlich gar nicht sprechen können. So z.B. ruft im Märchen von Frau Holle das Brot der Goldmarie zu: „Ach zieh mich raus, zieh mich raus, sonst verbrenn ich, ich bin schon längst ausgebacken." Und die Äpfel rufen vom Baum: „Ach schüttel mich, schüttel mich, wir Äpfel sind alle miteinander reif." Können Brot und Äpfel reden, wie Menschen das tun? Natürlich nicht – und jedes Kind wird verstehen, daß hier von einer Stimme die Rede ist, die in dem Mädchen selbst spricht, von einem inneren Vorgang also: Goldmarie hört darauf, Pechmarie nicht. Das ist „kinderleicht" zu begreifen.

Auch die Redeweise „Gott redet" meint nicht: Es gibt ein göttliches Überwesen, das einen Mund besitzt, mit dem es reden könnte. Sondern da wird von einem „Angesprochensein" erzählt, das innen in uns selbst vorgeht. Darin findet eine Erfahrung Ausdruck, die doch letzten Endes so unbeschreibbar ist, daß wir sie mit unseren Worten „nur" symbolisch, bildhaft weiterzugeben versuchen können. Dafür entwickeln auch Kinder bald Sinn. So kann ein neunjähriges Mädchen fragen:

„Gott sprach zu Adam. Wie war das möglich? Oder fühlte er es von innen?"[24]

Kinderbibeln wenden sich an eine Leserschaft, die in bezug auf Alter und kognitive Entwicklung uneinheitlich ist: an Leser, die auf unterschiedlichen Stufen ihres Symbolverständnisses[24a] stehen.

Auch viele Erwachsene haben ja Schwierigkeiten mit biblischen Symbolgeschichten und Metaphern, wenn sie sie als Darstellung äußerer Realität nehmen wollen und sie so wörtlich verstehen und darum mißverstehen. Die Erfahrung des Kindertherapeuten BRUNO BETTELHEIM war, daß Kinder im Unterschied zu manchem Erwachsenen intuitiv begreifen, daß Erzählelemente in Märchen nicht buchstäblich aufzufassen, sondern „als symbolische Wiedergaben kritischer Lebenserfahrungen zu verstehen sind". „Wenn ein Erwachsener einem Kind sagt, Rotkäppchen sei ja nicht ‚wirklich' gestorben, als der Wolf es gefressen habe, dann empfindet das Kind das als herablassende Beschwichtigung. Es ist dasselbe, wie wenn man jemand sagt, in der biblischen Geschichte sei Jona nicht ‚wirklich' gestorben, als ihn der Walfisch verschluckt habe. Jeder, der diese Geschichte hört, weiß intuitiv, daß Jonas Aufenthalt im Bauch des Fisches einen bestimmten Zweck hatte, daß er nämlich als ein besserer Mensch ins Leben zurückkehren sollte"[24b] (also gleichsam zu neuem Leben auferweckt werden sollte!).

Dem Problem wäre nur ausgewichen, wollte man aus Kinderbibeln alle Stoffe, die mit Symbolen und Metaphern gefüllt sind, völlig aussparen, weil sie bei ihren kindlichen Lesern noch nicht auf ein angemessenes Verständnis treffen mögen (obwohl natürlich eine gewisse diesbezügliche Kontrolle bei der Auswahl schon angezeigt ist: s. z.B. die Geschichte von der Auferweckung des Lazarus Joh 11). Denn ein solches Verständnis entwickelt sich nicht von selbst, sondern ist auf Entwicklungsanreize angewiesen. Dafür können auch Kinderbibeln ihren Beitrag leisten, indem sie die symbolischen Redefiguren und Bilder der biblischen Geschichten einfühlsam weiterführen und entfalten, wie man es an WILHELM BENEKERs Nacherzählung der Weih-

---

24   JOHANNA KLINK 1972 S.116
24a J. FOWLER nach FRIEDRICH SCHWEITZER: Lebensgeschichte und Religion. Religiöse Entwicklung im Kindes- und Jugendalter. München: Kaiser. 1987 S.192–200.
24b S.169.

nachts- und Speisungsgeschichte[24c] und an den Bildern von ANNEGERT FUCHSHUBER und REINHARD HERRMANN[24d] sehen kann.

So bleibt es wichtig, in Kindern das Verständnis für das wichtige Sprachmittel der religiösen Sprache, das *Symbol*, zu fördern, damit sie auch für ihre Glaubenserfahrungen eine angemessene Sprache finden und nicht auf einen falschen Buchstabenglauben fixiert werden.

7.5 Textvergleich: Schöpfungserzählung

Von besonderer Bedeutung ist auch die Art, wie Kinderbibeln die Schöpfungserzählungen ihren Lesern vermitteln. Diese Erzählungen aus dem Anfang der Bibel gehören auch heute – bei sonst zunehmender Unvertrautheit mit diesem Buch – zu den allgemein bekannten Bildungsstoffen. Selbst der sehr bibelfremde Zeitgenosse kennt doch wenigstens in Bruchstücken Motive und Sprichwörtliches aus dem Zusammenhang der ersten Kapitel der Bibel: Das Sieben-Tage-Werk, das ‚Es werde Licht' und ‚Seid fruchtbar und mehret euch', den aus Erde geformten Adam und die Eva aus der berühmt-berüchtigten Rippe, die verführerische Schlange, den Baum der Erkenntnis und seine Frucht, den vermeintlichen Apfel, das Paradies – den Garten Eden, die Rede vom ‚Vater und Mutter verlassen' und ‚Ein Fleisch sein', die Feigenblätter, den Fluch ‚Im Schweiße deines Angesichts …', die Worte vom ‚Wieder zu Erde werden' u.a.m. Wahrscheinlich sind dem Zeitgenossen, der nicht durch eine intensivere christliche Bildung geprägt ist, nur noch die Weihnachtsgeschichten des Neuen Testaments in ähnlicher Weise bekannt.

Freilich ist diese „Bekanntschaft" mit den Schöpfungserzählungen nicht ohne Probleme. An den von daher vertrauten Motiven und Worten hängen nämlich auch eine Reihe von Vorurteilen und Abneigungen und das besonders stark, weil oft keine tiefergehende Kenntnis der biblischen Zusammenhänge gegeben ist. Die Weise, wie man als Kind einmal die Erzählungen aus den Anfangskapiteln der Bibel innerlich aufgenommen hat, vermittelt erste Eindrücke darüber, wie Mensch, Welt und Gott im christlichen Glauben erlebt und gesehen werden. Und diese elementaren Ersteindrücke liegen vielen unter uns gleichsam wie unverdaute Brocken im Magen in der Form, wie sie aus Kinder- und Schulzeiten in Erinnerung geblieben sind. Wo dies der Fall ist, wird eine reife Auseinandersetzung mit der Bibel im

---

[24c] s. oben S.87.
[24d] s. oben S.69ff.

Erwachsenenalter im Widerstreit der eigenen zwiespältigen Gefühle weithin be- oder gar verhindert. Das zeigt sich gerade bei solchen grundlegenden Themen wie: Glauben und moderne Welt, Religion und (Natur-)Wissenschaft, das Rollenbild von Mann und Frau, das Verständnis von Moral und Sünde u.a. Als Folge davon ist für so manchen Erwachsenen die Einstellung zu Bibel und hier zu den biblischen Schöpfungserzählungen infantil und unaufgeklärt geblieben. – Das macht notwendig, einmal die Wiedergabe der Schöpfungserzählungen in Kinderbibeln in kritischen Augenschein zu nehmen.

7.5.1 Bibelwissenschaftlicher Exkurs über den Charakter der Schöpfungserzählungen?

Eine lange bereitliegende bibelwissenschaftliche Grunderkenntnis, die aber in Kinderbibeln kaum zum Tragen gekommen war, ist die folgende:
In 1.Mose 1 und 2 handelt es sich nicht um *eine*, sondern um *zwei* unterschiedliche Schöpfungserzählungen, eine jüngere und eine ältere. Sie haben jeweils ihren Ursprung in sehr verschiedenen Situationen der Glaubensgeschichte Israels:
1.Mose 2 (und die Fortsetzung in 3: Vertreibung aus dem Paradies) ist die ältere Erzählung von beiden. Sie stammt von einem Verfasser, den man z.B. daran erkennen kann, daß er durchgängig den Gottesnamen „Jahve" gebraucht. Diese Erzählung lebt in dem „Klima" zwischen wasserloser Wüste und bewässertem Kulturland. In ihr spiegelt sich noch die Erinnerung an den Übergang Israels von der früheren Wandernomadenexistenz (Wüste) zur bäuerlich-bürgerlichen Kultur (Garten). Man setzt die schriftliche Fixierung des Erzählwerks dieses „Jahve"-Verfassers in die frühe Königszeit (Salomo ca. 925 v.Chr.), die auch eine erste Blütezeit der Schriftstellerei in Israel war. – Diese Schöpfungserzählung ist nicht an Geschehnissen in grauer Vorzeit interessiert. Sie will vielmehr verstehen lassen, was jetzt ist: Was ist der Sinn menschlichen Lebens? Warum fühlen sich Mann und Frau so stark zueinander hingezogen? Woher die Abneigung vor Schlangen und die Angst vor ihnen? Wie ist der Zwiespalt zu verstehen, in dem der Mensch sich findet? Warum wird der Mensch, wenn er stirbt, wieder zu Erde? Warum trägt er – im Unterschied zu den Tieren – Kleidung?
Die Erzählung von 1.Mose 1 (–2,4: Das 7-Tage-Werk) hingegen gehört in eine ganz andere Zeit: Israel ist geschlagen, Jerusalem erobert, die Großmacht Babylonien ist Sieger (587 v.Chr.). Ein großer Teil der Bevölkerung lebt deportiert im Land des siegreichen Eroberers. Hat sich nicht mit der

eigenen vernichtenden Niederlage auch der Gott des Siegers, Marduk, der Gott der Königsstadt Babylon, als mächtiger erwiesen? Ist er nicht der wahre Herr der Welt und der Völker? Und hat uns nicht unser Gott verlassen? – so fragen sich die Besiegten. Dagegen aber setzt 1.Mose 1 als Glaubensbekenntnis: Nicht Marduk, sondern unser Gott schuf am Anfang Himmel und Erde. Ihm gehört die Welt und die Zeit: Der Sabbat, der Ruhetag, den wir auch im fremden Land halten, ist uns – an Stelle des zerstörten Tempels – Zeichen seiner Gegenwart. Dieser Glaube gibt der jüdischen Gemeinde in der Fremde neue Hoffnung. – Den Zusammenhang, in dem diese Geschichte in den Mosebüchern erscheint, nennt man die „Priesterschrift". Sie ist besonders auch an kultischen Vorgängen interessiert. Auch sonst ist der Charakter dieser Erzählung ganz anders: sie ist systematischer. Sie bringt Listen und Einteilungen von Pflanzen und Tieren.

Noch einige andere Details der bibelwissenschaftlichen Forschung sind zum besseren Verständnis der biblischen Überlieferungen wichtig:

Die biblische Tradition hat nicht mit der/den Schöpfungserzählung/en angefangen. Der Glaube des Volkes Israel war vielmehr um einen anderen Schwerpunkt zentriert: den Exodus, die Befreiung aus der Sklaverei in Ägypten. Das Schöpfungsthema unterstützte dann nachträglich und zusätzlich die Glaubensgewißheit Israels, in Gottes befreiendem und bewahrendem Bund zu stehen.[25]

Weiter: Das Schöpfungsthema erscheint in der Hebräischen Bibel nicht nur an einer einzigen Stelle (in 1.Mose 1 und 2). Der Glaube an Gott den Schöpfer hat seine Wurzeln in verschiedenen Situationen der Geschichte Israels mit seinem Gott. So findet Schöpfungsglaube und Schöpfungsfreude in der biblischen Überlieferung einen reichhaltigen und vielfarbigen Ausdruck als Erzählung, als Poesie und Lied, als systematische Lehre und Bekenntnis des Glaubens (die Schöpfungspsalmen 104 und 148, Hiob 38, Jesaja 40,12–28 u.a.m). Daß wir beim Thema „Schöpfung" herkömmlicherweise so einseitig auf die ersten Seiten des Bibelbuchs fixiert sind, hat sicher unsere gedankliche Auseinandersetzung mit dem Schöpfungsthema und unsere Fantasie im Ausdruck des Schöpfungsglaubens sehr eingeengt.

---

[25] Einen damit vergleichbaren Tatbestand finden wir im Neuen Testament: Für die ersten Christen beginnt die Geschichte Jesu nicht mit den Erzählungen über seine Geburt – wie die frühen christlichen Gemeinden auch über Generationen hin ohne unser Weihnachtsfest lebten. Die erste Evangelienschrift, das Markusevangelium, beginnt mit der Taufe Jesu und der Proklamation: „Du bist mein lieber Sohn, an dir habe ich Wohlgefallen." (Markus 1,11) Für unser Bewußtsein heute scheint dagegen die Geburtsgeschichte Jesu ganz „natürlicher Weise" am Anfang zu stehen.

7.5.2 Mit der Schöpfungsgeschichte beginnen?

Wie werden nun heutige Kinderbibel-Autoren in ihrer Arbeit diesen bibelwissenschaftlichen Grundeinsichten gerecht? Einige moderne Kinderbibeln überraschen den Leser z.B. damit, daß sie nicht mit dem Anfang der Bibel einsetzen: Die aus 1.Mose 1 und 2 vertrauten Schöpfungserzählungen erscheinen hier nicht wie gewohnt auf den ersten Seiten. Die NEUE PATMOSBIBEL[26] z.B. beginnt mit den fundamentalen Geschichten aus der Mosezeit und ordnet die 7-Tage-Erzählung der Priesterschrift 1.Mose 1 in den sehr viel späteren geschichtlichen Zusammenhang des babylonischen Exils ein. Freilich tilgt sie aber deren Schluß mit dem entscheidenden siebenten Tag, dem Sabbat, auf den alles in der priesterschriftlichen Erzählung hinzielt[27]: Warum? Das wird nicht einsichtig. Angehängt ist als „Fortsetzung" der zweite Teil der Paradieseserzählung des „Jahve"-Verfassers 1.Mose 3 unter dem Titel „Wie das Böse in die Welt kam". Diese Erzählung aber gehört einem ganz anderen Zusammenhang zu, den zu berücksichtigen für ihr Verständnis unerläßlich ist.[28]

Ebenso ordnet ANNELIESE POKRANDT in der Elementarbibel die priesterschriftliche Schöpfungsgeschichte ein. Davon getrennt erscheint die Erzählung von Adam und Eva aus 1.Mose 2 in einem anderen Teilband[29]. Diese ältere Schöpfungserzählung des „Jahve"-Verfassers ist in der Elementarbibel überschrieben: „Die *Menschen erzählen* sich, warum Mann und Frau zusammengehören.[30]" Sie erscheint also nicht – wie in vielen anderen Kinderbibeln – als eine Verdoppelung oder Ergänzung der priesterschriftlichen Geschichte, sondern hat ihren eigenen Ort und Sinn.

---

26 S.142ff.

27 s.o. S.132.

28 S.142–155. In der Paradieseserzählung erscheint dann – anders als in der Bibel – der Satan, der sich im Verlauf der Diskussion mit Eva unmotiviert in die Schlange verwandelt.

29 ANNELIESE POKRANDT: Band 5 S.66ff bzw. 4 S.55ff. (ähnlich auch DIETRICH STEINWEDE 1982 S.80ff).

30 Unsere Schöpfungserzählung hat in den Kinderbibeln sehr unterschiedliche *Überschriften* gefunden.
„Die Geschichte vom *Anfang"* (E.Beck); *„Wie die Welt entstanden ist"* (W.Pioch); *„Gott* macht den Anfang" (I.Weth); „Alles kommt von *Gott"* (W.Beneker); „Die Schöpfungsgeschichte der *Priester* in Babel" (D.Steinwede); „Der Glaube der *Israeliten:* Wie sie sich die Entstehung der Welt vorstellten" (Neue Patmosbibel); *„Ein Priester* berichtet, wie Gott Himmel und Erde erschaffen hat" (A.Pokrandt).
Diese Überschriften zentrieren den Blick des Lesers sehr verschieden und geben dem Leser ein mehr oder weniger hilfreiches „Vorurteil". Z.B. wird hier sehr deutlich, ob die Kinderbibelautoren unsere Erzählung als eine Geschichte von oben (mit Gott als Subjekt) oder als eine Geschichte von unten (als Glaubenserfahrung und -bekenntnis der Menschen) verstehen.

7.5.3   Am Anfang war der Mann? (IRMGARD WETH)

I. WETH[31] dagegen beginnt traditionell mit der Schöpfungsgeschichte nach
1.Mose 1. Daran schließt sie die Paradies-Erzählung nach 1.Mose 2 an, die
so als eine Art weiterführender Ergänzung erscheinen muß. Die ist sozusagen auch nötig, denn die Autorin hatte in ihrer Wiedergabe von 1.Mose 1
unterschlagen, daß auch dort schon von der Erschaffung der *Frau* die Rede
war:

> Zuletzt aber schuf Gott
> das Wunderbarste: den Menschen.
> Gott sprach:
> „Ich will Menschen machen,
> die mir gleichen
> und über allen Tieren stehen."
> Und Gott schuf *den* Menschen
> nach seinem Bild.
> Und Gott segnete *ihn*
> und sprach[32]:
> „Alles, was ich gemacht habe,
> soll für *dich* da sein: ..."

Und damit kein Irrtum aufkommen kann, wiederholt I.WETH am Anfang der
Paradieserzählung noch einmal ausdrücklich:

> *Adam* hieß der Mensch,
> *den* Gott geschaffen hatte.
> Gott legte für *ihn*
> den Garten Eden an.[33]

Der Leser ist verwirrt: Was war der von Gott geschaffene Mensch? Ein ab-
strakt-geschlechtsloses Wesen (I.WETH in der Wiedergabe von 1.Mose 1:
„der Mensch") oder war es ein männlicher Adam, dem dann erst nachträglich eine Frau namens Eva zuerschaffen werden mußte? Nun wird auch verständlich, warum die Autorin geradezu gezwungen war, zuvor im Schöpfungssegen den Auftrag wegzulassen: Seid fruchtbar und mehrt euch! Das

---

31 1991 S.13 und 16.
32 In der 1.Auflage 1988 hatte I.WETH noch formuliert : Da schuf Gott Adam, den Men-
    schen. Und Gott sprach zu Adam: ... Neben dieser groben Gleichsetzung von Adam =
    der Mensch fällt auf, daß hier zwei wichtige Stichworte der priesterschriftlichen Er-
    zählung übergangen sind: die Rede von der *Gottesebenbildlichkeit* des Menschen und
    das *Segnen*. In den späteren Auflagen hat die Autorin sich hier verbessert.
33 S. 16.

müßte sich ja an Adam, diesen einsamen Mann gerichtet, recht widersinnig ausnehmen.[34]

Wer 1.Mose 1 so nacherzählt, um die Erzählung mit der Adam und Eva-Geschichte aus 1.Mose 2 oberflächlich auszugleichen[35], unterschlägt damit einen für den priesterschriftlichen Text ganz wesentlichen Punkt: Von Anbeginn an, sozusagen aus Prinzip gilt von Mann und Frau das Gleiche: Sie beide sind (*gleichzeitig*!, nicht nacheinander wie in der Paradies-Erzählung des „Jahve"-Verfassers von 1.Mose 2) von Gott zu seinem Bilde geschaffen, von ihm mit dem *gleichen Segen* beschenkt. Aus Prinzip sind beide gleichen Ranges. Damit steht der Glaube an Gott als den Schöpfer des Menschen von allem Anfang an kritisch und quer zu dem gesellschaftlichen Patriarchalismus, der sich in den orientalischen und abendländischen Gesellschaften geschichtlich entwickelt hat.

An dieser Stelle sollte man einmal versuchen, sich in der Phantasie vorzustellen, wie es – zumeist erst einmal unbewußt – auf ein lesendes Mädchen wirken mag, wenn es bemerkt, daß es in einer so grundlegenden Glaubensgeschichte gar nicht vorkommen soll: In der Erzählung, in der es um Sein und Nichtsein von allem geht, fehlt die eine Hälfte der Menschheit! Mit welcher inneren Verbiegung sollte es ihm möglich sein, sich mit diesem Menschen, der den Jungensnamen „Adam" trägt, zu identifizieren und sich selbst und seine Sache in dieser Geschichte wiederzuerkennen? Und was mag es für sein Selbstgefühl bedeuten, daß es hier erfährt, was es auch sonst in seinem Alltag immer wieder erleben muß: der Mann ist der Erste und das auch für Gott?

7.5.4 „Irgendwann vor langer Zeit ..." – das unterschlagene Sieben-Tage-Werk (W.PIOCH)

Anders geht W.PIOCH mit der Schöpfungsgeschichte um. Er umrahmt sie – wie bei ihm gewohnt – mit einleitenden und weiterführenden Eltern-Kinder-Gesprächen. Sie sollen auch hier – und dies wäre als Absicht durchaus zu bejahen – den Bezug zu heute herstellen. Sie nehmen Fragen zu den Geschichten auf und vermitteln notwendige Erklärungen.

---

34 I.WETH hat mit dieser Vorgehensweise Vorgänger: Ähnlich hatte schon die „klassische" Kinderbibel von A. DE VRIES die Frau aus der Schöpfungserzählung getilgt und als Folge davon dann ebenfalls den Fruchtbarkeitssegen weggeschnitten: S.10 (so auch weiterhin in der neubearbeiteten Fassung von 1989).

35 Hier sind ähnliche Harmonisierungstendenzen wirksam wie andererseits bei den Jesusgeschichten. s. dazu oben Kap. 7.1.2 und 3 S.104ff.

Stefan hat seiner Mutter erzählt, daß er heute Radieschen ausgesät hat. Nun fragt er: „Was hat Gott denn mit den Radieschen auf meinem Beet zu tun?" und darauf erzählt die Mutter:

„Ich will euch heute einmal erzählen, wie Gott schon am Anfang der Weltzeit dafür sorgte, daß es diese Welt gibt mit Blumen, Bäumen und Tieren und Sonnenschein und Regen, und auch mit Samenkörnern, in denen die Lebenskraft steckt. Es war nicht immer so, daß auf der Erde all das wächst, was wir zum Leben brauchen.

Irgendwann vor langer Zeit wollte Gott, daß unsere Welt entsteht. Es gab all das noch nicht, was wir heute sehen …

Gott sah, wie schön alles war, was er geschaffen hatte, und er wußte, daß nun die Menschen alles haben würden, was sie zum Leben brauchten. Nun ließ Gott die ersten Menschen entstehen, einen Mann und eine Frau …"

Dem Leser fällt an dieser Nacherzählung besonders auf: das biblische „Am Anfang", das eben nicht zwingt, eng als *Zeitbestimmung* verstanden zu werden (im Lateinischen heißt es: In principio – im Prinzip!), ist hier relativiert zu: „*Irgendwann vor langer Zeit*". Das mag ganz unnötigerweise zu Fragen wie: Wann denn? Und: Was war denn vorher? provozieren, die einem angemessenen Schöpfungsverständnis im Wege stehen. Gott steht nicht am zeitlichen Anfang der Welt, sondern er ist deren „Prinzip", ihr tiefster Grund und das nicht damals in einer grauen Vorzeit, vor Jahrtausenden oder Jahrmilliarden, sondern heute. Denn – so ist die Botschaft der priesterschriftlichen Schöpfungserzählung: Gott schafft auch die Zeit. Sie aber – eine der existentiellsten Lebensbedingungen des Menschen – fehlt in der Nacherzählung von Pioch völlig: Das erste Schöpfungswerk, die Trennung von Licht und Finsternis, Tag und Nacht, Morgen und Abend und die Struktur der Woche, die auf den Sabbat hinzielt, sind aus der Erzählung herausgetrennt.

Erst im sich anschließenden Gespräch mit den Kindern erklärt dann die Mutter, die Menschen hätten sich früher erzählt, es habe mit der Schöpfung „nur" sechs Tage gedauert und am siebenten Tag habe sich Gott ausgeruht. Damit aber ist diese Schöpfungserzählung ihrer eigentlichen Farbe beraubt, die sie im Zusammenhang der priesterschriftlichen Überlieferung hat: Gott, dessen Tempel in Jerusalem zerstört ist, hat ein anderes Heiligtum und das geht mit seinem Volk ins Exil mit – den heiligen Sabbattag[36]. Das Gottesgeschenk dieses wöchentlichen Ruhetages, der dem Leben Kontur und Atem

---

[36] s. dazu oben S.132.

verleiht: Ob nicht gerade diese Botschaft auch in einer Zeit wichtig ist, die Gefahr läuft, die Wochentage mit einer gleitenden Arbeitszeit zu nivellieren?

Zugleich erweckt die Erklärung der Mutter: „…früher erzählten die Menschen, es habe nur sechs Tage gedauert …" den falschen Eindruck, als wenn die Bibel gleichsam zweigeteilt wäre: in einen Teil, dem höhere Autorität – sozusagen die eigentliche biblische Qualität – zukommt, und einen anderen, der (bloß) Erzählung von Menschen ist. Was wird der Stefan aus der PIOCHschen Kinderbibel sagen, wenn er später einmal die Bibel selbst zur Hand nimmt und beides in einer Geschichte vereint findet? In welche Schwierigkeiten mag er da geraten?

„Nun ließ Gott die ersten Menschen (Mehrzahl) entstehen …" – das klingt dem Leser so, als wäre damit von *zwei einzelnen konkreten Menschen* die Rede, mit denen die Menschheitsgeschichte beginnt. „Als Gott die Menschen gemacht hatte, da gab es *einen* Mann, der hieß Adam. Er hatte *eine* Frau, die hieß Eva." – so geht es dann auch folgerichtig weiter in der als Fortsetzung angeschlossenen Paradies-Erzählung. Nebenbei – die Reihenfolge ist klar: Natürlich ist Adam die Nummer eins. Und er ist der Aktive: „Er *hatte* eine Frau, die hieß Eva." Dabei erzählt die Paradies-Geschichte die Sache auch andersherum: Eva hat den Adam. Der Mann ist es, der Vater und Mutter verläßt und seiner Frau anhängt, ihr „Anhänger" ist.

Demgegenüber aber ist in 1.Mose 1 nicht von einem oder zwei Einzelmenschen, sondern von einem *Kollektivum* die Rede: von *dem* Menschen gleich der Menschheit, allen Menschen. Darin bin ich selbst heute mit einbegriffen und mitgemeint, denn zur Menschheit gehöre auch ich. Hier wird nochmals völlig unnötig das Mißverständnis heraufbeschworen, dem biblischen Erzähler sei es darum gegangen zu „berichten", wie zwei konkrete Menschen namens Adam und Eva vor langer, aber immerhin grundsätzlich doch bestimmter Zeit direkt aus Gottes Hand gekommen seien – ganz im Unterschied zu uns, ihren fernen Nachfahren, deren Leben nur indirekt mit Gott zu tun hätte. Ein solches Mißverständnis erschwert aber den Kindern nicht nur, dies später einmal mit wissenschaftlichen Hypothesen und Entdeckungen über die Anfänge der Menschheit vernünftig zusammenzubringen. Es steht darüber hinaus auch im krassen Gegensatz zu dem evangelischen Schöpfungsglauben: „Ich glaube, daß mich Gott geschaffen hat" (MARTIN LUTHER) – also gerade *mich heute*!

7.5.5 Schöpfung und Evolution (DETLEV BLOCK)

In seinen für Leseanfänger bestimmten Leselöwen-Bibelgeschichten hat der naturwissenschaftlich sehr interessierte Autor DETLEV BLOCK einen eigenen Versuch vorgelegt, Kindern heute die Schöpfungserzählung so nahezubringen, daß sie sich die modernen Erkenntnisse und Anschauungen über die Evolution des Kosmos in diese alte Geschichte hineindenken können. Der Autor folgt dabei durchaus den Grundlinien der Erzählung von 1.Mose 1, die aber „ein wenig nach den heutigen Erkenntnissen umgestaltet ist" – wie er im Vorwort aufklärt[37]:

> „Die Welt ist nicht von allein da. Gott hat sie geschaffen. ... Die Welt ist nach und nach geworden. Sie war nicht auf einmal fertig da. ... Und Gott baut täglich an ihr weiter. Wir merken es, wenn ein kleines Kind geboren wird oder ein neuer Stern im Weltraum entsteht."

Block nimmt in seiner sehr frei gestalteten Erzählung die Anordnung der priesterschriftlichen Geschichte auf, führt dabei aber Vorstellungen unseres heutigen Weltbildes ein. Auch „der Mensch war nicht auf einmal da. Er hatte sich *allmählich entwickelt*, so wie Gott es bestimmte." Und in dieser Entwicklung trifft die Menschen Gottes Ruf und Auftrag.

Ob heranwachsende Kinder später, wenn sie auf die originalen biblischen Schöpfungserzählungen stoßen, diese wiedererkennen und sie im Licht der wissenschaftlichen „Aufklärung" lesen werden, die dem Autor mit am Herzen lag? Daß D.BLOCK aus wichtigem Grund sehr starke Eingriffe in den biblischen Text vorgenommen hat und dafür als Autor verantwortlich ist, das könnte freilich deutlicher offengelegt werden als es im Vorwort geschieht: Die Geschichten aus dem Alten Testament „*sind* so *erzählt*, daß du sie gut verstehen kannst. *Manchmal ist* eine Geschichte *etwas anders erzählt* als in der Bibel ... So *ist* die Schöpfungsgeschichte *ein wenig* nach heutigen Erkenntnissen *umgestaltet.*" Offener wäre es gewesen, wenn sich der Autor in der Ich-Form (statt des unpersönlichen Passivs) zu seiner Art zu erzählen bekannt hätte: „*Ich habe* sie so *erzählt*, oftmals sehr anders als in der Bibel, *ich habe* sie *umgestaltet.*"

---

[37] 1988 S.8f. Ähnlich hat D.BLOCK die Schöpfungserzählung auch in seiner neu herausgegebenen „Die große bunte Kinderbibel" (1993) gestaltet. BLOCKs Kinderbibel-Ausgaben gehören zu den nicht gerade zahlreichen Titeln, die in nichtkirchlichen, „säkularen" Verlagen herausgekommen sind.

7.5.6 Deine Schöpfung – meine Welt

D.BLOCK ist es sehr wichtig gewesen, den Leser sehen zu lassen: Dies sind „nicht nur alte Geschichten, sondern „Geschichten, die uns auch heute viel sagen können".[38] Diesem Vertrauen auf die schöpferische Kraft Gottes in unserer Welt Ausdruck zu geben, ist REGINE SCHINDLER in einem Bilderbuch „Deine Schöpfung – meine Welt" hervorragend gelungen. Hier verlängert die Autorin mit Hilfe der elementaren, sehr klaren, erzählenden Bilder von HILDE HEYDUCK-HUTH und mit ihren dazu gestellten betrachtenden, ja betend-nachdenklichen Texten die Schöpfungserzählung gleichsam in unsere Welt hinein: Es sind zwei Menschen (Kinder) von heute, die neugeschaffen unter dem Baum des Gottesgartens stehen. Die Bilder des Buches zeigen mein Gesicht, meine Hände, Gottes Gabe an mich. Sie zeigen die vielfältige Menschheit von heute, die in ihrer Verschiedenheit und Fremdheit nach Verstehen und Liebe ruft, sie zeigen meine Welt der Technik und Erfindungen, aber auch der Bedrohtheit und des Unfriedens. „Ich glaube, daß mich Gott geschaffen hat" – dieses Vertrauen ist der durchgehende Grundton in diesem ansprechenden und schönen Bilderbuch.

7.5.7 Konsequenzen: Nicht nur 1.Mose 1 erzählen!

Die biblischen Verfasser erzählen also von der Schöpfung verschieden: Diese Einsicht muß bei der Herstellung von Kinderbibeln und beim Umgang mit ihnen unbedingt berücksichtigt werden. Auch die beiden unterschiedlichen Erzählungen des Jahve-Verfassers und des Priesters in 1.Mose 1 und 2/3 sind nicht die einzigen biblischen Bekenntnisse zu Gott dem Schöpfer. Eine dritte ergänzende Möglichkeit dazu bieten schließlich die vielen poetischen Loblieder über die Schöpfung wie etwa Psalm 104 oder 148. Dem angemessen wäre es, wenn man Kindern das Thema „Schöpfung" in Kinderbibeln nicht nur in Erzählung, sondern auch in poetischer Gestaltung, in Reim und Lied nahebringen würde.[39]

---

[38] S.8.
[39] So etwa das den Psalmen nachempfundene Schöpfungslied von GERTRUD LORENZ in: ROLF KRENZER (Hg): 100 einfache Lieder Religion. Lahr: Kaufmann 1978 S.88:
    Lobt alle Gott,
    Lobt alle Gott,
    Lobet alle Gott
    für die Tage und die Nächte,
    für den Morgen und den Abend.
    Lobt alle Gott,
    Lobt alle Gott,
    Lobet alle Gott! …

Allein schon ein solch dreifaches, unterschiedliches Angebot in Kinderbibeln machte dem Leser ohne umständliche Sacherklärungen deutlich, daß sich der Schöpfungsglaube von Juden und Christen in den biblischen Schriften in sehr verschiedener Form ausspricht und daß über die Schöpfung sehr verschieden gedacht werden konnte: Kein Wunder, daß wir heute darüber noch anders denken! Auf diese Weise wird schon von Beginn an dem Leser ein realistischeres Bild von der Bedeutung und dem Charakter der biblischen Schriften vermittelt. Als Folge davon ließe sich auch eine Entspannung an der dogmatischen Kampffront zwischen Schöpfungsglauben und naturwissenschaftlichem Denken erhoffen.

7.6 Beispiel: Ostern

Bei der Vermittlung der Osterbotschaft muß ein Kinderbibel-Autor von vornerein bedeutsame Entscheidungen treffen. Das nicht nur im Hinblick auf seine Erzählweise, sondern schon im Hinblick auf die Auswahl an Ostergeschichten. Was kann eine Kinderbibel tun, um ihre Leser über ein äußerliches, buchstäbliches Verständnis der Auferstehung Jesu als einer physiologischen Wiederbelebung eines Toten hinauszuführen?[40]

Dabei ist wichtig zu bedenken: Nicht nur und nicht erst die direkten Oster- und Auferstehungsgeschichten künden von dem Neuen Leben, das in Christus erschienen ist. Auch in anderen Jesusgeschichten zeigt sich Licht von Ostern her: Verlorene werden wieder lebendig (wie der verlorene Sohn), Gelähmte „stehen auf" und nehmen ihr Bett, fragende und suchende Menschen finden den Weg zum Leben (wie der Schriftgelehrte im Gleichnis vom Barmherzigen Samariter).

Unter den österlichen Erzählungen ist eine – nämlich die von der Wanderung der Emmausjünger (Lukas 24,13–35) – besonders geeignet, den Leser verstehen zu lassen: Das ist keine Geschichte von damals. Du bist dabei. Auch dir kann in dem Bild des auferstandenen Christus Erleuchtung und darin Mut und Hoffnung zukommen. Auch dir können die Augen aufgehen und kann das Herz brennen wie den ersten Jüngern, als sie verstanden: Der Weg Jesu geht weiter. Es ist der Weg, auf dem zu gehen auch wir gerufen sind.

---

s. auch die Bibelausgabe für junge Leute „Die Nacht leuchtet wie der Tag". Dort sind zahlreiche Psalmen aufgenommen, darunter Psalm 8 und 104.

40 Dasselbe Problem stellt sich bei der Darbietung von neutestamentlichen Auferweckungserzählungen. So bietet etwa ECKART ZUR NIEDEN unterschiedslos und unausgewählt alle Auferweckungs- und Ostergeschichten der vier Evangelien in seiner Kinderbibel an. s. dazu Kap.6.2.1 S.81 zur Geschichte von Jairus' Tochter.

So hat die Geschichte von den Emmausjüngern oft Platz in Kinderbibeln gefunden. Sie ist besonders geeignet, weil sie den Blick des Lesers nicht in falscher Weise auf ein äußerliches Faktum wie das des leeren Grabes oder auf als Mirakel mißzuverstehende Erzählelemente aus den Ostererzählungen des Johannes-Evangeliums (Essen und Berühren) zu fixieren droht.

Wie gehen Kinderbibeln nun mit dieser Geschichte um? ANNE DE VRIES benutzt sie, um sie wieder mit problematischen theologischen Belehrungen zu verbinden. So leitet er mit einer fiktiven Unterhaltung der Jünger ein:

> „Ach, wie traurig ist es doch, daß er tot ist! Und wir glaubten, er würde König werden. Wir dachten, er sei der Heiland, der Sohn Gottes, der uns alle froh macht. Aber er war nicht der Sohn Gottes, sonst wäre er doch nicht gestorben. Und was die Frauen in Jerusalem erzählt haben, glaubst du daran? Sie sagen, er sei wieder aus dem Grabe auferstanden. Aber das kann doch gar nicht sein, dann wäre er ja doch der Sohn Gottes! Warum mußte er dann erst sterben?"

Diese entscheidende Frage stellen die Beiden dann auch dem unbekannten Fremden und müssen sich theologisch von ihm selbst belehren lassen:

> „Wie töricht seid ihr doch! Warum glaubt ihr das nicht? Es stimmt, Jesus [der Auferstandene muß von sich natürlich dann in der dritten Person reden!] ist wirklich auferstanden. Und ihr fragt noch, warum er gestorben ist? Das mußte doch sein, damit die Menschen wieder froh werden."[41]

Im Unterschied zu dieser erzählerischen Naivität, die das Geheimnis um die verborgene Gegenwart des Auferstandenen direkt auflöst, fällt auf, daß die DE VRIESsche Kinderbibel auf die bildliche Darstellung des Auferstandenen (wie auch bei der Wiedergabe der anderen Ostergeschichten) verzichtet: Der Platz Jesu am Tisch der Emmausjünger bleibt leer. Die Aufmerksamkeit wird auf das geheimnisvolle Verschwinden des Herrn Jesus gelenkt.

Ähnlich wie A. DE VRIES bietet auch EMMA WITTMANN eine sehr ausschmückende Nacherzählung. Daß der fremde Dritte der Herr Jesus war, „wußten" die beiden Jünger nicht. Jesus veranlaßt sie zum Erzählen, obwohl er alles genau wußte, aber er wollte haben, daß ihm seine Jünger alles erzählen sollten, was sie traurig machte, und das taten sie auch. Bemerkenswert ist, wie die Nacherzählung das Motiv der Tischgemeinschaft für den Leser

---

[41] S.228.

verstärkt und verdeutlicht: Der eingeladene „fremde Mann" – wie E.WITT-
MANN in Anführungszeichen setzen läßt – wird zum Gastgeber:

> „Aber der Herr Jesus machte es nun nicht, wie es sonst ein Gast tut. Er wartete
> nicht, bis ihm einer der Jünger zu essen anbot. Als sie saßen, nahm er selbst das
> Brot vom Teller. Er betete, brach dann ein Stück ab und gab es dem einen Jünger;
> und wieder brach er ein Stück ab und gab es dem andern Jünger. Und da – auf ein-
> mal – gingen den Jüngern die Augen auf. Sie merkten: So ist es schon oft gewe-
> sen! Immer dann, wenn wir mit unserem lieben Herrn gegessen haben. Am Brot-
> brechen erkannten sie den Herrn Jesus. Aber kaum hatten sie ihn erkannt, sahen
> sie ihn schon nicht mehr."[42]

EYKMAN versucht in recht freier Nacherzählung verständlich zu machen,
wie der unbekannte Fremde die beiden traurigen Jünger wieder ermutigt,
sich an Jesu Wirken zu erinnern, von Jesus zu reden und so seinen Dienst an
den Menschen fortzusetzen. Hier wird die eigene Auffassung des Autors
von dem Ostergeschehen deutlich: Sich wie Jesus auf den Weg machen und
den Menschen helfen, weitersagen, was die Jünger von Jesus gelernt haben.

> „Wer bist du eigentlich?", fragte Kleopas den Mann.

> „Das ist unwichtig", erwiderte der Mann. „Wichtig ist nur: ihr begreift, was ich
> gesagt habe. Dann kann ich wieder weitergehen." Und er ging weg. Einfach so. …

> „Ich dachte", sprach Lukas [einer der beiden Emmausjünger], „ich dachte: Jesus
> ist tot. Also ist alles vorbei. Es ist aber ganz und gar nicht vorbei mit Jesus. Jetzt
> geht es erst richtig los!"

> „Dieser Mann", sagte Kleopas, „ich glaube fast, dieser Mann war Jesus selbst."

Wer der unbekannte Fremde ist, läßt EYKMANs Nacherzählung bewußt in
der Schwebe. Das Motiv des Erkennens fällt weg: Es ist verdünnt in eine
bloße Ahnung. Auch auf den beigegebenen Bildern bleibt der Auferstandene
ununterscheidbar von den beiden Jüngern und unkenntlich, eine menschlich-
körperliche Erscheinung auf der gleichen Ebene wie die beiden Jünger. Das
Motiv der Abendmahlsszene verliert ebenfalls seine zentrale Bedeutung in
der Geschichte:

---

[42] S.231.

Die Nacherzählung in der ELEMENTARBIBEL[43] bleibt wie gewohnt nahe am Originaltext, der durch die Gliederung in kurze Einheiten für den Leser übersichtlicher wird. Indirekte Rede wird in direkte Rede verwandelt. Schwierige Ausdrücke werden verändert: Ihre Augen waren blind für ihn – da gingen ihnen die Augen auf. Heute haben uns einige Frauen erschreckt. … Sie sind zu uns gekommen und behaupten: Engel haben wir gesehen, die sagten: er ist lebendig! Bildhafter Zielpunkt der Geschichte ist die Tischszene: Der Auferstandene wird beim Brotbrechen kenntlich an einer Lichtaura, die bei dem wandernden Unbekannten noch fehlt. Die Leitmotive der geheimnisvollen Gegenwart des Auferstandenen und des Erkennens in der Tischgemeinschaft mit ihm sind gewahrt.

7.7 Zum Schluß: die Verantwortung des Erzählers/der Erzählerin

Es wird deutlich: Wer erzählt, der legt aus. „Einen vorgegebenen Text in eine neue Sprachform überführen – das geschieht ja in der Erzählung – ist ein *Akt der Auslegung*. Es kommt darauf an, sich dieser Tatsache bewußt zu sein, damit die Auslegung kontrolliert geschieht", fordert der Religionspädagoge GERT OTTO deshalb[44]. Eine „Nach"erzählung liefert also nicht einfach eine Kopie der ursprünglichen Geschichte und ein Erzähler zitiert nicht einfach, was da steht. Insoweit ist der Ausdruck „Nacherzählung" für diesen Vorgang im Grunde irreführend, weil er außer acht läßt, daß hier auch Neues, Schöpferisches geschieht.

Erzählen ist vielmehr ein kreativer Vorgang, in dem der Autor mit seiner eigenen Person selbst ganz dabei ist und für den er die erzählerische und sachliche – also hier: *theologische* Verantwortung trägt. Auch wer meint, daß er nur „schlicht" und „kindgemäß" nacherzählt, vermittelt – wenn auch oft unbewußt und ungeklärt – dem Leser und Zuhörer (seine oder fremde, aber von ihm gebilligte) Vorstellungen über die Bibel und die biblischen Geschichten, Vorstellungen, für die er Verantwortung trägt und die die Geschichte eines Kindes mit diesem Buch positiv oder negativ mitbestimmen. „Jeder, der Kindern von der Bibel her erzählt, sollte sich darüber im klaren sein, daß er mit seiner Erzählung sich theologisch bekennt", stellt D.STEIN-WEDE hierzu fest und spricht darum dem biblischen Erzähler und damit auch

---

43 s. auch oben Kap. 6.3.2 S.88.
44 Handbuch des Religionsunterrichts. Hamburg: Furche Verlag 1964 S.222.

dem Autor einer Kinderbibel „das Recht (und die Verantwortung) zu, ein Theologe zu sein."[45]

Diese Verantwortung ist nicht gering, wie sich gezeigt hat. Eine Nacherzählung kann mit ihren Mitteln einen biblischen Text in seinem Sinn erschließen und Mißverständnissen vorbeugen. Sie kann aber das Verständnis des Lesers auch in eine falsche Richtung lenken. Sie kann zu einem bloß naiven Annehmen des Erzählten verleiten (der Herr Jesus konnte das aber!), sie kann aber auch zum Nachdenken anstoßen und darauf vorbereiten, daß die biblische Geschichte auch einem reiferen, kritischeren Sinn in neuer Weise zugänglich bleibt.

Mit seinem eigenen Verständnis von einer Geschichte will der Erzähler dem Hörer einen Zugang zu den biblischen Texten erschließen. Dabei sollte er sich aber nicht hinter biblischer Autorität verstecken, sondern sich offen als der verantwortliche Erzähler zu erkennen geben. Er sollte so erzählen, daß für den Leser das erkennbar wird, was auf die Verantwortung des Autors geht. Der Leser soll nicht gezwungen werden, das Verständnis des Autors zu übernehmen, sondern ihm muß offen stehen, daran sein eigenes Verständnis in Nachdenken, Fragen und Widerspruch zu finden. Hierin aber sollte man gerade die Fähigkeiten von kindlichen Lesern nicht leichtfertig unterschätzen.

Deutlich wurde auch, daß die Beiziehung bibelwissenschaftlicher Grundfakten die erzählerische Arbeit nicht – wie oft befürchtet – erschwert, sondern im Gegenteil kräftig unterstützt. Sie hilft dem Kinderbibel-Autor, seine Erzählung auf den jeweils sehr besonderen Sinn eines biblischen Textes zu konzentrieren, seine eigenen Einfälle und Gedanken dazu sorgfältig zu prüfen und eine Brücke zum heutigen Leser zu schlagen. Wer den speziellen Zusammenhang und die besondere Grundstimmung einer Bibelgeschichte zu beachten gelernt hat, kann dann auch spannend und anschaulich erzählen. Jetzt wird auch verständlich, daß *Bibeltreue* oder Texttreue nicht einfach äußerliche Anlehnung an den Bibelwortlaut sein kann.

---

[45] In: WILLI SANDERS und KLAUS WEGENAST (Hg) S.64 A.24.

Texttreue beim biblischen Erzählen bedeutet vielmehr:

- den jeweils besonderen Sinn einer biblischen Erzählung nachzu-zeichnen statt ein verallgemeinerndes biblisches „Einerlei" zu produzieren.
- den Reichtum der biblischen Überlieferung darzubieten, der eben auch gerade in seiner Vielfalt besteht
- die biblischen Erzählungen als wirkliche Erzählungen und die bekannten und unbekannten biblischen Verfasser als wirkliche Schriftsteller zu verstehen geben.
Damit aber verbietet sich eine zusammenhanglose und harmonisie-rende Aneinanderreihung von biblischen Erzählstücken, wie sie in vielen Kinderbibeln zu finden ist.

Auf diese Weise muß auch schon die Kinderbibel einen Beitrag leisten zu einer vernünftigen biblischen Bildung, die Kindern und Jugendlichen wie Erwachsenen ein reifes Verhältnis zur biblischen Überlieferung offenhält.

Dem Geist, der Inspiration der Bibel sollen die Leser von Kinderbibeln nicht an der falschen Stelle begegnen, nicht bei einer gemachten äußeren wider-spruchsfreien Eintönigkeit, sondern bei einer inneren Einstimmigkeit, einer Evidenz, die gerade in der Besonderheit und Vielfalt biblischer Erzähler überzeugt.

8 Die Kinderbibeltheologie auf dem Prüfstand

> In diesem Kapitel wird untersucht:
> – Welches *Bild von Bibel* wird in Kinderbibeln vermittelt?
> – Wie ist in Kinderbibeln von *Gott* die Rede?
> – Welches Bild von *Jesus* zeichnen sie?
> – Wo tragen Kinderbibeln zu *antijüdischen Vorurteilen* bei?
> – Welche *Moral* wollen Kinderbibeln den Kindern vermitteln?

8.1 Die Kinderbibel – ein vom Himmel gefallenes Buch?

„Die Bibel erzählt" – so lautet eine beliebte Sprachfigur in Kinderbibeln[1]. Das klingt danach, als wäre „*die* Bibel" ein Subjekt für sich, eine eigene Handlungsperson, die selbst etwas tut, eben „erzählt" oder „berichtet". „Die Bibel" – was aber ist das für ein Buch? Wer hat sie gemacht und wie? Das bleibt für den Leser im Dunklen. Und wo die Autorenschaft der Bibel so im Dunklen bleibt, kann es Kinder vermuten lassen, ob es sich dabei nicht vielleicht direkt um Gott selber handeln möchte. So fragt ein Junge in den „Kinderbriefen an den lieben Gott":

> Lieber Gott,
> könntest du nicht noch mehr Geschichten schreiben? Wir haben schon alle gelesen, die du geschrieben hast, und fangen wieder von vorne an.
>
> Dein dich liebender Hans-Christoph.

Und ein anderer Junge äußert sich so:

> Lieber Gott,
> Dein Buch[2] ist sehr spannend.
> Ich mag Abenteuergeschichten gern.
> Du hast tolle Einfälle, ich möchte gerne wissen,
> wo du die her hast.
>
> Dein Leser Karl.

---

[1] So der Titel der Kinderbibel von K. EYKMAN. s. auch I. WETH S.9 und 285. Oder auch I. WILLER Bd 1 und Bd2 S.7: „Das Alte Testament erzählt" bzw. „Das Neue Testament berichtet".

[2] So kann denn auch A. DE VRIES von der Bibel als den „Büchern Gottes" sprechen (S.144).

146

Einzelgeschichten, oft ohne Zusammenhang untereinander, ohne Einleitung und Rahmen – das ist es, was viele Kinderbibeln ihren Lesern anbieten. Die Geschichten scheinen aus einem unbestimmten Irgendwoher zu kommen. So aber sind sie zeitlos wie die in Märchen- und Sagenbüchern oder in einem „Gute-Nacht-Buch" (so nennt ENID BLYTON bezeichnenderweise ihre Sammlung von 31 biblischen Geschichten)[3]. Bekannte Gleichnisse wie der barmherzige Samariter oder der Verlorene Sohn können dann auch als unbestimmte „Es war einmal"-Geschichten auftauchen (so bei ANNE DE VRIES oder ENID BLYTON). Sie sind anonyme Geschichten, die in überhaupt keinem erkennbaren Zusammenhang mit Jesus stehen.

8.1.1   Gottes Wort und Menschenworte

Die Bibel – ein Buch mit einem außergewöhnlichen, himmlischen Verfasser? Die Bibel – ein Buch mit Geschichten, die von irgendwoher, aus grauer Vorzeit, aus dem Märchenland „Es war einmal" kommen? Ein problematisches Bild von Bibel, das da am Anfang der Geschichte steht, die Kinder mit der Bibel vor sich haben.

Denn natürlich ist die Bibel kein vom Himmel gefallenes Buch. Sie ist vielmehr eine umfängliche Bibliothek von vielen sehr unterschiedlichen Büchern – in mehr als tausend Jahren gesammelt und niedergeschrieben. Viele Inhalte der Bibel – ursprünglich in mündlicher Erzählung entstanden – sind erst später in schriftliche Form gebracht und in größere Zusammenhänge (biblische Bücher wie etwa die vier Evangelien, die vielen unterschiedlichen Geschichtsbücher des Alten Testaments oder die Psalmensammlungen) aufgenommen.

Die Inhalte der Bibel erscheinen in sehr *verschiedener Form*: Nüchterne Gesetzestexte, Listen, Geschichtsberichte, Briefe mit theologischer Lehre, apokalyptische Zukunftsbilder. Dann aber der ganze Formenreichtum der Poesie: Romanhaftes wie das Familiendrama von Josef und seinen Brüdern, Liebesdichtung und Klagelieder, Anekdoten und Fabeln, Gleichnisse und Sprichwörter, Legenden und Märchenhaftes – alle Möglichkeiten, von Gott und der Welt zu erzählen, sind in der biblischen Überlieferung zu finden.

---

[3]   s. auch die Bibel-Ausgabe von EDDA und HORST KEIL: Breit aus die Flügel beide. Gute-Nacht-Geschichten aus der Bibel.

8.1.2 Die Bibel hat eine Mitte

So ist denn auch nicht alles in der Bibel in gleicher Weise für unseren Glauben wichtig. „Die verschiedenen Stimmen, die wir da (in der Bibel) hören, sind nicht von gleichem Gewicht. Es gibt eine grundlegende Stimme, die Worte Jesu; sie sind der cantus firmus, auf den alle anderen Stimmen bezogen sind, der *Maßstab*, an dem sie alle zu messen sind."[4] Der Glaube von Christen lebt nicht aus der ganzen Bibel: Viele Inhalte sprechen nicht mehr zu uns. LUTHER hat die in den Mosebüchern enthaltenen Gesetzestexte „den Sachsenspiegel der Juden", also ihr bürgerliches und Straf-Recht genannt; es hat für uns weithin nur noch geschichtliches Interesse – niemand würde etwa die Strafbestimmungen, die dort festgesetzt sind, noch in unserer Zeit anwenden wollen. Daß die Kriegszüge des Königs Saul „Heilige Kriege" im Auftrag Gottes gewesen sind, kann nicht mehr das Verständnis von Christen sein, die aus dem schrecklichen Verbrechen des letzten Krieges die Folgerung gezogen haben: „Krieg soll nach Gottes Willen nicht sein" (Weltkirchenkonferenz in Amsterdam 1948). Und gegenüber dem Jakobusbrief und der Johannesoffenbarung hatte LUTHER seine Zweifel, ob sie „Christum treiben" (also Christus zum Inhalt haben) und ob sie so mit Grund in die Bibel gehören.

Die Bibel mit ihren vielen unterschiedlichen Schriften ist ein durchweg menschliches Buch – wie Jesus ein menschlicher Mensch ist: Ecce homo – siehe – der Mensch! Die biblischen Schriftsteller, bekannte wie unbekannte, waren nicht bloßes Sprachrohr oder Schreibgriffel für ein göttliches Wort-für-Wort-Diktat, sondern Menschen wie andere Schriftsteller auch, Menschen aber mit einem besonderen Thema, einer besonderen Erfahrung, die sie zu uns bringen wollten: von ihren Gottes- und Jesuserfahrungen angetriebene, „inspirierte" Menschen.

So sollten auch Kinderbibeln in ihrer Gestaltung dazu beitragen, daß Kinder nicht mit einem ganz unrealistischen, mythischen Bild von diesem Buch beginnen, das später einmal schwer zu korrigieren ist. Sie sollten gewissermaßen auf der Erde bleiben, wenn sie ihren Lesern die durchgehende Stimme, den Geist der in der Bibel zusammengebrachten Schriften, ihrer Erzählungen, Lieder, Briefe, Sprichwörter nahebringen wollen. Das will sagen: Eine Kinderbibel sollte nicht hochgestelzt einhergehen und sich mit dem Mantel mythischer Autorität schmücken: Auch wo sie gut ist, bleibt sie ein Buch mit seinen Widersprüchen – wie die Bibel selbst. Sie ist kein „heiliges" Buch, an dem man Buchstabenglauben lernen sollte, sondern ein Buch,

---

4   INGO BALDERMANN 1980 S.99.

148

aus dem der Glaube des Kindes sich entwickeln kann, wenn es darin dem Geist und Sinn Jesu begegnet und so der Botschaft von dem Gott, der uns nahe sein will. Sie ist darum auch ein Buch, das man neubearbeiten und verbessern kann.

8.1.3   Die alte ANNE DE VRIES-Kinderbibel in neuem Gewand

Dies hat nun vor einigen Jahren der Friedrich Bahn Verlag mit der ANNE DE VRIES-Kinderbibel getan und sie in einer gründlichen Neubearbeitung herausgebracht[5]. Dazu bestand Anlaß, war doch diese Bibel in ihrer bisherigen Form ständig auch grundlegender theologischer und pädagogischer Kritik ausgesetzt gewesen. Kritisiert wurden besonders die zahllosen umfangreichen Ausschmückungen. Darin fanden sich viele theologisierende und moralisierende Kommentare, die sachlich sehr fraglich waren und in ihrer Unzahl und Übertreibung oft recht penetrant auf den Leser wirkten. Eine fragwürdige Straf- und Opfertheologie wurde in alle möglichen biblischen Geschichten hineingesehen, eine problematische Gehorsamkeits- und Dankbarkeitsideologie vielen Geschichten aufgedrängt.
Daraus ist natürlich keine völlig andere Kinderbibel entstanden. Immerhin aber hat die kritische Durcharbeitung der de VRIESschen Kinderbibel – in Grenzen zwar – zu teilweise eingreifenden Veränderungen geführt (und führen müssen):
Der *Erzählstil* ist lebendiger und frischer geworden (Gegenwart statt Vergangenheit, Wegfall oder Ersatz von überflüssigen und störenden Eigenschaftswörtern wie glücklich, prächtig, herrlich, wunderschön, böse, schlimm usw.; trotzdem bleiben noch genug solcher Adjektive übrig). An vielen Stellen ist die Neuausgabe wieder näher am eigentlichen Bibeltext. Das überhäufige formelhafte „der *Herr* Jesus" ist ausgewechselt gegen das einfache „Jesus".

8.1.4   Die neue ANNE DE VRIES-Bibel – ein „verkürztes Soft-Evangelium"?

Allen Verbesserungen zum Trotz hat nun aber diese Neuausgabe keinen ungeteilten Gefallen in evangelikalen Kreisen gefunden. Als „Manipulationen" wurden die sehr überlegten Veränderungen in der neubearbeiteten DE VRIESschen Kinderbibel abgeurteilt: Es solle „hier nicht mehr das biblische

---

5   ANNE DE VRIES ab 1989.

Gottesbild in die Herzen der Kinder gegeben werden von einem für uns sorgenden, liebenden, gütigen himmlischen Vater, ...das Alte Testament soll nicht mehr auf den kommenden Welterlöser hinweisen und das Neue Testament nicht mehr vom stellvertretenden Opfer auf Golgatha reden ..." (SAMUEL KÜLLING)[6]. Andere haben sich dieser Kritik angeschlossen und die neue de Vries-Kinderbibel kurzerhand als „ein verkürztes Softevangelium" abgewertet.[7]

Soll jetzt etwa nicht nur die Bibel mit allen ihren Buchstaben heilig und unantastbar sein, sondern nun auch in gleicher Weise eine (bestimmte) Kinderbibel? Dieser Eindruck drängt sich dem Beobachter auf und dazu der Verdacht, die evangelikalen Kritiker hätten nur gezählt und aufgelistet, wie oft etwas in der Neuausgabe gestrichen ist, und aus den so addierten Fehlanzeigen dann den vorschnellen Schluß gezogen, es handele sich bei der überarbeiteten ANNE DE VRIES-Kinderbibel um „eine geistliche Fast-food".

Denn in ihren Grundintentionen und -anschauungen ist die ANNE DE VRIES-Kinderbibel auch nach der Neubearbeitung durchaus dieselbe geblieben: an Opfer- und Straftheologie, an Gehorsams-, Fleiß- und Dankbarkeitsmoral u.a.m. findet sich immer noch genug. Sie bringt dies nur dezenter und leserfreundlicher zum Ausdruck. Und insofern bleiben ernsthafte kritische Bedenken – freilich anderer Art als die von evangelikaler Seite.

8.1.5   Auch Kinderbibeln sind Übersetzungen

SAMUEL KÜLLING suchte nach einem Leser, der begabt wäre, „eine neue Kinderbibel (mit Illustrationen) zu schreiben – im Sinne des vollgültigen Wortes Gottes – oder der wenigstens mithilft, daß die alte, unrevidierte Fassung neu herausgegeben wird."[8] „Wort Gottes" aber haben wir nur „in, mit und unter" menschlichem Wort, den ganz und gar menschlichen Wörtern

---

6   „Muß die Bibelkritik nun auch in Kinderbibeln Eingang finden? Manipulationen der neuen Kinderbibel von ANNE DE VRIES, Ausgabe 1989." Fundamentum. Zeitschrift der Freien Evangelisch-Theologischen Akademie Basel Nr.3/91 S.35ff. Diese Kritik ist in zahlreichen anderen Veröffentlichungen aus fundamentalistischen Kreisen wiederholt worden.

7   So z.B. MARTIN KUGELE in der Zeitschrift „Hoffen und Handeln". Östringen Nr.9/92 S.10.

8   Man kann sich hier an den Streit um die letzte Revision der Lutherbibel (1984) erinnert fühlen. Auch da gab es immer wieder Stimmen, die in jeder Revision eine Verschlechterung fürchteten, als habe die Lutherbibel ein für allemal den „vollgültigen" Ausdruck des Wortes Gottes in deutscher Sprache gefunden. In Wahrheit war der Text, der revidiert werden mußte, selber schon vielfach verändert und nur zwei Generationen alt (Letzte Revision von 1912)!

der biblischen Schriften. Wer ihre Texte in einer Kinderbibel-Ausgabe nacherzählt, überführt „einen vorgegebenen Text in eine neue Sprachform" und das ist immer „ein Akt der Auslegung", wie der Religionspädagoge GERT OTTO feststellte[9]. Daher kann ein Kinderbibel-Text auch nicht als sakrosankt, also als jeder Kontrolle entzogen gelten. Auch Bibelübersetzungen – etwa die LUTHERbibel – sind dies nicht. Wie sie so sind auch Kinderbibeln in ihrer Weise „*Übersetzungen*", die „in, mit und unter" der Nacherzählung des jeweiligen Verfassers den Geist (und nicht etwa nur die Buchstaben) biblischer Texte zum Leser bringen wollen.

Wie man an der ANNE DE VRIESschen Kinderbibel überdeutlich sehen konnte, wiederholen Kinderbibeln also nicht einfach den originalen Text aus der deutschsprachigen Bibel – dann wären sie ja auch überflüssig: Sie vermitteln ihn vielmehr – abgestimmt auf das Interesse und das Verständnis einer bestimmten Zielgruppe jüngerer oder heranwachsender Kinder – in erzählerischer Form und dies in Wort und Bild. Diese erzählerische Neugestaltung aber trägt die Farben ihres jeweiligen Autors: Welches Verständnis von einer Geschichte, welche Vorstellungen über Gott und Jesus hat er bzw. sie selber? Hier fällt oftmals biblische Wahrheit nicht so sehr einer bewußt angestrebten *Kindgemäßheit* zum Opfer, sondern den theologischen Lieblingsgedanken eines Verfassers, die er in die von ihm nacherzählten biblischen Texte hineinsieht. Manches, was in Kinderbibeln zur biblischen Wahrheit erklärt wird, liegt denn auch weit ab vom Kern einer Geschichte.

In den Nacherzählungen, speziell auch in den kommentierenden Zusammenfassungen am Schluß einer Geschichte, wird aber auch sichtbar, was für eine Vorstellung die AutorInnen von den Lesern, vom Kind, vom guten bzw. bösen Kind haben: eben „die Moral von der Geschicht'", deren Verknüpfung mit den biblischen Texten auf eine lange Tradition in den Kinderbibeln zurücksehen kann. Beides aber – *Theologie* wie *pädagogische Moral* einer Kinderbibel – sollte darum einer verantwortlichen *theologischen Sachkontrolle* unterzogen werden.

8.2   Wie wird von Gott geredet?

8.2.1 Geschichten von oben oder von unten?

Der Evangelist Mattäus überliefert in der Bergpredigt die Mahnung Jesu zum Verzicht auf Vergeltung und zur Feindesliebe. Sie ist verbunden mit

---

9   a.a.O. S.222 (s.o. Kap.7.7 S.143).

dem Hinweis auf den Vater im Himmel, der in seiner Güte zwischen den Menschen keine Unterschiede macht, sondern „seine Sonne aufgehen läßt über die Bösen und Guten und regnen läßt über Gerechte und Ungerechte." (Mattäus 5,45) – In vielen Kinderbibeln dagegen finden wir einen ganz anderen Gott dargestellt: Dort ist Gott parteiisch. Er liebt, belohnt und schützt die Guten und straft und vernichtet die Bösen.

Ein Kinderbibel-Autor kann aber einer entscheidenden Frage nicht ausweichen, vor die viele biblische Geschichten den heutigen Erzähler stellen: Wie will er von Gott erzählen? Welches Bild von Gott will er dem Leser malen? Dies ist z.B. bei der Geschichte von Kain und Abel der Fall. Der biblische Text erzählt so:

> Und der Herr sah gnädig an Abel und sein Opfer, aber Kain und sein Opfer sah er nicht gnädig an. (1.Mose 4,4f)

Wie erzählt man davon? Hier muß sich ein Autor entscheiden, welchen Gott er den Kindern in einer solchen Geschichte nahe bringen will. Ob es ein Gott ist, der das Opfer des einen dem des anderen parteiisch vorzieht? Oder ein Gott, der selbst Kain nicht fallen läßt, sondern ihn mit einem Schutzzeichen versieht? Und: Will man aus der *Perspektive von Oben* erzählen, die der biblische Erzähler gewählt hatte, oder *von Unten* aus dem Blickwinkel der Menschen, die im biblischen Text auftreten?

ANNE DE VRIES hat sich für die himmlische Perspektive entschieden und läßt uns noch mehr über Gott wissen, als die alte Geschichte selber sagt:

> Aber Gott sah wohl, was Kain dachte. Er sah, daß Kain ihn nicht liebhatte. Und darum wollte er Kains Opfer nicht annehmen.

Damit scheint Gott in seiner Wahl, die gegen Kain ausfällt, vor dem Leser gerechtfertigt. Es ist damit alles in Ordnung! – Darüber hinaus gerät die Erzählung in ihrem Fortgang in der Feder dieses Kinderbibel-Autors zu einer Strafgeschichte: Kain trifft nach dem Mord an seinem Bruder das absolute Urteil Gottes: „Ich will nichts mehr von dir wissen"[10]. Konsequent ist dann auch die Verleihung des göttlichen Schutzmals an Kain gestrichen: Sie paßt nicht zu dem Strafgott.

Dagegen wählt WERNER LAUBI zu derselben Geschichte die *Perspektive von unten*:

---

[10]   Unveränderte Ausgabe bis 1989.

Kain jedoch konnte beim Opfern nicht froh werden. *Er* dachte: „Gott gefällt mein Opfer nicht. Aber am Opfer meines Bruders hat er Freude."[11]

Diesen Strafgott finden wir auch an anderen Stellen in Kinderbibeln. So heißt es bei ANNE DE VRIES z.B. über das Schicksal der Menschen in Sodom: „Jetzt waren all die schlechten Menschen tot. Gott hatte sie [für ihre Sünden] *bestraft*." Auch Lots Frau wird „furchtbar *bestraft*": Sie war auf der Stelle tot, denn sie dachte – wie der Autor weiß – nur an ihr Haus und Geld und konnte sich nicht davon trennen.[12] Noch direkter ist hier EMMA WITTMANN[13]:

> Lots Frau ist auch nicht gerettet worden. Sie war dem Befehl des Engels ungehorsam gewesen und hatte sich umgeschaut.
>
> „Da *machte* es *Gott* [Kein Wort davon in der Originalgeschichte 1.Mose19,26, daß Gott die Versteinerung von Lots Frau verursacht habe!], daß sie kein Glied mehr rühren und keinen Schritt mehr weitergehen konnte; sie mußte auf dem Platz, wo sie sich umgeschaut hatte, stehenbleiben."

Da dachte Gott, da machte Gott – wer so ungebrochen direkt Gott als unmittelbare Handlungsfigur in Geschichten auftreten läßt, provoziert in den Lesern die Vorstellung: Gott ist eine Erscheinung unserer Außenwelt, von der man – wie von anderen Dingen – feststellen könnte: Es gibt ihn oder es gibt ihn nicht.[14] Die Frage ist jedoch: Wie müssen wir diese Geschichten nehmen – als Geschichten, die uns direkt über Gott aufklären, über sein Verhalten, seine Gedanken und Absichten: also *als Geschichten von „oben"*?
Dann freilich verbieten sich für den Leser jede Frage, jeder Zweifel und jeder Einspruch – er muß die Geschichte so hinnehmen, wie sie da steht. Und ebenso muß es nun auch der kindliche Leser mit der Nacherzählung halten, wie sie ihm in seiner Kinderbibel vorliegt: So grausam, so unmenschlich (!) kann Gott eben – auch – sein. Soll der Leser das wirklich lernen!?[15]

---

[11] S.12. Ähnlich EYKMAN S.219.
[12] DE VRIES 1992 S.28f.
[13] S. 45.
[14] Vgl. dazu die lapidare Feststellung DIETRICH BONHOEFFERs: „Einen Gott, den es gibt, gibt es nicht."
[15] An dieser Stelle wird gern sehr undifferenziert mit der LUTHERschen Rede vom deus absconditus (dem verborgenen Gott) und dem deus revelatus (dem in Christus offenbaren Gott) operiert. Aber auch LUTHER – so meine ich – wollte damit keine Theologie von oben betreiben. Ich verstehe diese Redefigur als seinen Versuch, die Widersprüchlichkeit menschlicher Gotteserfahrung auf den (theologischen) Begriff zu bringen. Ziel des LUTHERschen Gedankens ist, daß sich diese Widersprüchlichkeit nur klärt, wenn wir – allen dunklen Erfahrungen mit Gott zum Trotz – unsere Zuflucht bei dem deus in Christo revelatus suchen: Dort ist die Ambivalenz menschlicher Gotteserfahrung „aufgehoben".

Oder sollen wir solche Erzählungen nicht eher als *Geschichten „von unten"* begreifen, als Geschichten also, die uns die vielfältigen, unterschiedlichen und auch widersprüchlichen Glaubenserfahrungen vermitteln, wie sie Menschen mit Gott gemacht haben? Hier wird nicht verdeckt: Menschen machen mit Gott auch sehr zwiespältige, sehr rätselhafte, sehr unheimliche Erfahrungen. Erfahrungen, die dazu verleiten zu denken: Gott ist nicht da, Gott hört nicht, Gott straft. Dem ist wirklich so. Doch das bleibt nicht der Schlußpunkt: Die Geschichten erzählen auch von der Auseinandersetzung, von dem Kampf mit solchen Erfahrungen. Am Ende lösen sie sich z.B. für den Beter des Klagepsalms auf in dem Gedenken an den Gott, der die Hoffnung der Väter war und ihnen heraushalf: Der hatte den Beter schon aus dem Leibe der Mutter gezogen und ließ ihn an ihrer Brust geborgen sein (Psalm 22,5f und 10). Am Ende haben sich solche zwiespältigen Erfahrungen gelöst, sie sind eindeutig geworden in Christus, der uns „das Ebenbild des unsichtbaren Gottes" ist (Kolosser 1,15).

Ja auch die Geschichten selbst können von solcher Lösung erzählen. Es bleibt etwa in der Geschichte von Isaaks Opferung ja nicht bei dem Bild des versucherischen Gottes: Am Ende steht der Engel, der Abraham in den Arm fällt und ihn von dem mörderischen Opfer zurückhält. Abraham bekommt zu sehen, was er vorher nicht sah, worauf aber – ihm unbewußt – schon unterwegs sein Vertrauen ging: das Schaf, das Gott sich zum Brandopfer ersehen hatte.[16]

8.2.2 Die Sintflut – oder: Wie Noah gerettet wird?

In keiner Kinderbibel fehlt die Geschichte von Noah und der großen Flut. Darüber hinaus gibt es eine Fülle von Bilderbüchern, die ebenfalls diese Geschichte zum Gegenstand haben. Das hängt sicher mit den freundlichen Seiten zusammen, die diese Geschichte aufweist: Die Menge der Tiere, die einen ganzen Zoo füllen könnten und immer von neuem Anlaß zu farbenfrohen, lebensvollen Buchillustrationen und Kindermalereien bieten: die abenteuerliche Fahrt mit der Arche, das Bild des Regenbogens, das uns heute zum Symbol für den Frieden mit der Natur geworden ist, und manches Andere.

Aber da ist natürlich auch die Schattenseite: die unterschiedslose Vernichtung der vielen Menschen, die ja auch in manchen Bibelillustrationen recht

---

16   s. näher dazu Kap. 9.2 S.178ff.

genußvoll ausgemalt erscheint[17]. Auf solches Katastrophenbild können gerade kindliche Leser mit Äußerungen von Mitgefühl bis Protest reagieren, sofern sie noch nicht widerspruchlos alles in Ordnung finden, nur weil es zwischen den Buchdeckeln der Bibel steht.

Von welcher Seite her erzählt ein Kinderbibel-Autor diese Geschichte? Nimmt er seinen Ausgangspunkt beim *Anfang*, bei dem Gott, den es „reut, daß er die Menschen gemacht hatte auf Erden", und der sprach: „Ich will die Menschen, die ich geschaffen habe, vertilgen von der Erde"? Oder läßt er die Geschichte *im Lichte ihres Endes*, im Lichte des Versprechens sehen, das Gott dem Noah und der Welt gibt (1.Mose 8,21f):

> „Ich will hinfort nicht mehr die Erde verfluchen um der Menschen willen. Ich will hinfort nicht mehr schlagen alles, was da lebt, wie ich getan habe. Solange die Erde steht, soll nicht aufhören Saat und Ernte, Frost und Hitze, Sommer und Winter, Tag und Nacht"?

Auch diese Geschichte hat eine *zwiespältige Gotteserfahrung* zum Inhalt: Die arbeitet der biblische Erzähler an dieser schon ihm überlieferten alten Sintflutgeschichte durch. Dabei erinnern die Bilder dieser Geschichte an Gefühle, denen die Angst- und Vertrauensbilder von Klagepsalmen wie z.B. Psalm 69 Ausdruck verleihen:

> Gott, hilf mir,
> denn das Wasser geht mir bis an die Kehle.
> Ich versinke in tiefem Schlamm,
> wo kein Grund ist;
> ich bin in tiefe Wasser geraten,
> und die Flut will mich ersäufen.
> Ich habe mich müde geschrien,
> mein Hals ist heiser.
> Meine Augen sind trübe geworden, weil ich so lange harren muß auf meinen Gott
> …
>
> Ich aber bete zu dir, Herr, zur Zeit der Gnade;
> Gott, nach deiner großen Güte erhöre mich mit deiner treuen Hilfe.
> Errette mich aus dem Schlamm,
> daß ich nicht versinke,
> daß ich errettet werde …

---

[17] s. z.B. SCHNORR VON CAROLSFELD a.a.O., der der „Sündfluth" ein eigenes Bild (Nr.17) gewidmet hat.

aus den tiefen Wassern,
daß mich die Flut nicht ersäufe
und die Tiefe nicht verschlinge.
Erhöre mich, Herr, denn deine Güte ist tröstlich;
Verbirg dein Antlitz nicht vor deinem Knechte,
denn mir ist angst; erhöre mich eilends.

Nicht wird hier appelliert an Gottes *Allmacht*, die Wasser und Flut über die Erde bringt, sondern an seine *Güte*. Hinter den Klageworten steht das Bild des *Schöpfers*, der durch seine Himmelsfeste die Wasser voneinander schied und sie dann vom Trockenen trennte: Erde und Meer. Wie kann er dann die Welt und das Leben des Beters wieder dem Chaos überlassen? Unmöglich! Hier ist keine Rede davon, daß Gott selbst heimlich das Unglück arrangiert, das über den Beter hereingebrochen ist. Nein – anders: Gott steht auf der Seite des in seinem Leben Bedrohten: Ihn soll und wird er retten – wie er es mit Noah getan hat.[18]

Die Noah-Geschichte zwingt den Nacherzähler und Kinderbibel-Autor zu einer Entscheidung: Je nachdem wo er dabei seinen Ausgangspunkt nimmt, stellt er dem Leser *einen anderen Gott* dar: Der Gott, der die Menschen vertilgen will, ist nicht derselbe wie der, der als Zeichen seiner verläßlichen Treue den Regenbogen an den Himmel zeichnet. Wo legt man den Akzent hin: Ist dies eine *Strafgeschichte*, wie der allmächtige Gott die bösen Menschen vernichtet und den einen Guten belohnt? Oder ist es eine *Glaubensgeschichte* darüber, wie Noah neues Vertrauen zu Gott gewinnt: Gott, der die große Weltkatastrophe im letzten Moment noch abwendet und die Erde bewahren will – und das gilt, wie wir heute sehen, sogar gegen die zerstörerischen Tendenzen der Menschen selbst?

ANNELIESE POKRANDT läßt die Sintfluterzählung in dieser Weise verstehen und gibt ihr darum den positiven Titel: Die Menschen erzählten sich, wie Gott Noach retten wollte. Und WILFRIED PIOCH hat sich in seiner Kinderbibel dazu entschlossen, den Hinweis des biblischen Erzählers auf den Vernichtungsbeschluß Gottes ganz wegzulassen. Die beigefügte einzige Illustration zu dieser Geschichte setzt dann ebenfalls den Akzent auf die Rettung: Sie läßt uns den glücklichen Auszug aus der Arche unter dem Zeichen des Regenbogens sehen.

---

18 INGO BALDERMANN (1986) berichtet sehr eindrücklich von Erfahrungen, wie „Kinder sich selbst in den Psalmen entdecken" und an der Sprache der Psalmen Worte für ihre Erfahrungen von Angst und Mut finden.

8.2.3   Gott denkt – oder denkt der Autor, daß Gott denkt?

Mancher Kinderbibel-Autor gibt sich gegenüber seinen Lesern den Anschein, als verfüge er über eine ganz besondere Fähigkeit, nämlich die, Gottes Gedanken lesen zu können. So erfahren wir z.B. zu der Sündenfallgeschichte, daß Gott die Menschen auf die Probe stellen wollte :

> Gott wollte, daß die Menschen ihm vertrauen und auch befolgen, was er ihnen sagt. Gott wußte aber nicht[!], ob er sich auch wirklich auf die Menschen verlassen konnte. Das hat Gott dann sehr bald erfahren. Es gab nämlich einen Baum …[19]

Wo hier nicht Vorsicht und theologische Disziplin herrscht, läßt sich ein Autor gern dazu verführen, seine eigenen Gedanken als Gottes Gedanken auszugeben. Beispiel war schon JÖRG ZINKs Version der Schöpfungserzählung, der er seine eigene Schöpfungstheologie unterlegt: Bewahrung der Schöpfung und Frieden mit der Natur – diese Leitworte stehen hinter Gottes Schöpfungswalten.[20]

Auch die Geschichte von Isaaks Opferung verleitet immer wieder Erzähler dazu, sich in Gottes Gedanken hineinzuversetzen. Wo die biblische Erzählung spröde und karg schildert: „Nach all diesen Geschichten versuchte Gott Abraham …" – da wissen Kinderbibelautoren oft mehr. So erzählt EMMA WITTMANN:

> Er wollte wissen, ob Abraham ihm auch jetzt noch gehorchen könnte wie damals, als er ihn aus seinem Vaterland gerufen hatte, und ob er ihn jetzt lieber hätte, als alles auf der Welt, sogar lieber als seinen Sohn Isaak …[21]

Diese Autorin ist auch an anderer Stelle ganz besonders fantasievoll, wenn es darum geht, Gottes Gedanken zu lesen. So leitet sie die Verkündigung der Geburt Jesu mit folgenden „göttlichen" Überlegungen ein:

> Gott hätte seinen Sohn nun als mächtigen, reichen Herrn senden könnne. Das tat er aber nicht. Nein, Gott wollte seinen Sohn als armes kleines Kindlein [!] zur Erde schicken, damit alle armen und kleinen Menschen den Weg zu ihm finden könnten. Vor einem reichen und vornehmen Mann hätten sie sich doch nur gefürchtet …[22]

---

[19] WILFRIED PIOCH: S.13f.
[20] s.o. Kap 6.4.1 S.93f.
[21] S.45.
[22] S.140.

Ist dies schon eine problematische Theologie über Jesus, die ihn als Kind, das vom Himmel auf die Erde „geschickt" worden ist, statt als „mächtigen, reichen Herrn" verkleidet erscheinen läßt, so macht die Autorin darüber hinaus den Leser denken, daß sie über besondere Fähigkeiten verfügen muß, wenn sie sich so gut bei Gott auskennt. Wie anders schon würden diese Gedanken E.WITTMANNs klingen, wenn sie sich mit einem deutlichen „*Ich*" zu ihnen als ihren eigenen Ideen bekennen würde: „Ich denke, Gott hätte seinen Sohn nun als mächtigen, reichen Herrn senden können ..."

Es ist deutlich, daß hinter jeder dieser Nacherzählungen ein anderes Gottesbild, eine sehr andere „Theo"logie, steckt. Das vermittelt der Kinderbibelautor je nachdem mit seiner Nacherzählung ebenfalls an den Leser. Was es ist, dafür trägt er eben eine theologische Verantwortung, um die er nicht herumkommt selbst dann, wenn er nur den Wortlaut aus der LUTHERbibel zitieren würde.

Ein Autor sollte dabei seine erzählerische Verantwortung deutlich machen und nicht seine Gedanken hinter Gott verstecken oder als biblische Botschaft tarnen. Auch wo biblische Erzähler und Schriftsteller in einer Unbefangenheit, die uns in dieser Weise erzählerisch nicht mehr möglich ist, unvermittelt direkt von Gott erzählen können: „Gott dachte, Gott sagte, Gott machte ...", muß ein Kinderbibel-Autor sich doch durch ein theologisch reflektiertes Verständnis solcher Sprachfiguren leiten lassen: „Niemand hat Gott je gesehen ..." (Johannes 1,18). Ihm muß bewußt sein, daß die biblischen Geschichten uns Gott nur in der Glaubenserfahrung von Menschen „sehen" lassen, und dies auch in der Art seiner Nacherzählung zum Ausdruck bringen.

8.3 Der „Herr Jesus" oder?

8.3.1 Der Herr Jesus kann alles

Die Kinderbibel von ANNE DE VRIES stellt Jesus den Lesern eindeutig als etwas Besonderes vor: Es ist der „*Herr* Jesus", von dem in ihr durchgehend die Rede war.[23] Als Folge davon lautet denn oft die Botschaft, die die Wundergeschichten den Lesern vermitteln: Der Herr Jesus kann alles!

---

23 „Der Herr Jesus" war die durchgängige Jesus-Benennung in der DE VRIESschen Kinderbibel bis 1989. Die Neubearbeitung hat diesen klischeehaft wirkenden Titel zwar aufgegeben, nicht aber die dahinter stehende theologische Tendenz. INGO BALDERMANN (1980 S.27) meint, es sei eigenartig, daß sich ausgerechnet die freudlose Gottesbezeichnung „Herr" so weitgehend im christlichen Sprachgebrauch durchgesetzt hat.

Der Glaube der Betroffenen, also z.B. des Jairus oder des blinden Barti-
mäus, kann dann beschrieben werden als das Zutrauen in die Wunderkraft
Jesu: „Aber Jesus *kann* machen, daß doch *noch alles gut wird"* – so denkt
Jairus auf die Nachricht vom Tod seiner Tochter. Entsprechend läßt A. DE
VRIES Jesus zu Bartimäus sagen:

> „Werde sehend! Du hast geglaubt, daß ich dich *gesund machen kann* und darum
> [zur Belohnung für diesen Glauben?] tue ich es auch."[24]

Und am Ende der Geschichte von dem Jüngling zu Nain denken wieder alle
Menschen:

> Wie gut ist Gott zu uns, daß er uns Jesus gesandt hat. Und im ganzen Land er-
> zählten sie, wie *mächtig* Jesus war und daß er sogar [!] einen Toten wieder leben-
> dig gemacht hatte.[25]

So erscheint als Spitze aller Wunder, die der „Herr Jesus" „machen kann":
Tote wieder lebendig machen! Und in der Geschichte vom Seewandel sind
es geradezu übernatürliche Fähigkeiten, die Jesus zugeschrieben werden:

> „Aber er hatte seine Jünger nicht vergessen und sah sie auch im Dunkeln. Der
> Herr Jesus konnte direkt durch die Finsternis sehen."

Am Ende bekennen sich denn auch die Jünger ausdrücklich zu dieser Wunder*mächtigkeit* Jesu:

> … auf einmal wurde es ganz still!
>
> Der Wind wehte nicht mehr.
>
> Die Wellen schlugen nicht mehr gegen das Schiff. Der Wind und die Wellen
> wußten, wer jetzt im Schiff war.
>
> Und die Jünger wußten es auch.
>
> Sie fielen vor Jesus auf die Knie nieder und sagten ganz andächtig: „O Herr, wie
> *mächtig* bist du! Du bist der Sohn des lebendigen Gottes …"

Die alte Version setzte an dieser Stelle fort und wendete sich mit einem sug-
gestiven „Du" direkt an den Leser:

> „… und du kannst immer für uns sorgen." Ja, nun wußten sie es genau.
>
> Ja, wenn der Herr *dein* Freund ist, dann bist *du* immer sicher. Dann brauchst *du*
> nie mehr Angst zu haben.[26]

---

24 S.199.
25 S.176.
26 S.184f. (Alte Version. Die Neuausgabe hat den letzten Satz weggelassen, so daß der
    Leser nicht unbedingt zu einem mirakelhaften Mißverständnis genötigt wird).

Gefährliche Versprechungen sind es, die hier dem Leser vorgespiegelt werden. Sie gehen weit über das hinaus, was in Wahrheit einem Christen versprochen ist: „In der Welt habt ihr Angst, aber seid getrost, ich habe die Welt überwunden", diese Gewißheit läßt der Christus des Johannesevangeliums seinen Jüngern zum Abschied (Johannes 16,33). Die Neubearbeitung der ANNE DE VRIES-Bibel ist in diesem Punkt denn auch bescheidener und läßt die Anrede an den Leser weg.

Ein ähnliches Bild von Jesus als Wundermann malt auch ENID BLYTON mit ihren biblischen Geschichten. Hier erzählt z.B. der Junge aus der Speisungsgeschichte nach Johannes 6,2–14 seiner Mutter:

> „Da kommt ein *wunderbarer Mann*, den sie Jesus nennen, und die Leute folgen ihm, denn er tut große Dinge. Er heilt Menschen, die krank sind. Er erweckt sogar Tote zum Leben. Mutter, bitte, laß mich gehen und ihn sehen!"

Die Mutter gibt ihm dann etwas zu essen mit: die zwei Fische und fünf Brote. Und der Junge denkt am Ende der Geschichte:

> „Ich gab sie Jesus, und er nahm sie und wirkte ein *Wunder* mit ihnen. Oh, was wird die Mutter sagen, wenn sie *diese wunderbare Sache* hört! Das ist der größte Tag meines Lebens!"[27]

Entsprechend nennt die Autorin in ihren Nacherzählungen Jesus immer wiederholt „den großen und *wunderbaren Heiler*", den „*Wunderheiler* Jesus" oder „den *wunderbaren Meister*".

Diese so nachdrückliche Betonung des Wunderhaften ist doppelt problematisch: Zum einen erweckt sie – dem Sinn der evangelischen Geschichten entgegen – beim Leser das Bild, die Wunder wären *um ihrer selbst* willen, als bloße Wunder, *wichtig* (und je größer und ungewöhnlicher, um so wichtiger!) und verdeckt so den Blick dafür, daß „Jesus selber das Wunder ist."[28] Denn im Zusammenhang der Evangelien wollen sie gelesen werden als Symbole, Hinweise, *Zeichen für unvergleichlich Wichtigeres* – nämlich dafür daß in Jesus Gottes Reich nahe gekommen ist. Zeichen auch, die nicht automatisch für sich selbst sprechen, sondern umstritten sind. Sie bleiben unverstanden für einen Wunderglauben, der nur „glauben" will, weil er sieht. Der Jesus nur glaubt, weil er und solange er Wunder tut, und daher von ihm immer wieder neue Zeichen und Wunder als Glaubensbeweis fordern muß. Und der noch heute das Fürwahrhalten von Wundern zum besonderen Kennzeichen des Glaubens erheben will.

---

27 S.31ff.
28 WULLSCHLEGER S.112.

160

Sodann aber ist diese Überbetonung des Wunderhaften besonders in einer Bibel für Kinder höchst fragwürdig: Zwar mag im Moment der kindliche Leser dies so hinnehmen. Später jedoch muß er damit in erhebliche Schwierigkeiten geraten, wenn sich bei ihm ein kritischeres Verhältnis zu Erzähltem entwickelt.

8.3.2 „Wahr' Mensch und wahrer Gott"

Des weiteren aber wird für den Leser auf diese Weise Jesu Menschlichkeit zu bloßem äußerlichen Schein. Und so ist denn auch als Einleitung zur Erzählung vom zwölfjährigen Jesus im Tempel in einer Kinderbibel zu lesen:

> Er [Jesus] *sah so aus* wie jeder andere, genau wie alle Jungen. Aber er *war* doch anders. Er tat nie etwas Böses. Er war ein heiliges Kind. Das kam daher, daß er der Sohn Gottes war. Gott im Himmel war sein Vater.
>
> Das wußten die Menschen nicht. Die dachten, daß Joseph sein Vater sei.[29]

„Gott war in Christus", „Christus – das Ebenbild Gottes" (2.Korinther 5,19 und Kolosser 1,15) – dieser Glaube daran, daß Gott im Leben Jesu anwesend war, findet seinen Anhalt und seinen Ausdruck jedoch keineswegs in erster Linie oder gar ausschließlich in großen Wundergeschichten. Die Glaubensformel „Wahrhaftiger Gott und auch wahrhaftiger Mensch" (LUTHERs Katechismuserklärung) darf nicht so verstanden werden, als habe die Person Jesu beides halb und halb zu gleichen Teilen in sich. Vielmehr ist ihr Sinn, „daß wir in ihm wahrhaftig Gott erkennen, aber nur, sofern wir ihn wahrhaftig Mensch sein lassen. Es ist der wirkliche Mensch Jesus von Nazareth, der uns das Angesicht Gottes erkennen läßt", formuliert BALDERMANN[30]. Seine Folgerung daraus: „Für den Umgang mit der Christologie heißt das, daß wir den Kindern Jesus als einen wirklichen Menschen vorstellen und alles vermeiden müssen, was ihn in die zweifelhafte Sphäre der Halbgötter abheben läßt." Es gibt keinen Zugang zur Offenbarung an dem Menschen Jesus vorbei.[31]

---

29 So ANNE DE VRIES 1963 S.162. Die Neubearbeitung hat nur unwesentlich geändert. – Die Alte Kirche hielt diese Vorstellung, die die Menschlichkeit Jesu zum bloßen „Schein" („Er sah so aus") machte, für eine „Irrlehre", den sog. Doketismus.

30 1991 S.100f.

31 „Durch sie [die Menschheit Jesu] werden wir hingerissen in den unsichtbaren Vater und verwundern uns seiner, daß er uns solche große Dinge mit uns hören tun durch dieselbige Menschheit Christi. Und das ist die einzige und alleinige Weise, Gott zu erkennen, von der die Sentenzenlehrer [die mittelalterlichen Theologen] weit gewichen sind, die an der Menschheit Christi vorbei in die absoluten Spekulationen von der Gottheit sich eingeschlichen haben … Wer da will heilsam über Gott denken oder spe-

Zwar ist damit nicht automatisch der Verzicht auf Wundergeschichten in Kinderbibeln angesagt, wohl aber eine sorgfältige, theologisch wie pädagogisch verantwortete Auswahl und erzählerische Darbietung.[32] Sonst riskiert man, was viele Kinderaussagen belegen, daß Gott und Jesus für Kinder zunächst sehr verwirrend durcheinandergehen.

INGO BALDERMANN rät, den existentiellen Bezugspunkt zur Christologie im Denken der Kinder selbst zu finden, und sieht ihn in ihrer „doppelten Ohnmachtserfahrung": Sie sind die Kleinen, die nicht machen können/dürfen, was sie selber wollen. Und sie sind wie alle Menschen betroffen von der Besorgnis vor den übermächtigen Katastrofen, die unserer Welt drohen. Diese existentielle Ohnmachtserfahrung von Kindern (von Menschen) in Verbindung bringen mit der Hoffnung, die Jesus in seiner neuen Menschlichkeit in die Welt gebracht hat, mit der er uns für die Menschlichkeit Gottes steht, – das wäre „Hoffnung für Kinder"[33]. In der *ohnmächtigen Kleinheit Jesu* will sich *die Macht der Güte Gottes* zeigen. So hat auch PAUL TILLICH in einer Weihnachtspredigt über „das Gehcimnis der Erlösung", das „das Geheimnis des Kindes ist", den Glauben beschrieben: Er kann an Jesus „die Macht unter der Schwachheit, das Ganze unter dem Bruchstück, das Leben unter dem Tod sehen"[34].

8.3.3 „Die Strafe liegt auf ihm …"

Damit sind wir bei der Passion: „Jesus Christus *erniedrigte* sich selbst und ward gehorsam bis zum Tode, ja zum Tode am Kreuz" – so zitiert Paulus ein altes Christuslied (Philipper 2,8). In den Passions- und Ostererzählungen erscheint Jesus bei ANNE DE VRIES als der gehorsame Sohn Gottes, der unverdient sein Leiden als Strafe auf sich nimmt an Stelle der Menschen:

> „Dann brauchen sie nicht bestraft zu werden und können doch in den Himmel kommen."[35]

Die Linie bis zum Strafopfer Jesu hatte ANNE DE VRIES schon in vielen alttestamentlichen Geschichten ausgezogen (Isaaks Opferung, Moses' Fürbitte).

---

kulieren, der setzt alles andre hintan gegen die Menschheit Christi." MARTIN LUTHER: Brief an Spalatin 12.11.1519 zit. nach EMANUEL HIRSCH: Hilfsbuch zum Studium der Dogmatik. Berlin: Walter de Gruyter 1951 S.27.

[32] s. dazu oben Kap.7.3 die Überlegungen zur Bartimäus-Geschichte und Kap. 7.6 zu den Ostererzählungen.
[33] So eben der Titel von BALDERMANNs Buch (1991). s. dazu a.a.O. S.105ff.
[34] Das Neue Sein. Stuttgart: Ev. Verlagswerk 1959 S.95.
[35] Alte Ausgabe S.211.

Wenn auch die Neubearbeitung hier reduziert hat, durchzieht das Stichwort „Strafe" alle Passions- und Ostergeschichten. So ist als Einleitung zur Erzählung von der Nacht im Garten Getsemani (Lukas 22,39ff) zu lesen:

DE VRIES NEU zu Lk 22,39	DE VRIES ALT
Jesus war voller Kummer, denn jetzt würde es nicht mehr lange dauern, bis die Soldaten kämen, um ihn gefangenzunehmen.	[Der Herr Jesus] war so betrübt, denn nun würde es nicht mehr lange dauern, bis die rohen Männer kämen, um ihn gefangenzunehmen.
Dann würden sie ihn plagen und ihn quälen und töten	Dann würden sie ihm Schmerzen bereiten und ihn quälen und töten.
	Das war schrecklich. Aber es mußte sein. Der Herr Jesus wollte es ja selbst so.
	Er hatte es nicht verdient, daß er so *gestraft* wurde. Der Herr Jesus hatte niemals Böses getan. Er hatte überhaupt keine *Strafe* verdient.
	…
Jetzt sollte die *Strafe* kommen, die Jesus nicht verdient hatte und die er doch tragen wollte.	Nun sollte die *Strafe* kommen, die der Herr Jesus nicht verdient hatte und die er doch tragen wollte.
Aber die *Strafe* war so schwer!	Aber die *Strafe war so schwer!* …

Diese Straftheorie wird noch mehrfach wiederholt und breit ausgeführt: als Einleitung zur Kreuzigungserzählung und – besonders eindrücklich – in der

Ostererzählung gegenüber den beiden Emmausjüngern. Hier erklärt der unerkannte Auferstandene selbst den Sinn seines Todes (Lukas 24,26):

DE VRIES NEU zu Lk 24,26	DE VRIES ALT
Und ihr fragt noch, warum er gestorben ist? Das mußte doch sein, damit die Menschen wieder froh werden.	Und ihr fragt noch, warum er gestorben ist? Das mußte[36] sein, damit die Menschen wieder glücklich werden. Das wollte Jesus [!] so. Er wollte die *Strafe* tragen, die Menschen verdient hatten, damit sie in den Himmel kommen können.

Die ANNE DE VRIES-Kinderbibel legt mit ihrem Opfer- und Strafverständnis des Kreuzes die Leser *einseitig* auf eine bestimmte theologische Deutung fest, die auf eine verbreitete dogmatische Lehre aus dem Mittelalter zurückgeht: Gottes durch die Sünde des Menschen beleidigte Würde verlangt eine vollkommene Sühne und die kann nur Gott selber leisten in dem freiwilligen Opfer seines schuldlosen Sohnes – so lehrte der Theologe ANSELM VON CANTERBURY. Bei dieser Vorstellung handelt es sich wieder um eine *von oben her* gedachte Theologie. Mit dieser „einseitigen" Opfer- und Straftheologie jedoch werden die Kinder später als Erwachsene in Schwierigkeiten geraten, die vielen von ihnen den Zugang zur Sache Jesu versperren.
Von den Evangelienautoren dagegen wird die Kreuzigung Jesu in vier unterschiedlichen Geschichten dargestellt[37]. Und auch anderswo im Neuen Testament finden wir verschiedene Deutungen der Passion und des Kreuzes Christi: Sühnopfer für die Sünde, Lösegeld, mit dem der in Sünde gefangene Mensch befreit wird, Mitgekreuzigtwerden mit Christus im Glauben („der nehme sein Kreuz auf sich und folge mir nach!"), Märtyrertod des vollkommenen Glaubenszeugen, das Kreuz als äußerste Konsequenz des Redens und Tuns Jesu, Zeichen der solidarischen Liebe Gottes, die in Jesus das Los des entfremdeten Menschen bis zum Tode am Kreuz auf sich nimmt. Wenn aber in der Bibel selbst verschieden über die Bedeutung des Todes Jesu gedacht wird, dann ist auch der heutige Leser frei, seinen Blick auf Jesus und

---

[36] Wie bekannt, steht im Urtext an dieser Stelle nur als Frage (als Frage!): „Mußte nicht Christus solches leiden?" (Lukas 24,26). Alles andere ist mehr oder weniger gedeckte „Auslegung". Woher weiß der Kinderbibel-Autor alles so unheimlich genau?
[37] s. Kap 7.1.3 S.106ff.

seine Passion zu finden. Dem darf eine einseitige Darstellung in einer Kinderbibel nicht im Wege stehen.

8.4 Antijudaismus in Kinderbibeln?

8.4.1 Bibel nach Auschwitz

Als eine leitende Absicht bei ihrer Arbeit an der Elementarbibel hat ANNELIESE POKRANDT formuliert: „Als Christ nach Auschwitz mußte ich auch in der EB [= Elementarbibel] versuchen, *antijudaistische Tendenzen* so weit als möglich auszumerzen bzw. die gemeinsame Wurzel jüdischen und christlichen Glaubens kenntlich zu machen."[38] Will sagen, ein Kinderbibelautor hat auch eine Verantwortung dafür, daß sich die unselige Linie von vorurteilshafter Einstellung zum Judentum nicht endlos fortsetzt, wie sie zur Wirkungsgeschichte der neutestamentlichen Überlieferung gehört.

8.4.2 Das christliche Negativbild: Der Pharisäer

Wie erscheinen nun einschlägige Stichwörter dazu in der Kinderbibel, z.B. Pharisäer und Schriftgelehrte, die Juden, das Gesetz (Tora) u.a.? ANNELIESE POKRANDT war es wichtig, in den der Elementarbibel beigegebenen Sacherklärungen „auf die tatsächliche hochgeachtete Stellung der *Pharisäer* hin[zuweisen], um den verächtlichen Beigeschmack im christlichen Sprachgebrauch zu relativieren."

> „Im Judentum gab es zur Zeit Jesu vier Hauptgruppen oder Parteien: Pharisäer, Sadduzäer, Essener und Zeloten. Schriftgelehrte, die Gesetze und Schriften studierten und zeitgemäß auslegten, standen den Pharisäern nahe. Die Pharisäer waren hochgeachtet. Sie suchten die alten Gesetze und Gebote im Leben zu verwirklichen und bemühten sich vor allem um das Reinsein vor Gott. Jesus verurteilte es, wenn sie das Gesetz höher bewerteten als den Menschen und dabei einzelnen lieblos begegneten …"[39]

Die Verfasserin nimmt die Korrekturen auf, die die Bibelwissenschaft inzwischen an der christlichen Klischeevorstellung über die Pharisäer vorgenommen hat. Deren Ergebnis: Die Evangelien wollen uns kein „objekti-

---

38 Einführung zu dem Registerheft der Elementarbibel 1994 S.2.
39 Elementarbibel Band 7 S.89. s. auch die ausgezeichnete Information, die die „Neue Schulbibel" (S.192f) zu „Schriftgelehrte, Pharisäer und Sadduzäer" gibt.

ves" Bild vom Judentum zur Zeit Jesu geben. Das Bild, das sie von den Pharisäern entwerfen, ist „parteilich". Es ist Produkt der Geschichte, die die erste Jesusbewegung mit der jüdischen Gemeinde hatte. Es spiegelt die Auseinandersetzung, die die Christen in der zweiten Hälfte des ersten Jahrhunderts um ihre Stellung innerhalb der jüdischen Synagogengemeinden führten. Diese Auseinandersetzung aber war mit Erfahrungen der (gegenseitigen) Ablehnung und Enttäuschung verbunden.

Wie aber sieht etwa das Bild aus, das manche Kinderbibel ihren Lesern von den Schriftgelehrten und Pharisäern zur Zeit Jesu vermittelt? In der Kinderbibel von PIOCH finden wir ein Kapitel, das mit seiner Überschrift die „Gesetzeslehrer" (worunter PIOCH unterschiedslos Pharisäer und Schriftgelehrte versteht) zum ausdrücklichen Thema macht. Hier finden wir die Geschichte von der Heilung des Gichtbrüchigen, in der Jesu Verhalten auch auf den Widerspruch von *einigen* – wie Markus ausdrücklich festhält – Schriftgelehrten stößt. PIOCH zeichnet dabei ein sehr pauschalisierendes Zerrbild *der* Gesetzeslehrer, das er auch in der anschließenden Erzählung vom „Barmherzigen Samariter" weiterführt:

> „*Die* Gesetzeslehrer versuchten immer wieder, den Leuten zu zeigen, daß Jesus gar kein frommer Mensch ist. Darum stellten sie ihn immer wieder mit listigen Fragen auf die Probe. Eines Tages fragte *ein* Gesetzeslehrer Jesus: …" Auf die Gegenfrage Jesu antwortet der Gesetzeslehrer mit dem Doppelgebot der Liebe. „Doch der Gesetzeslehrer wollte noch versuchen, ob er nicht doch von Jesus etwas zu hören bekommt, worüber wieder alle den Kopf schütteln würden …"[39a]

Die Erklärung für die Nachfrage: Wer ist denn mein Nächster?" – nämlich daß der Frager „sich selbst [!] rechtfertigen wollte" (Lukas 10,29) –, verschlimmbessert PIOCH also in das Motiv, Jesus vor den Leuten unmöglich machen zu wollen. In dieser Weise werden von den Kinderbibel-Autoren den Schriftgelehrten gern ehrenrührige Motive unterstellt – so etwa von ELEONORE BECK[40] zum Schluß der Geschichte vom Gichtbrüchigen:

> „Sie [die gelehrten Männer] waren beleidigt. In ihrem Stolz gekränkt. … Sie steckten ihre Köpfe zusammen und berieten, ob man nicht etwas gegen Jesus unternehmen könnte."

Wo steht davon etwas in der Geschichte selbst?

Aus dem *einen* Schriftgelehrten, den das Gleichnis zum Gesprächspartner Jesu macht, wurde bei PIOCH die unbestimmte, generalisierende Vielzahl „*die* Gesetzeslehrer". LAUBI dagegen „deseskaliert" die Mehrzahl „*die* Pha-

---

[39a] S.106.
[40] S.207.

risäer" in der Geschichte vom Ährenausraufen am Sabbat (Markus 2,23–26) in „*einige* Pharisäer". Daneben – so kann sich der Leser denken –, gab es auch andere, z.B. solche eben, die mit Jesus in dem Verständnis des Sabbatgebotes voll übereinstimmten![41] Was wie kleinliche Wortklauberei aussehen mag, gewinnt im Hinblick auf den Leser eine ganz andere Bedeutung: Wer hier präzise ist, nagelt nicht mehr auf ein pauschales Negativklischee fest.

So ist wichtig, daß das polemische Bild, das manche Abschnitte der Evangelien von den Schriftgelehrten und/oder Pharisäern zeichnen, in einer Kinderbibelnacherzählung nicht naiv wiederholt oder gar verstärkt wird. Mit nur geringen Mitteln kann hier ein Ausgleich geschaffen werden, oft schon dadurch, daß man sich den nachzuerzählenden Text genau ansieht und eben nicht aus „*einem*" oder „*einigen* Schriftgelehrten" „*die* Schriftgelehrten" macht.

8.4.3 Wer brachte Jesus um?

Ähnliche Sorgfalt sollte ein Kinderbibel-Autor in der Passionsgeschichte aufwenden. Hier muß er der pauschalisierenden Negativvorstellung bei den Lesern vorbeugen, *die* Juden in ihrer Gesamtheit trügen angeblich Schuld am Tod Jesu. Dieses Klischee war in der langen Geschichte der Judenverfolgung ein sehr wirksames Argument. Es steht – wie bekannt – im völligen Gegensatz zur geschichtlichen Realität: In erster Linie die römische Besatzungsbehörde vertreten durch den Prokurator Pilatus und dann auch die jüdische politisch-religiöse Elite mit ihrer Oberbehörde, dem Hohen Rat in Jerusalem, sind die Verantwortlichen für die Hinrichtung. Von daher muß schon die Verwendung der Begriffe „*die* Juden" und „jüdisch" in der Nacherzählung der Passionsgeschichte wohl überlegt werden: Diese Begriffe treffen wir in Kinderbibeln auch an Stellen an, wo die Evangelien selbst sie gar nicht verwenden, sondern vom Volk, von der Menge oder konkret von den Mitgliedern des Hohen Rates, den Priestern und Schriftgelehrten reden.[42]

Schließlich ist noch eine weitere Frage in diesem Zusammenhang wichtig: Wird *Jesus als Jude* gezeigt? Oder wird seine Zugehörigkeit zum Judentum

---

[41] WERNER LAUBI S.214. Zum Sabbatgebot gab es in der rabbinischen Überlieferung das Statement: „Euch ist der Sabbat übergeben, und nicht ihr seid dem Sabbat übergeben" s. Walter Schmithals: Das Evangelium nach Markus. Ökumenischer Kommentar zum Neuen Testament 2/1 Gütersloh 1979 S.186. Dieser rabbinische Satz wird vom Verf. aber wieder abgewertet als Ausnahme von einem grundsätzlich „gesetzlichen" Verständnis, das – wie der Leser dann annehmen muß – für die Schriftgelehrten typisch gewesen sei.

[42] s. etwa ELEONORE BECK S.242 zu Lukas 23,4f.

verschwiegen?[43] Und wird deutlich, daß auch die Jüngerinnen und Jünger, die Frauen und Männer der ersten Christengemeinde Juden waren? Daß die Christen sich lange Zeit als eine Gruppe zu den Synagogengemeinden in der Alten Welt hielten? Oder muß das alles dem Leser von Kinderbibeln ein völlig unbekannter Gedanke bleiben?

8.5 Und die Moral von der Geschicht'?

8.5.1 Was ist ein gutes Kind?

„Hör einmal gut zu" – mit dieser Mahnung an den kindlichen Hörer beginnt ANNE DE VRIES seine Kinderbibel. Gut ist, wenn man zuhört. Kinderbibeln vermitteln nicht nur Kenntnisse über biblische Geschichten, Kenntnisse über Gott und Jesus. Sondern sie transportieren untergründig oder auch sehr offen Vorstellungen darüber, was gut ist und was böse und wie ein gutes Kind, ein guter Mensch sein soll. Transportmittel dafür sind die erzählerischen „Ausschmückungen", dann aber auch die vielen Eigenschaftsworte[44], mit denen Personen und ihre Handlungen bewertet werden.

Man könnte hieraus einen ganzen *Tugendkatalog* vom guten Kind zusammenstellen: Aufmerksamkeit, Gehorsam, Nächstenliebe und Teilen, Bescheidenheit und Sparsamkeit, Dankbarkeit, Fleiß und Arbeitswille und viele andere Tugenden werden dem lesenden Kind nahegebracht[45]. Gut und böse sind klar verteilt. Besonders das Böse wird eindeutig kenntlich gemacht. So wird etwa der König Herodes in der alten DE VRIESschen Kinderbibel von der Überschrift an („Der *böse* König Herodes") bis zum Schluß der Erzählung immer wieder mit moralisch wertenden *Eigenschaftswörtern* gekennzeichnet: Er ist schlimm, böse, ganz schlecht und was für ein Lügner er ist! Oder Judas: „Wie *böse* und falsch sah Judas jetzt aus" kann ANNE DE VRIES bei der Abendmahlszene erzählen und läßt ihn hinausgehen,

---

[43] Dies ist natürlich auch für die Illustration in Kinderbibeln von Bedeutung: s. dazu Kap. 5.5.3 S.70.

[44] Z.B. ANNE DE VRIES, der besonders reichlich mit diesem Mittel arbeitet: Böse, schlimm, gemein, falsch, schlecht. Vergleiche dabei auch, wie in seiner Kinderbibel die Sendung Jesu beschrieben wird: Er ist gekommen, um die Menschen froh, frei und vor allem glücklich zu machen.

[45] s. dazu auch CHRISTINE REENTS 1984 S.56f zu den Tugendlehren, die in Hübners Biblischen Historien dem Leser nahegebracht wurden: „Die zehn meistgenannten Tugenden sind: an erster Stelle Frömmigkeit, an zweiter Barmherzigkeit, danach Mäßigkeit, Wahrheitsliebe, Friedfertigkeit, Gehorsam, Geduld, Demut, dann erst Arbeitsamkeit und ein bürgerlich geregeltes Eheverhalten."

„fort in den dunklen Abend und das schrecklichste Werk tun, das je ein Mensch getan hatte."[46] Falsch, gemein, böse – mit diesen Urteilen belegt diese Kinderbibel den Judas. Selbst das verlorene Schaf im Gleichnis wird moralisch abgestempelt: „Ein dummes und ungehorsames Schäfchen ist es, das seinen eigenen Weg gehen wollte und dachte: Ich kann gut auf mich selbst aufpassen. Ich bin schon groß genug." Als dann der „liebe, gute Hirte es wiedergefunden hatte, denkt es dagegen: Ich werde nie wieder fortlaufen! Ich werde nun immer ganz gehorsam sein!"[47]

Auch mit der Geschichte vom verlorenen Sohn verbanden sich in vergangenen Kinderbibel-Ausgaben besonders gern moralische Anmerkungen: So schildert EMMA WITTMANN ausführlich den großen Reichtum des Vaters und fährt fort:

> Man hätte nun meinen sollen, daß seine beiden Söhne sehr froh und zufrieden waren, weil sie zu einem so reichen Vater gehörten. Der jüngste aber dachte: Immer zu Hause sein und immer tun, was der Vater will, das paßt mir nicht mehr; ich möchte am liebsten weit fort in ein anderes Land, und dort möchte ich einmal nur tun, was ich will.[48]

Und die Verfasserin fährt fort, den jüngeren Sohn in seinem Verlangen nach Teilung des Vermögens als einen unbescheidenen, faulen und leichtsinnigen Menschen vorzustellen, der achtlos alles zurückließ: den Vater, den Bruder und das ganze liebe Vaterhaus, seine ganze Heimat. So etwas tut man doch nicht, soll der Leser denken. Und so muß er dann das Ende der Geschichte, die Rückkehr des Sohnes, als Bestätigung seines Eindrucks empfinden: Nun hat endlich auch der Verlorene eingesehen, daß man „dem Vater nicht fortlaufen soll": Man hatte es bei ihm doch so gut. Wenn also bei dir selbst sich hin und wieder der Wunsch meldet, du möchtest weg von den Eltern, dann kann das auch nur ein böser Gedanke sein.

8.5.2 Die Lehren der wunderbaren Speisung

Auf diese Weise sind Kinderbibeln schon immer Gefahr gelaufen, ihre Leser mehr oder weniger direkt moralisch zu belehren und es ihnen nicht selbst zu

---

[46] S. 158–161; S. 209, auch schon S.205. Die Neubarbeitung hat hier zum Glück ziemlich gründlich aufgeräumt.

[47] S. 188f. Auch hier hat die Neubearbeitung die moralischen Abqualifizierungen getilgt und auf den im Hinblick auf die notwendige zunehmende Verselbständigung von Kindern problematischen Schlußgedanken: „Ich will nie wieder fortlaufen ..." verzichtet.

[48] S. 189.

überlassen, sich ihre eigenen Schlüsse zu den Geschichten zu bilden. Nützliche Lehren und gottselige Gedanken schloß JOHANN HÜBNER seinen biblischen Historien an: Mit ihnen redete er seine Leser direkt an, ja er sprach gleichsam an ihrer Stelle. So z.B. im Anschluß an die Paradies-Erzählung:

> „Was ist dann nun zu thun? Ich werde mich bemühen,
> Ins andre Paradies, wo Christus wohnt, zu ziehen.

Oder zum Gleichnis vom reichen Mann und armen Lazarus:

> Ja, lieber Freund, laß dir darbey zwey Regeln geben,
> Dieselben lehret dich und mich der reiche Mann:
> Vors erste lebe du nicht alle Tag in Freuden.
> Darnach laß Lazarum darbey *nicht Hunger leiden.*[49]

Damit wollte HÜBNER nicht nur den Verstand des Lesers, sondern auch dessen Wille und Herz ansprechen: Nicht ein „Maul-Christentum", sondern ein „Herz-Christentum" wollte er auf diese Weise erwecken.
JOHANN PETER HEBEL führt diese Tradition in seiner Weise fort, wenn er an das Gleichnis von den Arbeitern im Weinberg als Gebet anschließt:

> Bewahre mich, o Gott, *vor Mißgunst,* wenn du gegen andre gütig bist. Ich will nicht um Lohn fromm sein und deinen Willen tun, o Gott, von dem ich alles habe!

Und am Ende der Josefserzählungen kommentiert HEBEL die Fürsorge des Sohnes gegenüber dem Vater Jakob und seiner Familie:

> Ganz richtig! Wer *seine Eltern liebt,* der *liebt auch seine Geschwister.* Wer sein Glück für einen Segen Gottes erkennt, der ist auch *gütig und freundlich gegen die Menschen*[50].

So hat auch die moralische Auswertung der Geschichte von der wunderbaren Speisung z.B. eine lange Tradition in Kinderbibeln. JOHANN PETER HEBEL etwa fügt dieser Geschichte als beherzigenswerte Moral für den Leser an:

> Bei dieser Gelegenheit gab er [Jesus] noch ein schönes Beispiel von Sparsamkeit und Wertschätzung der göttlichen Gaben. ... So befahl er seinen Jüngern, das übrige zu sammeln, daß *nichts umkäme.*[51]

---

49 HÜBNER S.8 bzw. 332.
50 S.249 bzw. 63.
51 S.152.

Ähnlich hatte schon JOHANN HÜBNER nützliche Lehren mit dieser Geschichte verknüpft:

> II. Wenn man essen will, so muß man *das Gebet darbey nicht vergessen*.
> Das lehret uns JEsus mit seinem Exempel, der nahm die Brodte und danckte zuvor seinem himmlischen Vater, ehe er dieselben austheilen ließ.

> III. Was von GOttes Gaben übrig bleibt, das soll man *nicht lassen umkommen*.
> Deswegen befahl der HErr JEsus, daß seine Jünger die übrigen Brocken in Körbe sammeln sollten.[52]

Diese Überlieferung setzt A. DE VRIES fort, wenn er am Ende der Geschichte den Herrn Jesus mahnen läßt:

> Geht nun und lest die Brocken auf, die übriggeblieben sind, denn es *darf nichts verlorengehen*. Mit Brot müßt ihr *immer achtsam* umgehen.[53]

Einen anderen Akzent setzt JÖRG ZINK. Er läßt die Handlungsfigur seiner Rahmenerzählung, den Jungen David, den Schluß ziehen:

> Ich glaube, wenn die Menschen *einander mehr liebten*, dann gäbe es viel mehr Brot für alle, und es brauchte niemand zu hungern.[54]

So nämlich erklärt sich das Speisungswunder: Unter dem Eindruck der Liebe Jesu gingen die Taschen der Menschen in der Wüste auf und sie teilten miteinander, was sie an Brot bei sich hatten. Das Speisungswunder ist ein Teilungswunder, wie der Fischer Raffael dem Daniel erklärt.
Nun ist es gewiß nicht unrecht, die Gemeinschaft am Tisch Jesu als eine Befreiung zur Liebe und zum Miteinander Teilen zu verstehen. Problematisch scheint, daß dem Leser diese Teilungsmoral als „vernünftige" Erklärung das Wunderhergangs aufgedrängt wird. Die Jünger, die das Brot aus den Händen Jesu an die Menschen verteilen, und die zwölf Körbe an Brotresten, für jeden der zwölf Jünger einer – diese Bilder aus der Erzählung selbst malen deutlich genug, was auch bei uns geschehen soll: Die Jünger und in ihnen wir sollen das Brot in die Welt bringen, statt es für uns allein zu verbrauchen.

---

52 S.307.
53 S.181.
54 S.68f. s. dazu auch oben Kap.6.4.1 S.93f.

8.5.3 Siehe, wie fein und lieblich ist es, wenn Brüder einträchtig beieinander wohnen! (Psalm 133,1) – Kain und Abel

An dieser Stelle ist nochmals auf die Geschichte von Kain und Abel zurückzukommen. Wurde sie oben[55] auf ihre „Theologie" hin befragt, so geht es hier um ihre Verwendung als moralisches Schulbeispiel, diente sie doch seit alters in vielen Kinderbibel-Ausgaben gern als ein lehrreiches *abschreckendes Exempel für Eifersucht* unter Geschwistern. So besonders stark die Kinderbibel von Pioch, die schon in der Einleitung die Fantasie des Lesers in diese Richtung lenkt:

> Als Adam und Eva einen guten Platz für einen Acker gefunden und sich ein Haus gebaut hatten, bekamen sie ein Baby. Es war ein Junge. Den nannten sie Kain.
>
> Adam und Eva hatten ihr Kind sehr lieb. Nach einiger Zeit bekamen sie einen zweiten Jungen, den nannten sie Abel. Das war für Kain sehr ungewohnt, daß er nun *nicht mehr das einzige Kind* war. Manchmal fragte er sich: „Haben mich wohl meine Eltern *genauso lieb wie den kleinen Bruder?*"
>
> Als die beiden größer waren, da fragte er sich oft, ob Gott ihn wohl so lieb hat wie den jüngeren Bruder.
>
> Manchmal dachte er: „Wenn der Abel nicht da wäre, dann könnte ich sicher sein, daß alle Liebe mir allein gilt."
>
> Und dann war er so wütend, daß es diesen Bruder überhaupt gab. Er wünschte, Abel wäre tot.

Und so nahm in diesem Eifersuchtsdrama das Unglück seinen Lauf.
Kain war gottlos, so stellte schon die Hübnersche Bibel fest, um damit auch zu erklären, warum er mit seinem Opfer nicht zum Ziel kam. „Trotziglich" habe er Gott zur Antwort gegeben: Soll ich meines Bruders Hüter sein? Und darüber hinaus sei er nicht auf den Gedanken gekommen, „über seine Sünde Buße zu thun"[56].
Auch Anne de Vries muß erklären, was die biblische Geschichte kommentarlos erzählt – warum Gott das Opfer Kains im Unterschied zu dem Abels nicht annimmt. Kains Bosheit ist der Grund: Sein Opfer entstammt nur vorgetäuschter Dankbarkeit, in Wahrheit hatte er Gott nicht lieb. Und er war *neidisch und häßlich zu seinem Bruder*. Und nach der bösen Tat hat er auf Gottes Frage auch noch „frech gelogen". Kein Wunder also, daß die Geschichte kein happy end findet – sie kann nur böse ausgehen, muß sich der

---

55 s.o. S.152f.
56 Hübner S.13f. Auch für Emma Wittmann ist Kain durch seinen Trotz gehindert, zu Gott zu sagen: „Es tut mir leid, vergib mir." Statt dessen weist er „frech" die Frage Gottes nach dem Verbleib seines Bruders ab.

Leser denken. Ihm müssen am Ende Vertreibung und Heimatlosigkeit als gerechte Strafe für Kain erscheinen. Es kann gar keinen anderen Schluß geben als den, daß Gott „nichts mehr von ihm wissen" will[57].

Die DE VRIESsche Erzählung *verändert* auf diese Weise die biblische Geschichte im Interesse einer eingebauten theologischen Moral in einer Reihe von Punkten:

> - Sie wird jetzt zu einer Erzählung über *Eifersucht* zwischen zwei Brüdern.
> - Sie wird zugleich eine Geschichte zwischen *Guten und Bösen*.
> - Es gibt einen überzeugenden Grund für die Nichtannahme des Opfers: Kain ist von Anfang an schlecht, er ist undankbar und unaufrichtig gegen Gott
> - Gott *straft* absolut: „Ich will nichts mehr von dir wissen." Das Kainszeichen als Schutz- und Gnadenzeichen wird unterschlagen.

Die originale Geschichte freilich ist nicht an Geschwisterrivalität in unserem heutigen psychologischen Verständnis interessiert. Trotzdem läßt sie natürlich – mehr unbewußt als bewußt – im kindlichen Leser Gefühle mitschwingen, die mit entsprechenden eigenen Erfahrungen verknüpft sind[58]. Doch kann dies natürlich keine Rechtfertigung dafür abgeben, deshalb auf diese Erzählung vom „ersten Brudermord" moralisch „draufzusatteln" und sie tendenziös als Schreckbeispiel gegen Neid und Trotz in der Familie zu verwenden.

Im Zusammenhang der Urgeschichte von 1.Mose 3–11 macht der biblische Erzähler das unter dramatischen Umständen zerbrechende urständliche Gottesverhältnis und den daraus folgenden Einbruch des Bösen an typisier-

---

[57] S. 17. Diese harte Aussage hat die Neubearbeitung der ANNE DE VRIES-Kinderbibel gestrichen – mit gutem Grund!

[58] Die Wirkungsgeschichte, die diese Geschichte in der Kinderbibel-Tradition hinter sich hat, hat u.a. den Kindertherapeuten BRUNO BETTELHEIM (S.54) zu dem Urteil veranlaßt: „Wie aus der Geschichte von Kain und Abel hervorgeht, kennt die Bibel kein Mitgefühl für die Qualen der Geschwisterrivalität – sie warnt nur vor den verheerenden Folgen, die eintreten, wenn man danach handelt." Dagegen brauche ein von Eifersucht auf Geschwister verzehrtes Kind am meisten das Gefühl, „daß das, was es erlebt, von seiner Situation gerechtfertigt wird. Um dem Ansturm des Neides standzuhalten, muß das Kind ermutigt werden, sich in seiner Phantasie auszumalen, daß eines Tages der Ausgleich kommen wird."

ten Modellen anschaubar[59]. Zu diesem Zweck wendet er hier eine alte Stammessage ins Allgemein-Menschliche. Es handelt sich also nicht um ein einmaliges Geschehen in einer individuellen Familie namens Adam, Eva und Söhne mit deren Eigenheiten. Doch obwohl auf der Erde Sünde und destruktives menschliches Gegeneinander lawinenartig angewachsen sind – so will die Erzählung sagen –, überläßt Gott die Menschen nicht gnadenlos sich selbst: „Die Geschichte schließt nicht mit diesem Bilde des gerichteten Brudermörders. Sie kommt jetzt erst auf ihr Wichtigstes zu: Das letzte Wort in dieser Geschichte hat nicht Kain, sondern Gott, der nun das verwirkte Leben Kains unter strengen Schutz stellt." [60] Also doch ein „happy end", aber sehr anders, als A. DE VRIES es bietet![61]

Diesem *Hoffnungsaspekt* am Ende der Kainserzählung dagegen versucht FRANK JEHLE in seinem eigenen erzählerischen Versuch so Ausdruck zu geben:

> „Ich finde an dieser Geschichte ganz wichtig, daß der liebe Gott Kain nicht einfach sitzen läßt. Ja, der liebe Gott half Kain, daß er ein neues Leben anfangen konnte."[62]

Konsequenz daraus: Wie im Hinblick auf die theologischen Vorstellungen trägt ein Kinderbibel-Autor auch bezüglich der in seiner Nacherzählung enthaltenen moralischen und pädagogischen Implikationen Verantwortung gegenüber den biblischen Texten und gegenüber den lesenden Kindern. Bei einer strengen bibelwissenschaftlichen Überprüfung erweisen sich jedoch viele offen oder versteckt durch die Nacherzählung vermittelte moralisch-pädagogischen Wertungen als unzulässig eingetragen und als theologisch nicht zu rechtfertigen. Die Kinderbibel-Autoren schienen wenig Vertrauen

---

[59] GERHARD VON RAD: Theologie des Alten Testaments Bd I. München: Christian Kaiser Verlag 1962 S.167f.

[60] GERHARD VON RAD: Das erste Buch Mose. ATD. Berlin: Evangelische Verlagsanstalt 1955 S.87.

[61] DE VRIES fügt dem Ganzen noch einen Schluß an, mit dem er wohl dem kindlichen Bedürfnis nach einem guten Ausgang und nach Herstellung aller Gerechtigkeit entgegenkommen möchte: Der ermordete Abel war nicht, wie seine trauernden Eltern denken, arm und unglücklich, im Gegenteil:
„Adam und Eva hatten zwar Abels Leichnam begraben, aber das war nicht Abel, das war nur sein toter Körper. Abel selber war im Himmel, bei Gott und bei den Engeln. Dort war niemand, der ihm Böses antun konnte. Dort war es noch viel herrlicher als im Paradies." – Und: Adam und Eva bekommen wieder Kinder (in der Mehrzahl, also nicht nur – wie in der biblischen Erzählung – den Seth, der den übergenauen Bibellesern immer wieder das Rätsel aufgab, woher er wohl seine Frau genommen haben mag, um dann Vater für seinen Sohn Enosch zu werden). Diese Erweiterung der biblischen Geschichte ist in der Neubearbeitung getilgt worden.

[62] S.135

174

darauf zu haben, daß in den Geschichten selber eine moralische Kraft wirkt und daß die Leser wohl in der Lage sind, ihre eigenen Schlüsse daraus zu ziehen. Wenn uns in, mit und unter den biblischen Schriften Gottes Wort trifft, dann heißt das auch: Wir können darauf vertrauen, daß die biblischen Erzählungen uns nicht so lassen wollen, wie wir sind, sondern uns verändern, wenn wir ihren Geist und Sinn bei uns aufnehmen. Diese Veränderungen aber sind von anderer Art als die größeren oder kleineren Tugenden, zu denen Kinderbibel-Autoren ihre Leser immer wieder anhalten wollten.

9 Die Auswahl in den Kinderbibeln: Nicht alles ist für alle gut

In diesem Kapitel wird untersucht:
- Warum Kinderbibeln eine *Auswahl* an biblischen Stoffen bieten müssen
- welche Gesichtspunkte für diese Auswahl von der *Theologie* her wichtig sind
- welche Auswahlgesichtspunkte vom *Kind* her berücksichtigt werden sollten

9.1 Auswahlbibeln für Groß und Klein

Die Bibel ist ein umfangreiches Buch. Nur wenige haben sie ganz gelesen. Mancher hat den Vorsatz, dies zu tun, mittendrin wieder aufgegeben. Denn zu den unterschiedlichen Inhalten und literarischen Formen der Bibel hat der Leser heute jeweils verschieden Zugang (oder auch nicht!). Nicht alles hat für ihn Bedeutung nur, weil es zwischen den beiden Buchdeckeln der Bibel steht. Viele Christen unter uns leben von einer sehr elementaren kleinen Auswahl an Geschichten und Worten aus der Bibel, die zu ihnen sprechen.[1] Diese Auswahl kann sich im Laufe einer Lebensgeschichte auch verändern: Manchem sind in den hinter uns liegenden friedenspolitischen Auseinandersetzungen z.B. Worte aus der Bergpredigt Jesu oder die Friedensvision des Profeten von den Schwertern, die zu Pflugscharen werden (Jesaja 2,4), neu wichtig geworden.

Kinderbibeln sind Auswahlbibeln. Sie versuchen, Inhalte aus der Bibel zusammenzubringen, zu denen Kinder Zugang finden können. Freilich sollte eine solche *Auswahl* nicht willkürlich sein, sondern auf guten Gründen beruhen. Was ist wichtig in der Bibel und was ist wichtig für Kinder? Darüber haben Kinderbibelautoren ihre bestimmten Vorstellungen auch dann, wenn sie weder sich selbst noch den Lesern dazu ausdrücklich Rechenschaft ablegen.

---

[1] Solche Erfahrungen haben auch immer wieder zur Herausgabe von Auswahlbibeln für erwachsene Leser veranlaßt: dazu speziell die Bibelausgaben zum „Jahr mit der Bibel".

9.1.1 Geschichten über Kinder – Geschichten für Kinder?

Der philanthropisch gesinnte Pädagoge CHRISTIAN GOTTHILF SALZMANN (1744–1811), ein engagierter Befürworter erzählender Unterweisung, war skeptisch eingestellt, was die Vermittlung biblischer Stoffe an Kinder angeht. Sein Urteil: „Die biblische Geschichte halte ich zur ersten Unterweisung der Kinder für unbrauchbar." Denn als Kriterium einer Auswahl galt ihm, daß sie *Geschichten über Kinder* bieten mußte. Doch „Alles, was in der Bibel von den Charakteren und Schicksalen der Kinder gesagt wird, kann füglich auf einige Oktavblätter zusammengedruckt werden." Die Bibel enthalte „nur den Charakter und die Schicksale erwachsener Personen, berühmter Gesetzgeber, Helden, Lehrer und Jesu, des Musters der höchsten, für Kinder [!] nicht erreichbaren moralischen Vollkommenheit."[2]

Erzählungen der Bibel, in denen Kinder auftreten – dies zählte offensichtlich mit zu den *Auswahlkriterien* für Kinderbibel-Autoren. Und so finden sich im festen Bestand von Kinderbibel-Ausgaben viele solcher „Kinder"geschichten: Kain und Abel, Isaaks Opferung, Moses' Geburt, der zwölfjährige Jesus im Tempel (zum Thema: Als Jesus noch ein Kind war) und die Geschichte von der Kindersegnung (die ja ursprünglich ausdrücklich Erwachsenen erzählt wird!). Sie werden dort gern besonders ausführlich nacherzählt, was natürlich ihre Bedeutung für den Leser überstark hervorheben muß.

So werden z.B. die zehn Verse, die Lukas der Geschichte vom zwölfjährigen Jesus im Tempel gewidmet hat, bei JÖRG ZINK zu einer umfangreichen, über vier Seiten gehenden Story. – Und manch andere Bibelgeschichte wird – ihrem Sinn entgegen – aus ähnlichen Motiven unter der Hand in eine Kindergeschichte verwandelt, indem ihre handelnden Figuren als Kinder auftreten. So ist es etwa immer wieder dem Gleichnis vom Verlorenen Sohn[3] widerfahren: EYKMAN/BOUMANs Kinderbibel z.B. läßt darin den jüngeren Sohn zum „Jungen" werden. Und ENID BLYTON macht in ihren biblischen Geschichten die Tochter des Jairus[4] trotz ihrer zwölf Jahre zum „kleinen Mädchen". Aber sind es schon die Kinderfiguren in einer Bibelgeschichte, die den Lesestoff für Kinder interessanter werden lassen? Und umgekehrt sind Geschichten, in denen keine Kinder, sondern „nur" Erwachsene auftreten, schon einfach deshalb weniger interessant für kindliche Leser – geschweige denn unwichtig in bezug auf die biblische Botschaft?

---

2   a.a.O. S.336f.
3   s. Kap.7.2.4 S.118.
4   s. Kap.6.2.1 S.81ff.

9.2.1 Wie empfinden Kinder?

Als eine solche „Kindergeschichte" mag z.B. den Verfassern von Kinderbibeln oftmals die Erzählung von Isaaks Opferung (1.Mose 22,1–19) gegolten haben. Doch ob sie wirklich in die Auswahl von Kinderbibel-Geschichten gehört, war andererseits auch oft sehr umstritten.

JÖRG ZINK z.B. hat sie im Hinblick auf die Verwirrungen, in die diese Geschichte Kinder stürzen kann, nicht in seine Kinderbibel-Ausgabe aufgenommen. Im Nachwort begründet er die Auswahl an biblischen Geschichten:

> „Es gibt eine ganze Reihe von Geschichten, deren *Wirkung auf Kinder* ganz anders ist, als wir meinen. Bei vielen wird das Kind an einer anderen Stelle seines Empfindens angerührt, als der Erwachsene annimmt. Man erzählt zum Beispiel Kindern, wie Abraham im Gehorsam gegen Gott bereit ist, seinen Sohn Isaak zu schlachten. Man stellt ihnen den großartigen Glaubensgehorsam Abrahams vor die Seele. Aber kein Kind identifiziert sich mit Abraham, vielmehr wird es das Schicksal des Isaak als das seine erleben, und das Handeln des Vaters wird nicht bewundernswert sein, sondern grauenhaft. Ich kenne eine ganze Reihe von inzwischen alten Menschen, die die Verwundungen, die ihnen diese Geschichte in ihrer Kindheit beigebracht hat, ihr Leben lang nicht haben ausheilen können. Wohlgemerkt: Diese Geschichte hat einen abgründigen, einen elementaren Sinn, aber sie ist *keine Kindergeschichte*."[5]

„Keine Kindergeschichte" – so lautet das Urteil ZINKs. Und hier ließen sich manche biografischen Zeugnisse dafür anführen, die belegen, in welchen gefühlsmäßigen Zwiespalt diese alte Geschichte Kinder bringen kann. So erinnert sich HELMUT MICHAEL JEDLICZKA an seine erste Religionslehrerin:

> „Ihre schlimmste Geschichte aber war die Opferung Isaaks. Daß Gott einem alten Vater seinen langersehnten einzigen Sohn … wegnehmen und sogar fressen [!] wollte, fand ich ebenso schrecklich wie den ergebenen Abraham. Warum sagte er nicht einfach nein? Sollte

---

[5] S.181.

ich ein schlechtes Gewissen haben, weil ich wußte, daß ich niemals mein Liebstes für einen solchen Gott hergeben würde?"[6]

Und RUTH REHMANN schreibt in der Biographie über ihren Vater, wie ihr als Kind bei dieser Geschichte zumute war:

> „Sieht Isaak das Messer nicht, das Abraham in der Rechten hält, während er ihm mit der Linken zärtlich den Nacken stützt? Schau dich um, Abraham! Der Widder hängt schon im Strauch. Warum sagt Gott ihm nicht, daß es nur eine Prüfung sein soll?
>
> ‚Dann wär' es doch keine Prüfung mehr', hat der Vater gesagt.
>
> Warum gibt es kein Bild, auf dem Isaak mit dem Vater nach Hause geht, weg von dem Feuer, dessen Rauch wohlgefällig zum Himmel steigt ...."[7]

Wo erlebt der kindliche Leser mit? – das ist hier eine entscheidende Frage. Ein Kind kann gar nicht umhin als sich an der Seite des jungen Isaak zu sehen. Denn unbewußt spricht diese alte Erzählung in ihm die Unsicherheit darüber an, was alles in unserer Welt Große den Kleinen anzutun fähig sein könnten.[8] Es bleibt eine Geschichte, die Kinder psychisch verwirren muß.

Doch auch für den erwachsenen Leser ist diese Erzählung nicht ohne Probleme: Was soll er daraus lernen? Was für ein Bild über Gott und was für eines über den Glauben muß er ihr entnehmen? Es ist kaum vorstellbar, daß diese Geschichte ohne eine sachliche Einführung heute in ihrer Aussage überhaupt angemessen aufgenommen werden kann.

---

6 In SIEGFRIED RUDOLF DUNDE S.151.
7 S.22f. s.o. Kap.5.4 S.63.
8 Ebenfalls vor möglichen „verhängnisvollen affektiven Nebenwirkungen" dieser Geschichte warnt FRAAS: Ein Kind würde sich in seiner altersspezifischen Situation nicht mit Abraham und dessen Glaubensgehorsam identifizieren können, sondern mit Isaak: „In der Situation Isaaks erfährt es, daß die Geborgenheit beim Vater fraglich wird, wenn der Vater bestimmten Zwängen und Forderungen ausgesetzt ist, die dem Kind undurchsichtig bleiben müssen. Wenn es diese Vatererfahrung auf Gott überträgt, wird Gott zum undurchsichtigen Schicksal." FRAAS S.200. s. hierzu auch die mit Kindermalereien ausgestattete Kinderbibel von GERT OTTO. Hier ist ein zweiseitiges [!] Großbild wiedergegeben, das zeigt, wie Abraham mit dem Messer in der Hand dem Sohn Isaak hinterhergeht!

9.2.2 Eine entscheidende Frage: Worin bestand die Versuchung für Abraham?

Wie soll man diese Geschichte lesen? Als eine Geschichte *von oben*, die uns über Gott aufklären will, die uns also erzählen will, wie Gott Abraham vor die schreckliche Wahl gestellt habe, seinen Sohn zu opfern? Also als eine Gottesprobe auf seine Glaubensstärke, wie es dann später im Hebräerbrief (Hebräer 11,17ff) (miß)verstanden wird? Oder muß dies nicht als eine Geschichte *von unten* verstanden werden, als eine Geschichte über Abraham? Der ist ja keineswegs der vorbildhafte Glaubensheld, sondern steht in der Versuchung, seinem unmenschlichen Irrglauben daran anheimzufallen, Gott, wirklich Gott könne von ihm Menschenopfer verlangen. Das ist eine Versuchung, die er ja keineswegs glaubensheldenhaft bestanden hat, sondern aus der er – wie der Schluß der Geschichte zeigt – erlöst werden muß gegen das, was er selbst wirklich zu tun bereit war: Nichts weniger als einen Engel braucht es dazu, der ihm in den Arm fällt.

„Das Versuchliche für Abraham bestand nicht darin, daß er hätte zu menschlich sein können, um seinen Sohn zu opfern, sondern gerade darin, daß er Gott die Forderung einer so unmenschlichen Tat zuzutrauen imstande war", bemerkt dazu Ingo Baldermann[9]. *Nicht Gott ändert sich*, von der angeblichen Glaubenstreue des Abraham überzeugt, so daß er von seiner Forderung nach Kindesopfer ablassen kann, sondern *Abraham ist anders* am Ende der Geschichte: Von einem unmenschlichen, blinden Irrglauben bekehrt zum Glauben: Es gibt nichts im Himmel und auf Erden, was das Opfer eines Menschen wert wäre. Eine Lektion, wie sie eine menschenmordende Menschheit weiter nötig hat, die in ihrer Geschichte bis heute ja immer noch auf dem gegenteiligen „Glauben" beharrt, es gäbe doch Werte, für die das Opfer von Menschen von Staats wegen gerechtfertigt wäre.

9.2.3 Wie Kindern erzählen?

Wer diese Geschichte überhaupt Kindern schon erzählen mag, kann sie nur erzählen, wenn er diese Fragen für sich geklärt hat. Einfach erzählen, was dasteht – das verbietet sich hier als Verantwortungslosigkeit gegenüber Kindern von selbst.

Wem mag nicht ein Schauder über den Rücken fahren, wenn er dann bei Anne de Vries liest, vor welch mörderische Wahl Gott Abraham stellt: „Da

---

9   1980 S.68.

dachte Gott: Ich will doch einmal sehen, wen Abraham mehr liebt, *mich* oder *sein* Kind?" Nicht weniger mag es den Leser bei der ausschmückenden Nacherzählung von EMMA WITTMANN frösteln:

> „Wie mag da Abraham erschrocken sein, als *Gott ihm diesen Befehl gab.* ... Opfern sollte er den Isaak, so wie man ein Schäflein opfert? Verbrennen sollte er ihn auf einem Altar? Seinen Isaak, sein liebes Kind?
>
> Doch nun konnte man merken, wie lieb Abraham Gott hatte. Er gehorchte ihm, auch dann, als Gott das Allerschwerste von ihm verlangte: daß er seinen Isaak wieder hergeben sollte."[9a]

Was für ein problematisches Gottesbild, das kindlichen Lesern vermittelt wird, wenn man die Geschichte so nacherzählt! Hilfreich dagegen ist die Art, wie KAREL EYKMAN erzählt, indem er den Kontext der Geschichte mitliefert und das Ganze als ein Geschehen darbietet, das sich *in Abraham selbst* abspielt:[10]

> In der Nähe Abrahams wohnten Menschen, die ebenfalls an einen Gott glaubten, aber nicht an den Gott Abrahams. Diese Menschen hatten so viel Achtung und Ehrerbietung vor Gott, daß sie, wenn es ihnen notwendig erschien, sogar ihre eigenen Kinder für ihren Gott töteten. Sie meinten: Dadurch sieht Gott, daß wir ihn ehren.
>
> Abraham wußte nicht, ob er das fertigbringen könnte. Gewiß, er opferte wohl manchmal ein geschlachtetes Lamm, um Gott zu zeigen, daß er wirklich dankbar war. Aber so etwas ...! Was Abraham noch gedacht hat, weiß man nicht. Die Geschichte geht so weiter: Es war früh am Morgen. Isaak wurde wach. Er sah Abraham, wie er Holz auf den Esel packte ...
>
> Abraham ließ das Messer fallen. Er fiel auf die Knie und blieb auf dem Boden hocken. Er flüsterte: „Isaak, mein Junge! Ich dachte, Gott wolle dich für sich haben. Aber das stimmt nicht. Gott will, daß du lebst. Ich dachte: Gott ist nur der Gott Abrahams, aber Gott ist jetzt auch der Gott Isaaks."
>
> Isaak sah seinem Vater in die Augen. Er hatte verstanden. Dann ging er zu dem Bock, der in den Sträuchern hing. Er packte ihn; gemeinsam opferten sie ihn Gott.
>
> Dann kehrten sie zurück. Sie sprachen mit niemandem darüber, was auf dem Berg geschehen war.

[9a] S.46.
[10] S.32ff. Eine Kinderbibel für jüdische Kinder (A.STUTSCHINSKY) bezieht in ihre Erzählung legendenhaften Stoff aus der Haggada mit ein und läßt die Geschichte vor dem Hintergrund einer Auseinandersetzung zwischen Gott und Satan, der nicht an die Frömmigkeit Abrahams glauben will (ähnlich wie die Hiobgeschichte), spielen : a.a.O. S.62ff.

Das bedeutet: Selbst wenn die Originalgeschichte uns Gott so verstehen lassen sollte – als einen unerbittlich strafenden, ja grausamen Gott, der Unmenschliches zu fordern scheint, müßte uns ein Kinderbibel-Autor nicht solche Geschichten im Lichte des Gottes Jesu, des Vaters über Gute und Böse sehen lassen?

9.3 Problemfall Wundergeschichten: Jairus' Tochter

9.3.1 Wenn der Großvater stirbt

Auch bei manchen Wundergeschichten und hier speziell auch bei Totenauferweckungsgeschichten erhebt sich die Frage: Sind dies Geschichten für Kinder? Oder stiften sie nicht eher Verwirrungen? Davon erzählt der Bericht einer Erzieherin:

> Im Kindergottesdienst einer dörflichen Gemeinde war die Geschichte von der Auferweckung der Tochter des Jairus[11] (Markus 5,21–23.35–43) erzählt worden. Auch der letzte Jahrgang der Kindergartenkinder im Alter von 5–6 Jahren besuchte den Gottesdienst. Und so kam es, daß diese Geschichte in der Woche darauf im Kindergarten noch einmal aufgegriffen wurde.
>
> Einige Zeit später verstarb der Großvater eines Jungen aus meiner Gruppe. Als der Junge aus dem Kindergarten nach Hause kam, fand er zu Hause alle weinend um das Bett des toten Großvaters stehen. Er wollte trösten und sagte: Ihr müßt nicht weinen. Der Opa schläft nur. Die Erwachsenen antworteten: Nein, Opa ist tot. Und der muß jetzt in ein Grab. Der Junge protestierte heftig: Nein, ihr dürft den Opa nicht wegbringen. Der muß hier bleiben, bis der Jesus vorbeikommt. Der macht ihn wieder lebendig. Ich hab's in der Kirche gehört und im Kindergarten auch. Die Eltern entgegneten wohl: So ein Unsinn! Der Opa muß jetzt ins Grab. Da wurde der Junge immer verwirrter und gab keine Ruhe, bis seine Mutter schließlich zu uns in den Kindergarten kam und wissen wollte, was wir dem Jungen erzählt hatten und was sie tun könnte, um ihren Jungen zu trösten.

---

[11] s. dazu auch die Kritik an der Nacherzählung von ENID BLYTON Kap. 6.2.1 S.81ff.

Wir sprachen lange miteinander und die Mutter meinte, nun wäre alles gut – sie wüßte nun, was sie ihrem Sohn sagen könnte. Der Junge blieb am Tage des Begräbnisses noch länger bei mir, bis die Feier vorüber war. Er spielte ruhig vor sich hin, aber dann platzte es auf einmal aus ihm heraus: Weißt du, meine Mutti lügt. Erst sagt sie, es ist Quatsch, dann: Ich hab's falsch verstanden, und jetzt sagt sie: Im Grab hat es der Opa doch auch gut, da kommt der Herr Jesus auch einmal vorbei. Aber meinst du, ich glaub' das? Ich glaub's nicht, sonst tät sie doch nicht immer weinen. Ich glaub gar nix mehr.

Hier ist etwas falsch gelaufen: Eine Geschichte, die einmal erzählt wurde, um Menschen zu trösten, ihnen Hoffnung und Vertrauen gegenüber dem Tod zu geben, führt dazu, daß ein kleiner Junge in Verwirrung und Verzweiflung gerät, sich schließlich belogen und hintergangen fühlt und nun gar nichts mehr glauben will.

Natürlich zieht kein Erwachsener aus dieser Geschichte die „naive" Folgerung: Beerdigungen sind überflüssig. Das, was in den Evangelien an Totenauferweckungen erzählt wird, kann auch heute jederzeit wieder so geschehen. – Der Erwachsene hat vielmehr die Möglichkeit zu verstehen, daß diese Geschichte auf etwas anderes bei uns aus ist, nämlich darauf, daß wir ohne Furcht das Schicksal unserer Toten „Gott befohlen" sein, es anstehen lassen können, daß wir dadurch so wenig in letzte Unruhe und Verzweiflung geraten müssen wie angesichts eines Schlafenden. Diesen guten Glauben können wir gewinnen an Jesus: Er lebte dieses Zutrauen, er ging in diesem Zutrauen ans Kreuz und er wurde in diesem Zutrauen gerechtfertigt. Und das obgleich auch mit ihm geschah, was unser Geschick ist – daß man ihn begrub: „Hinabgestiegen in das Reich des Todes."

9.3.2 Christus – der ist mein Leben

Ist diese Geschichte von der Tochter des Jairus überhaupt eine Geschichte für Kinder? Wir stoßen hier offensichtlich an eine Grenze: Solch eine Geschichte angemessen zu verstehen setzt voraus, daß Kinder schon über ein gewisses Verständnis für bildhafte, symbolische Sprache und über Sinn für unterschiedliche Erzählformen, wie sie in der Bibel vorkommen, verfügen können.

Wird die Geschichte naiv, buchstäblich, konkret genommen – wie ein „Bericht" über einen einmaligen äußeren Hergang (so hat es unser Kindergartenkind offensichtlich verstanden), dann bleibt das stumm, was sie eigentlich dem Leser – gleich ob Erwachsenem oder Kind – vermitteln möchte. Aber nicht die erstaunliche Kunde von der physischen Wiederbelebung eines gestorbenen Mädchens in das alte Leben hinein ist es, die uns diese Geschichte nahebringen will. Sondern sie möchte uns Jesus als den sehen lassen, an dem Menschen das Erscheinen „neuen, wahren, ewigen Lebens", des „*Lebens*" schlechthin erfahren haben: „Ich bin die Auferstehung und das Leben. Wer an mich glaubt, der wird leben, ob er gleich stürbe. Und wer da lebt und glaubt an mich, der wird nimmermehr sterben" (Johannes 11,25) – das ist ein Zutrauen, das weit über das naive Fürwahrhalten eines einmaligen Falles von Wiederbelebung hinausgeht.

9.3.3 Der Silberfaden der Seele?

WILFRIED PIOCH will dem Leser den Wunderhergang verständlich machen. Auf die Frage Stefans, ob das Mädchen wirklich tot war, weist die Mutter den Gedanken an Irrtum und Scheintod ab:

> „Ich kann mir kaum vorstellen, daß sich die Frauen, die Tote zurechtmachten, getäuscht haben, doch wenn ein Mensch tot ist, dann ist nicht alles aus mit ihm. Jesus wußte genau, daß im Tod die Seele den Körper verläßt, in dem sie bisher zu Hause war. Sie ist zunächst noch ganz in der Nähe bei dem toten Körper und bei allen, die sie lieb hatten. Erst dann ist sie allmählich auf dem Weg zu Gott. Ich denke, daß Jesus Gott gebeten hat, daß die Seele noch einmal zurückkehren darf in den Körper. Für die Menschen, die dabeistanden, war es dann tatsächlich so, als ob das Mädchen nur geschlafen hätte."

Jesus erscheint hier als Gewährsmann für spiritistisches Wissen über den Sterbeprozeß: Die Seele des verstorbenen Mädchens ist gleichsam noch durch einen „Silberfaden" mit dem leblosen Körper verbunden! Dahin kommt ein Kinderbibel-Autor, wenn er fälschlich eine äußere „Tatsächlichkeit" der Erzählung retten und erklären will. Damit vernebelt er für den Leser gerade, daß hier von mehr und anderem als einer physischen Wiederbelebung die Rede ist, daß es sich vielmehr um eine Geschichte handelt, die im Bild einer Wunderlegende von Ostern und von der Hoffnung auf das Neue Leben in Christus zeugen will. Um einen Fingerzeig daraufhin bemüht sich W. BENECKER:

> Aber die Frauen lachten ihn [Jesus] aus: „Dieses Kind schläft? Niemand wird es dir glauben. Es ist tot!" So verlachten sie ihn. Sie wußten ja nicht, daß Jesus meinte: „Der Tod ist ein *Schlaf zur Auferstehung bei Gott*!"

184

Und BENECKER führt die Erzählung so weiter:

> Und es geschah, was Jesus sagte. Das Mädchen stand auf und ging umher. Er war zwölf Jahre alt. Gott hatte es gerufen. Er hatte es aus dem Tode ins Leben gerufen. Da war es erwacht.
>
> Ein *Zeichen* war geschehen. Nun wissen wir, daß wir auferstehen werden vom Tode ...[12]

„Der Tod – ein Schlaf zur Auferstehung bei Gott" – es handelt sich also um wirklichen Tod, nicht um einen Scheintod, wie gern zur „natürlichen" Erklärung dieses Wunders herangezogen wurde. Der Leser wird nicht irre geführt: Die Geschichte ist ein Zeichen – für uns!

9.3.4 Noch einmal: Gesichtspunkte für eine Auswahl – Geschichten vom Neuen Leben

Doch bleibt die Frage, ob Kindern die Botschaft von dem Auferstehen zu einem neuen Leben, das man bei Jesus finden kann, durch eine Totenauferweckungsgeschichte vermittelt werden kann und muß. Das besonders, wenn obendrein die Art der erzählerischen Darbietung noch die Gefahr verstärkt, eine solche Geschichte als Wiedergabe eines physiologischen Vorgangs in der äußeren Realität naiv mißzuverstehen. Sind nicht andere fundamentale Geschichten vom Neuen Leben ebenso gut oder noch besser für diesen Zweck? Z.B. das Gleichnis vom verlorenen Sohn, der *tot* war und *wieder lebendig* geworden ist, die Erzählungen von Zachäus, den der Besuch Jesu völlig umwandelt und einen „neuen Beruf" finden läßt, von den Emmausjüngern, denen das Gespräch mit dem unbekannten Begleiter auf ihrem Weg die Augen öffnet, von Bartimäus, dem die Umstehenden auf Jesu Wort hin sagen: Sei getrost, *stehe auf*!, oder von dem Gelähmten, der „aufsteht" und sein Bett nimmt? All das sind anschauliche Bilder für das von Grund auf veränderte Neue Leben, das der Glaube erschließt.
Jedenfalls eignet sich eine solche Geschichte wie die von Jairus' Tochter nicht für den Anfang. Mit BALDERMANN möchte ich es für „nicht nur didaktisch ungeschickt, sondern [auch für] theologisch falsch [halten], wenn man für die didaktisch so gewichtige Aufgabe eines ersten Bekanntmachens der Kinder mit Jesus die großen Wundergeschichten heranzieht: Speisung, Sturmstillung oder Totenauferweckung. Sie haben einen anderen didaktischen Ort: Sie setzen ein Kennen des wahren Menschen Jesus voraus und zeigen – auf der Basis dieser Voraussetzung! – daß er damit noch nicht

---

[12] S.38.

wirklich erkannt ist. Werden sie aber ohne diese Voraussetzung angeboten, so wird Jesus notwendigerweise zu einem Halbgott ..."[13]

9.3.5 Sex and crime in der Kinderbibel?

Im Laufe der Kinderbibel-Tradition hat sich im großen und ganzen ein bestimmter Grundbestand an biblischen Stücken herausgebildet, der in jeder Kinderbibel zu finden ist. Doch hat es dabei auch interessante Entwicklungen gegeben. Die verschiedenen Generationen und auch die Kinderbibel-Autoren einer Zeit stimmten durchaus nicht völlig darin überein, was aus der Bibel für Kinder nötig und interessant zu lesen wäre. Hier ist offensichtlich auch „Zeitgeschmack" im Spiel, aber auch Wandlungen im theologischen Denken und im Verständnis vom Kind.
Frühere Autoren hatten z.B. geringere Scheu, Kinder auch Geschichten aus der Bibel lesen zu lassen, die uns moralisch anrüchig scheinen. In einer Zeit, in der man in der Pädagogik an die abschreckende Wirkung von schlechten Beispielen glaubte, konnten Kinder daran lernen – so dachte man –, was böse war und was man folglich nicht tun durfte. So sollte eine Geschichte wie die von Noahs Trunkenheit (1.Mose 9,20–27) vor der Verführung des Alkohols warnen. Die Geschichte von David und Batseba und von Davids Söhnen, in der alle möglichen menschlichen Vergehen und kriminellen Handlungen vorkommen, war ebenso Gegenstand von ausführlichen Nacherzählungen in Kinderbibeln: Ehebruch, Inzest, Brudermord, Verrat und Rebellion, Machtmißbrauch und hinterlistige Täuschung. All diese bösen Exempel sollten den Leser vom Bösen abschrecken und so seiner moralischen Bildung dienen. Spätere Zeiten sind dann moralisch empfindsamer gewesen und haben eine Reihe solcher Geschichten aus der Kinderbibel entfernt oder wenigstens entschärft.[14]
Besonders gern wurden in Kinderbibeln sexuelle Inhalte ausgemerzt oder verschleiert: So verdeckt I.WETH dem Leser, daß es sich um die Hochzeitsnacht handelt, in der der neuvermählte Jakob sexuellen Verkehr mit Lea hat:

---

13 INGO BALDERMANN und GISELA KITTEL: Die Sache des Religionsunterrichts. Zwischen Curriculum und Biblizismus. Göttingen: Vandenhoeck und Ruprecht 1975 S.161. Auch WULLSCHLEGER (S.111) warnt vor einem „Übergewicht der Wundergeschichten bei den Taten Jesu", das suggeriert, Jesus als „göttlichen Menschen" und „Wundermann" zu sehen und den Glauben an ihn als den Sohn Gottes mit dem Glauben an Wunder im antiken Sinn zu verwechseln, statt in Jesus selber das Wunder zu erkennen.

14 RUTH B. BOTTIGHEIMER S.89ff. Ebenso auch SYBILLE PETER-PERRET S. 119ff zu JOHANN PETER MILLER „Erbauliche Erzählungen der vornehmsten biblischen Geschichten zur Erweckung eines lebendigen Glaubens und der wahren Gottseligkeit". Helmstedt 1753.

Sie ist ihm statt Rahel, der Frau, die er wirklich liebt, ins Bett gelegt worden.[15] ANNE DE VRIES läßt Potiphars Frau zu ihrem Haussklaven Josef sprechen: „Komm, wir wollen *etwas Schlechtes* tun! *Es* wird ja niemand sehen." Und Josef antwortet ebenso verschwommen: „Nein, Herrin, *das* darf ich nicht tun, denn Gott sieht *es* genau. Wie sollte ich *etwas Schlechtes* tun und gegen Gott sündigen?"[16] Nun können die Leser rätseln: Was mag denn nur dieses Schlechte sein? So kann denn auch nicht verwundern, daß die Geschichte von David und Batseba in dieser Kinderbibel fehlt.[17]

Dazu paßt die Erfahrung, die ERHARDT GÜTTGEMANNS (geboren 1935, in einer pietistischen Familie aufgewachsen) aus seiner Kindheit berichtet: Ihm ist bei der weihnachtlichen Lesung der Geburtsgeschichte Jesu schon bald aufgefallen, „daß meine Mutter beim Vorlesen die Schwangerschaft der Maria überschlug, während mein Großvater sie anstandslos vorlas"[18]. Schon Schwangerschaft ist also als Thema für fromme Kinder tabu. Dann kann man sich nicht wundern, daß Kinderbibel-Autoren im Gleichnis vom verlorenen Sohn den Vorwurf des älteren Sohnes, sein Bruder habe das Gut des Vaters „mit Dirnen verpraßt" (so der Luthertext), meistens verschweigen oder entschärfen. Er hat mit dem Geld „ganz nichtsnutzige und schlechte Dinge" getan, läßt ein Autor den älteren Sohn in seinem Zorn bläßlich darüber schimpfen.[19]

Dieser moralische „Kinder- und Jugendschutz" mag in Zeiten, wo die Welt der Kinder und die der Erwachsenen stärker voneinander getrennt waren, möglich (und in Grenzen vielleicht auch sinnvoll?) gewesen sein. Heute, wo Kinder ganz ungehindert vor allem durch die optischen Medien über die intimsten Bereiche der Erwachsenenwelt tagtäglich eingehend „informiert"

---

15 S. 45.
16 So die bisherige ANNE DE VRIES Version S.46. Die Neubearbeitung (S.45f) ist nur unwesentlich mutiger. Da sagt Potiphars Frau: „Komm, ich möchte deine Freundin sein, es wird ja niemand sehen." Und Josef wehrt ab: „Nein, Herrin, das darf ich nicht tun, wenn es auch niemand sieht. Wie sollte ich etwas Schlechtes tun vor Gott und deinem Mann." Nun kann der kleine Leser wenigstens etwas gezielter raten: Das ungenannte Schlechte muß irgendwie mit dem Ehemann Potiphar zu tun haben. – Dagegen der originale Bibeltext nach Luther: Und es begab sich danach, daß seines Herrn Frau ihre Augen auf Josef warf und sprach: „Lege dich zu mir!" – oder noch deutlicher die „Gute Nachricht": „Komm, schlaf mit mir!".
17 Natürlich fehlt sie auch in anderen Kinderbibel-Ausgaben, z.B. BENEKER, WITTMANN, PIOCH u.a.m. Dabei ist die David – Batseba – Erzählung gar nicht so sehr als abschreckendes schlechtes Beispiel interessant: Wichtig ist sie ja besonders auch wegen der damit verbundenen Nathan-Geschichte: Dieses klassische Beispiel für Mut vor Königsthronen, für Widerspruch und für das Eintreten für Gerechtigkeit täte jeder Generation not! s. dazu auch STEFAN HEYM: Der König David Bericht S.173ff.
18 In SIEGFRIED RUDOLF DUNDE (Hg) S.29f.
19 So in der Kinderbibel von EYKMAN S.334.

werden,[20] muß eine solche moralische Zensur von Bibeltexten als völlig unrealistisch erscheinen. – Eine solche Ausklammerung von Sexualität macht zu ihrem Teil die Bibel zu einem „doketischen" Buch und befördert untergründig bei den Lesern den verheerenden Eindruck, daß Bibel und Wirklichkeit zwei Dinge sind, die wenig miteinander zu tun hätten.

9.3.6 Die weißen Flecken in Kinderbibeln: Lücken in der Auswahl

Nun findet sich in Kinderbibeln nicht nur ein Zuviel an Geschichten, das im Hinblick auf den kindlichen Leser oder aus theologischen Gründen problematisch ist. Auch nach der anderen Seite hin muß man eine kritische Frage stellen: Was fehlt in unseren Kinderbibeln? Was ist ausgeblendet? Wer Bibelausgaben für Kinder aufmerksam durchsieht, wird auch weiße Flecken auf der Landkarte der Kinderbibel entdecken.

Einerseits sind nicht alle Inhalte in der Bibel Kindern zugänglich und empfehlen sich von daher nicht für die Aufnahme in eine Kinderbibel: So z.B. theologische Lehre wie in den Paulusbriefen oder verschlüsselte apokalyptische Zukunftsbilder (Daniel, die Offenbarung des Johannes), aber auch eine ganze Reihe von Texten aus den Evangelien (Streitgespräche, die großen Redeeinheiten im Johannesevangelium).

Andererseits aber fehlen in vielen Kinderbibeln fast durchgängig solche Stoffe wie die *Profeten, Psalmen, Briefe* des Paulus. Damit droht die Gefahr, daß Stoffe, die sehr zentral für den biblischen Glauben sind, lange Zeit nicht in den Blick von Kindern geraten.

Eine solche Vernachlässigung widerfährt z.B. des öfteren einem Kernstück alttestamentlichen Glaubens: Der Geschichte von der Befreiung Israels, von *Passa und Exodus*. Diese für Israel grundlegende Befreiungsgeschichte, die im jüdischen Glaubensbekenntnis ihren zentralen Platz gefunden hat, begegnet uns nicht nur in dem erzählenden Buch Exodus (2.Mose) innerhalb des Geschichtswerks des Pentateuch, sondern in anderer Form auch im poetischen und profetischen Schrifttum der Hebräischen Bibel, z.B. in den Psalmen (Psalm 106,7ff und 136,10ff; Jesaja 43,16ff). Von der Bedeutung her, die dieser Geschichtenzusammenhang als Ur- und Hoffnungsbild für den befreienden Gott in der Geschichte des jüdisch-christlichen Glaubens besitzt, müßte ihm in mancher Kinderbibel sicherlich ein höherer Rang eingeräumt werden.

---

20 Das ist das Thema des Buchs von NEIL POSTMAN: Das Verschwinden der Kindheit. Frankfurt/Main: Fischer Taschenbuch Verlag 1987.

In jüngster Zeit zeigt allerdings die Auswahl in Kinderbibeln neue Farben: Die neue LAUBI-Kinderbibel bietet Stücke aus Ruth, aus der Weisheit und dem Prediger, profetische Texte (Jesaja und zweiter Jesaja, Jeremia) und Ausschnitte aus der Bergpredigt. I.WETH hat eine Reihe Psalmverse in biblische Erzählungen einbezogen. Die ELEMENTARBIBEL, deren bisherige Teilbände immer schon auch seltene Texte aus der Bibel boten (z.B. Paulus 1.Korinther 13 oder Offenbarung 21 in Band 8), schließt ab mit dem Teilband 6, der voll ist von biblischen Stoffen, die lange Zeit keinen Platz in Kinderbibel-Ausgaben hatten: eine ausführliche Wiedergabe des Hiobbuches, Weisheit, Tobit, eine reiche Psalmenauswahl, Stücke aus dem zweiten und dritten Jesaja.

9.3.7 Gesichtspunkte zu einer Auswahl

Welche Geschichten also sind für Kinder geeignet und interessant, welche nicht? Nicht nur unser moralisches Empfinden und unser Denken über das Kind haben sich verändert und lassen uns gegenüber Kindern nicht mehr so moralisch bevormundend und puritanisch prüde sein. Auch bibelwissenschaftliche Gründe lassen heute über die Auswahl von Bibelgeschichten anders denken. Die Geschichten von König Sauls Heiligen Kriegen – gehören sie dazu[21]? Und andererseits – warum findet sich eine solch spannende Geschichte wie die von der abenteuerlichen Reise des jungen Tobias nicht mehr in unseren Kinderbibeln? Ist es z.B. sinnvoll, die Geschichten von der Sturmstillung und vom Seewandel in einer Kinderbibel-Ausgabe zusammen anzubieten – nur durch vier Seiten voneinander getrennt[22]? Ist diese Auswahl gerechtfertigt, wenn so die zweite Geschichte sozusagen als Überbietung der ersten erscheint? Handelt es sich nicht hier vielmehr um das gleiche Erzählungsmotiv, das in der vorneutestamentlichen mündlichen Überlieferung verschieden ausgestaltet worden ist und in einer Auswahlbibel für Kinder nur wie eine sinnlose Doppelung anmuten muß?
So muß es zu den wichtigsten Aufgaben zählen, die ein Kinderbibel-Autor zu leisten hat, eine *Auswahl* an biblischen Stoffen zu treffen. Wer sich daran macht, muß nach zwei Seiten hin fragen: Was ist wichtig in der Bibel? „Worin sehen wir den Geist der Bibel?" (GERD THEISSEN 1991)[23] Welche Geschichten halten wir für unabdingbar, weil sie eine *erste elementare* Dar-

---

21 Wie noch in der Kinderbibel von GERT OTTO S.65ff.
22 ANNE DE VRIES a.a.O. S.177f und 184ff.
23 In Theologia Practica 27.Jg. Heft 1 1992 S.10.

stellung dessen bieten, was unser Glaube von Gott erfahren hat, was er von ihm erwartet und erhofft?

Und: Was ist wichtig für Kinder? Wo finden sich Brücken, die von der Lebenswelt der Kinder zur Bibel und von der Bibel zu ihrer Lebenswelt führen?

Für eine Kinderbibel sollte also zweierlei gelten:

> • Sie muß das *Lebensinteresse* und die *Verständnismöglichkeiten* von Kindern berücksichtigen und
> • sie muß die *Grundelemente biblischer Botschaft* von Gott und von seinem Offenbarwerden in Jesus enthalten.

So plädiert DIETRICH STEINWEDE[24] für eine Textauswahl, die „Grundtexte christlicher Jesus- und Gotteslehre" umfaßt. „Alle Elementaria eines Redens von Gott, von Jesus aus Nazareth sind auch von der Bibel her auf Grund- und Grenzerfahrungen kindlichen Lebens, auf die soziale und personale Dimension zu beziehen."[25] Entsprechend präsentiert STEINWEDE dann auch eine für Kinder bestimmte Geschichtenauswahl.

In bezug auf die Lebenswelt der Kinder wären hier etwa solche Stichworte von Gewicht:

Groß und Klein (David und Goliat, der kleine Zachäus)

Angst und Mut, (Psalm 23, Stillung des Sturms)

Geborgenheit und Liebe (Segnung der Kinder, die Gleichnisse vom Verlorengehen und Wiederfinden, der barmherzige Samariter),

Befreiung und Aufbruch (Auszug aus Ägypten)

Streit und Versöhnung (die Josefsgeschichte – ein „Familienroman" mit allen Konflikten, die ein Kind an und um sich herum erlebt, aber unter dem hoffnungsvollen Vorzeichen: „Ihr gedachtet es böse mit mir zu machen, aber Gott gedachte es gut zu machen" 1. Mose 50,20),

Freundschaft (David und Jonatan),

Ablösung und Trennung,

Hoffnung und Freude des Lebens,

Leben und Sterben u.a.m.

---

24 1975 S.243ff. Hier begründet STEINWEDE auch, warum eine elementare Einführung in die biblische Tradition schon in der vorschulischen Erziehung unverzichtbar ist. S.232f.
25 1975 S.234.

190

Eine Querlinie dazu ergibt sich aus dem anderen Kriterium: *Grundelemente biblischer Botschaft* von Gott und seinem Offenbarwerden in Jesus. Zu den Stichworten einer entsprechenden Sammlung biblischer „Grundmotive" könnten zählen:

Schöpfung: dies aber in einer Vielfalt, die sich nicht nur auf die Schöpfungserzählungen in 1.Mose 1 und 2 beschränkt, sondern von der Begründung der Welt (in principio) über das neue Leben bis zur Neuschöpfung (Die neue Stadt Gottes) geht.

Aufbruch: Abraham, Mose, Aufbruch aus dem Exil, Aufbruch der christlichen Gemeinde in die Welt.

Wunder: Zu allererst das Wunder, das Jesus selber ist. Das Wunder des Glaubens, Heilwerden und Heilung, das Wunder der Umkehr und Verwandlung.

Die Hoffnung: Neues, ewiges Leben, Versöhnung, Ostern

Die Liebe: die Hingabe, Passion Jesu bis zum Tode am Kreuz, die christliche Agape, die neue Verbundenheit über Grenzen hinaus schafft.[26]

Deutlich ist, daß die Geschichtenauswahl in einer Kinderbibel nicht dem Zufall überlassen bleiben darf. Auch sie ist eine Aufgabe, die nach bewußter Gestaltung in erzählerischer und theologischer Verantwortung verlangt. Und der/die Kinderbibel-AutorIn ist gut beraten, wenn er/sie sich dabei nicht kritiklos einer Kinderbibel-Tradition mit ihrem mehr oder weniger standardisierten Auswahlkanon anschließt und auch nicht ohne bewußte Reflexion einfach den eigenen Vorlieben oder auch Abneigungen folgt. Jede Kinderbibel sollte auf alle Fälle deutlich machen, daß sie nur eine begrenzte Auswahl bietet, daß es ein Mehr an Erzählungen vom Glauben gibt, das kennenlernen zu wollen sie den kindlichen Leser verlocken möchte.

---

[26] Dazu hat GERD THEISSEN a.a.O. eine offene Liste von fünfzehn „Grundmotiven biblischer Sprache" zu einer Bibel mit Blick auf das Jahr 2000 entwickelt, die auch die Auswahl von Stoffen für Kinderbibeln leiten könnte: die Motive der Schöpfung, Weisheit, des Wunders, der Hoffnung, Umkehr, des Exodus, des Glaubens, der Inkarnation, der Agape, der Rechfertigung u.a.m. In gleicher Absicht hatte sich schon INGO BALDERMANN (1980) bemüht, Grundformen und elementare Strukturen biblischen Redens herauszustellen.

10 Kinderbibeln – was man damit machen kann

> In diesem Kapitel werden didaktische Überlegungen und methodische Anregungen zur Verwendung der Kinderbibel als eines interessanten Mediums in der kirchlichen Erwachsenenbildungsarbeit und in der Fortbildung kirchlicher Mitarbeiter angeboten.

10.1 Kinderbibeln in der Kinderarbeit

STEFAN ZWEIG[1] beschrieb in seiner Weise, wie das Schicksal der Zeitgenossen mit der Bibel in der Mehrzahl aussieht. Wie die Märchen der Kinderzeit wird sie beiseite gelegt und nie mehr aufgeschlagen: Weder als „heiliges Buch" noch als „eines der edelsten Kunstwerke der Welt" bedeutet sie noch etwas. Diese Haltung, die als „Bibel-Müdigkeit" noch zu milde charakterisiert ist, erfaßt schon Schüler nach der Grundschulzeit. Das hängt sicher auch damit zusammen, wie Kindern die Bibel in Kinderbibel-Form nahegebracht wurde: nicht als ein Buch wie andere Bücher, sondern als ein besonderes Buch, das zu lesen eine besondere Haltung, einen tieferen Ernst verlangt. Damit darf man nicht herumspielen und Unsinn treiben, sondern man soll es in acht nehmen und glauben, was darin geschrieben ist.
STEFAN ZWEIG benannte auch genau den Punkt, wo für viele die „Wende" beginnt: den *Zweifel*. Wenn diese elementare Erfahrung des Zweifels an Gott und der Welt nicht auch ihren Platz in der Beschäftigung mit der Bibel findet, dann wird auf Dauer dieses Buch uninteressant, weil es nicht zu den eigenen Erfahrungen spricht. Die Bibel, oft so angeboten und verstanden als Sammlung unbezweifelbarer, feststehender Antworten[2], ist dies eben aber gerade nicht. Sie ist vielmehr ein Buch, in dem auch die Fragen und Zweifel, ja die Verzweiflung von Menschen laut werden: Man denke an Hiob oder an eine Reihe von Psalmen, die oft in Kinderbibeln fehlen! Sie ist ein Buch, in dem sehr verschiedene Erfahrungen mit dem Glauben versammelt sind, sozusagen ein *„pluralistisches" Buch*, das mit vielen Stimmen

---

1   s.o. S.11 (Vorwort). Vgl. dazu auch die Angaben aus einer Erhebung aus 1987 (s.o.Kap.1 S.13 Anm.4).
2   „Antwort auf alle Fragen gibt mir Dein Wort ..." – so lautet eines der modernen Kirchenlieder.

spricht[3]. Und die Bibel, vermittelt in Kinderbibeln, sollte so *vielstimmig* bleiben und in ihren unterschiedlichen Stimmen auch vom Leser wahrgenommen werden können. Das aber bedeutet: Diese Vielstimmigkeit ist statt sie als Peinlichkeit zu verstecken, dem Leser, dem Kind zu zeigen. Es soll dann selbst seinen Weg darin finden, mit seiner eigenen Stimme, seinem eigenen wachsenden Verständnis diesen vielstimmigen Chor der biblisch-christlichen Überlieferung bereichern.

Solche „Vielstimmigkeit" können wir sogar in ein und derselben biblischen Erzählung antreffen. Wenn in der Frühzeit die Christen eine Jesusgeschichte weitererzählten, dann konnten sie – je nachdem, wie sie dran waren – sich ihren eigenen Schluß dazu machen.[4] Und damit konnten sie das Werk Jesu weiterführen hinein in ihre eigenen Verhältnisse. Es konnte allerdings auch geschehen, daß sie sich damit vom Sinn Jesu entfernten. Diese Vielstimmigkeit in der Bibel und gegebenenfalls sogar in der einzelnen Erzählung selbst provoziert zur Stellungnahme: Wo höre ich den Grundton, die grundlegende Stimme Jesu in diesem Chor? Zugleich gibt dies auch die „Toleranz", ein ganz anderes Verständnis, das von den Kindern herkommt, ernst zu nehmen und sich mit ihm auseinanderzusetzen. Das Verstehen der Bibel ist keine Einbahnstraße vom Erwachsenen zum Kind, sondern ein Wechselverhältnis, in dem auch der Erwachsene von den Kindern „lernen", sein Verständnis von Bibel erweitern kann.[5]

Das führt zu einer *Grundforderung*: Wer Kinder an die Bibel heranführen möchte, darf nicht nur mit einer Kinderbibel-Ausgabe arbeiten!

Von daher muß es als problematisch beurteilt werden, wo in Kindergarten, Unterricht und kirchlicher Kinderarbeit nur eine Kinderbibelausgabe zur Verfügung steht, die die „Alleinherrschaft" ausübt (so weithin noch die

---

[3]   Diese Vielstimmigkeit herauszuarbeiten, ist ein ausgesprochenes Anliegen BALDERMANNs.1980 z.B. S.98ff.

[4]   Das ist z.B. beim Gleichnis vom großen Abendmahl bzw. vom Hochzeitsmahl Lukas 14,16–24/Mattäus 22,1–14 der Fall. s. dazu auch die Bartimäus-Geschichte Markus 10,46–52, wo in der Bekehrung der Umstehenden abgebildet ist, wie die Christen zur Zeit des Markus sich in das Tun Jesu einbezogen sahen. s.o. S.120f.

[5]   s.o. Kap.2.1 S.21f: die Auslegung, die die Zachäusgeschichte (Lukas 19,1–10) in der Nacherzählung eines Schülers gefunden hat.

Kinderbibel von A. DE VRIES oder auch die Bilderbücher der Serie: „Was uns die Bibel erzählt" mit den KEES DE KORT Bildern).

Im Gegenteil, es sollten verschiedene biblische Bilderbücher und Kinderbibeln sein, die in Erzählstil, Illustrationsweise (Jesusbild) und auch theologischem Verständnis der Geschichten weit auseinander liegen. Wo in dieser Weise der Gebrauch von verschiedenen Kinderbibeln üblich wird, können die Kinder verstehen lernen: Es gibt *keinen Einheits-Jesus*. Man kann von ihm verschieden erzählen und man kann ihn verschieden sehen (Bilder!).

10.1.1 Biblische Bildung für MitarbeiterInnen. Beispiel: Kindergottesdienst

Man kann heute mit Grund den Eindruck haben, daß die „Arbeit" mit der Bibel viel reichhaltiger und bunter geworden ist: Bibliodrama, biblischer Tanz, Lied, meditativer Umgang mit biblischen Texten, Bibelwochen, Bibelkurse. Dabei wird viel an Kreativität und Fantasie frei, die in dem etwas „trockenen" Klima traditioneller „Bibelarbeit" so nicht gedeihen konnten.

Hier bietet sich die Kinderbibel durchaus als ein weiteres geeignetes Medium in der theologischen Fortbildung und Vorbereitung von kirchlichen MitarbeiterInnen (und natürlich auch in der Bildungsarbeit in den Gemeinden) an: für LehrerInnen, ErzieherInnen, MitarbeiterInnen im Kindergottesdienst, in Gemeindebüchereien und Buchhandlungen.

Der Gebrauch von Kinderbibeln könnte hier eine elementare Einübung in verstehende Arbeit an biblischen Texten bieten und dies eben gerade auch mit MitarbeiterInnen, die nicht fachtheologisch ausgebildet sind und daher nicht auf die (griechischen oder hebräischen) Originaltexte zurückgreifen können.

So ist z.B. zur *Vorbereitung* der KindergottesdienstmitarbeiterInnen die Einbeziehung von Kinderbibeln in mehrerlei Hinsicht hilfreich. Einerseits lassen sich – zumal im Vergleich zwischen verschiedenen Kinderbibelausgaben – daraus wichtige *erzähltechnische* Anregungen gewinnen (bzw. auch Gegenbeispiele vermeidenswerter Erzählweisen). Aber darauf beschränkt sich der Nutzen nicht. Der „Übersetzungsschritt" von einer sprachlichen Fassung der biblischen Texte zur anderen läßt sich zwar (anders als in der fachtheologischen Ausbildung) nicht am Umgang mit einem „Urtext" kritisch nachverfolgen und damit auch nicht der Zugewinn an Verständnis, der darin enthalten ist. Dafür aber können die MitarbeiterInnen im Kindergottesdienst sehr wohl einen ähnlichen „Übersetzungsschritt" an der erzählerischen Transformation einer Geschichte von der Vollbibel zur Kinderbibel nachvollziehen. Gerade der *Vergleich von Kinderbibeln* untereinander und mit der Vollbibel (Luther, Gute Nachricht, Einheitsübersetzung) kann wichtige Fragen und Impulse geben, die den Leser im eigenen Verständnis der biblischen Geschichten weiterbringt. Und weiter: Im Kindergottesdienst muß in der Kindergruppe ein ähnlicher Übersetzungsschritt von der Bibel zur eigenen Erzählung geleistet werden. Für ihn könnte systematische und kritische Arbeit mit Kinderbibeln eine wertvolle Hilfe sein, die den Ansprüchen und Fähigkeiten von MitarbeiterInnen im Kindergottesdienst besonders angemessen ist.

An der *vergleichenden Zusammenschau* darüber, welche erzählerische Gestalt eine biblische Geschichte jeweils in den beigezogenen Kinderbibeln gefunden hat, läßt sich sehen, wie unterschiedlich sie zu ihren Lesern spricht – und das ist nicht gleichzusetzen mit einem einfachen „richtig" oder „falsch". Dieser Tatbestand mag seinerseits davor bewahren, ein „autoritatives", dogmatisch richtiges Verständnis für sich übernehmen zu wollen und dann etwa den Kindern in der Gruppe abzuverlangen. Vielmehr ist damit die Freiheit gegeben, in Auseinandersetzung mit den verschiedenen Möglichkeiten, wie die Geschichte verstanden worden ist, nun sein eigenes authentisches Verständnis zu entwickeln und zu begründen und andere darin zu befördern, das auch für sich zu tun. Wenn eine Erzählung immer durch das Verständnis des Erzählers hindurch vermittelt ist[6] und darin eine neue Gestalt gewinnt, dann muß eine Grundforderung sein, daß der Erzähler eben sein Verständnis einer bewußten methodischen Auseinandersetzung aussetzt. – Dies alles kann natürlich auch im Hinblick auf die theologische Vorbereitung von Pfarrern und Lehrern für Unterricht und Gottesdienst empfohlen werden. Gerade theologisch und illustrativ so intensiv durchgearbeitete Kinderbibeln wie die von LAUBI oder POKRANDT bieten für diese notwendige Vorarbeit gute Hilfe.

Die Texte von geeigneten Kinderbibeln können nun nicht nur als Materialien für *theologische Vorarbeit* und als *Erzählgrundlage* in der Kindergottesdienstgruppe dienen, sondern ebenfalls als Vorlagen für *Lesungen im Gottesdienst*. Besonders wenn es sich um Kinderbibeln handelt, die sich um eine elementare und zugleich anspruchsvolle Sprachgestalt bemühen (Elementarbibel, STEINWEDE, WETH), sind die daraus mündlich vorgetragenen Texte vom Zuhörer oft leichter aufzufassen als die Lesungen aus der Vollbibel. In der fremden Gestalt, in der die Bibeltexte hier begegnen, könnten gerade auch dem erwachsenen Teilnehmer an Familiengottesdiensten Anstöße zu neuer Aufmerksamkeit und neuem Verständnis für die Sprache der Bibel vermittelt werden.

---

[6] s.o. Kap. 7.7 S.143f.

10.1.2 Kindergruppen

Außerhalb des Gottesdienstrahmens lassen sich viele Möglichkeiten des Umgangs mit Kinderbibeln denken. So könnten z.B. die Kinder jeweils ihre eigenen Kinderbibeln mitbringen und sie sich gegenseitig zeigen.

Ein anderes „Projekt" könnte sein: Kinder machen ihre eigene Bibel in Nacherzählung und Bildern[7]. Hier würde „heimlich" mitvermittelt, daß Bibel-Lesen und -Hören nicht nur passive Rezeption ist, sondern ein durchaus aktiver, schöpferischer Verstehensvorgang, der in einer Weise die biblischen Inhalte wieder neu werden läßt.

10.2 Biblische Bildung durch Arbeit mit Kinderbibeln

Wenn man die Programme von Gemeindearbeit, Familienbildungsstätten, ev. Akademien u.a. durchsieht, dann erhält man nicht den Eindruck, als stellte die Arbeit mit der Bibel immer noch „die *Grundform kirchlicher Erwachsenenbildung*" dar (R.HENKYS).[8] Vielmehr scheint Gefahr im Verzuge, daß das Thema „Bibel" unter der Vielzahl von Themen und Projekten unterzugehen droht. Doch haben sich aber andererseits neben der „klassischen" Bibelarbeit vielfältige andere Formen biblischen „Lernens" entwickelt.

Nun ist Arbeit mit der Bibel nicht einfach Selbstzweck: In Anwendung eines Jesusworts könnte man sagen: Die Bibel ist für den Menschen da, nicht der Mensch für die Bibel. Also muß gefragt werden: Wo in der kirchlichen Erwachsenenbildung ist sie und gerade sie notwendig und wozu? Sie muß ihren *Sitz im Leben* heutiger Menschen und in der Praxis der Gemeinde haben.

Hier lassen sich u.a. verschiedene *Anlässe* und *Motive* denken: Bibel – das ist ein Buch, an dem Kinder und Erwachsene der Geschichte, der Welt von gestern begegnen, *einer Welt*, in der die Menschen *vor uns* lebten. Die Welt hat nicht mit uns angefangen. Wenn ich meine Welt heute verstehen möchte, muß ich meinen Blick zurückwenden und danach fragen: Wo komme ich her?

Kinderbibel zudem ist ein Buch, das mich mit der eigenen Vergangenheit und Kindheit verbindet und zugleich eben auch mit den Kindern jetzt in der Gegenwart.

---

7   GERT OTTO hatte seinerzeit seine Kinderbibel mit von Kindern verfertigten Bilder ausgestaltet. s. dazu auch den Malwettbewerb, den der Stadtkirchenverband Hannover 1992 für Kinder ausgeschrieben hatte.

8   Zitiert nach Handbuch der Religionspädagogik Bd.3. Gütersloh 1975 S.381.

Dazu kommt die Anforderung, die Eltern und Erzieher in den Kindern und deren Fragen erleben, die nach Orientierung in der christlichen Überlieferung suchen. Und schließlich noch enger die Erfordernisse von kinderbezogenen, Erwachsene einschließenden Gottesdiensten (Familiengottesdienst, Schulanfängergottesdienst u.a.m.). Das Interesse an den eigenen *Kindern* und das Leben mit ihnen kann so für die Arbeit mit der Bibel ein weiteres Motiv bereitstellen.

Dabei fällt ins Gewicht, daß heutige Erwachsene – außerhalb eines engeren Kreises von Menschen, die eine intensivere christliche Erziehung genossen haben und kirchlich stärker engagiert sind – kaum über größere biblische Kenntnisse verfügen. Die Hemmung vor der Vollbibel als einem weithin unvertrauten, „voluminösen" Buch mag sich aber weniger störend bemerkbar machen, wenn man ihr in der „leichteren" Form von Kinderbibeln begegnet: Eine *Kinderbibel als mit Bildern versehene Auswahlbibel* mag ein „Laie" leichter überschauen und handhaben können als die umfangreichere Vollbibel. Zudem knüpfen sich an sie eventuell eigene Erinnerungen aus der Kindheit, aus dem Grundschulunterricht mit seinen biblischen Geschichten in Religionsbüchern, eigene Erinnerungen auch an Bilder mit biblischen Motiven.

Zugleich mutet eine Kinderbibel als Kinderbuch weniger „heilig" an als die Bibel selbst. Auch dies scheint Auseinandersetzung und Kritik eher möglich zu machen, während man sich sonst dazu verpflichtet glauben kann, die Vollbibel eben so nehmen zu müssen wie sie ist.

Es ist immer ein mit überraschenden Entdeckungen verbundenes Unternehmen, wenn man sowohl bei Erwachsenen, die eine engere kirchliche Bindung haben und mit der Bibel stärker vertraut sind, als auch bei solchen, die gegenüber Kirche und Bibel distanziert sind, biblische Elemente in verfremdeter Form einbringt. Diese *Verfremdung* kann dazu beitragen, bei beiden Gruppen anzutreffende Verfestigungen und vorgefaßte Einstellungen aufzulockern und neue Gedanken und Einsichten zu ermöglichen.[9] Eine solche Möglichkeit zur Verfremdung bietet auch ein Kinderbibel-Text, der die Originalgeschichte in einer sehr ungewöhnlichen Weise darbietet: z.B. Texte aus EYKMAN/BOUMAN: Die Bibel erzählt oder die Comic-Version des Gleichnisses vom verlorenen Sohn von FRIEDEL STEINMANN UND DIETER KOHL.

Darüber hinaus bieten die *Bilder* in den Kinderbibel-Ausgaben heute in unserer von visuellen Medien bestimmten Welt einen zusätzlichen Anreiz,

---

9   s. hierzu HORST KLAUS BERG: Biblische Texte verfremdet. Stuttgart: Calwer Verlag 1986ff.

zumal Bilder mit biblischen und christlichen Motiven für viele Erwachsene zu den ersten Erinnerungen in ihrer Lebensgeschichte mit Religion gehören.[10]

An den Texten von Kinderbibeln läßt sich (stärker als dies etwa im Vergleich von unterschiedlichen Bibelübertragungen ins Deutsche möglich ist) gerade auch für den nicht theologisch Ausgebildeten deutlicher erkennen, was der Verfasser selber jeweils für ein Verständnis von einer biblischen Geschichte hat. Dies zeigt sich z.B. sehr klar an den Veränderungen, die Kinderbibel-Autoren gegenüber dem Originaltext bringen: an den Überschriften, Erweiterungen, Auslassungen, Umformulierungen in ihrer Nacherzählung.[11] Dieser Tatbestand aber macht aufmerksam darauf, daß man biblische Texte *unterschiedlich verstehen* kann und verstanden hat – und daß das so in Ordnung ist. Es gibt also kein autoritatives Verständnis von Bibel, das etwa bei den Fachtheologen oder den Frommen aufbewahrt wäre – dies ist eine wichtige und wohl nicht selbstverständliche Erkenntnis, die dem einzelnen ein neues, persönlicheres Verhältnis zur Bibel erschließen könnte. Der Rückgriff dann auf die Originalgeschichte in der Vollbibel mag diese Einsicht noch bestärken und damit eine weitere Provokation für den Leser darstellen, Stellung zu nehmen, wie er nun selbst die Geschichte mit Grund verstanden wissen will.

Ein wichtiges Erkenntnisziel, das mit der Beschäftigung mit Kinderbibeln verbunden ist, ist also die Einsicht, daß wir nie nur die blanke biblische Geschichte allein vermittelt bekommen haben, sondern daß sie immer auch durch das persönliche Verständnis von Menschen hindurch gegangen ist, die sie zu uns gebracht haben. Wir lesen biblische Texte – selbst wenn sie uns bewußt unbekannt und neu sind – nicht als Erste. Texte aus der Bibel haben vielmehr eine lange *Wirkungsgeschichte* hinter sich, an deren Ende unser eigenes Verständnis steht. Sie haben für uns eine „Färbung" erfahren in Erzählung, Unterricht, Predigt, Bildern.

10.2.1 Didaktische Beispiele

Für die Verwendung der Kinderbibel in der kirchlichen Bildungsarbeit lassen sich vielfache didaktische Beispiele entwickeln und methodische Anregungen geben. Sie alle zielen darauf, Chancen einer kreativen Neubegegnung mit biblischen Stoffen erschließen zu wollen. In vielen Fällen wird sich am Ende folgerichtig ein Griff zur Vollbibel wie von selbst ergeben.

---

[10] s. dazu Kap.2.2 S.23ff, s. auch Kap.5.1.1 S.54.
[11] s. dazu Kap.6 S.79ff.

10.2.1.1 Beispiel: Überschriften formulieren

Zu einer biblischen Geschichte *neue Überschriften* formulieren und begründen. Wodurch unterscheiden sie sich von gewöhnlich mit der Geschichte verknüpften Titeln?

> Vorübung dazu: *Schlüsselwörter* aus dem Text sammeln und zur Formulierung der Überschrift benutzen.
>
> Diese Übung beruht darauf, daß sich in einer Überschrift ein bestimmtes Verständnis eines Textes ausdrückt. Die Formulierung einer Überschrift setzt voraus, daß man sich entschieden hat, einen Text so oder so zu verstehen[12].

Als Variante dieser Übung könnte man auch versuchen, die traditionellen Überschriften (Lutherbibel) durch eigene Untertitel zu ergänzen.

10.2.1.2 Beispiel: Kinderbibel-Vergleich

Vergleich von zwei bis drei verschiedenen *Kinderbibelnacherzählungen* zu einer biblischen Geschichte mit dem Originaltext aus der Lutherbibel. Dazu ev. andere Bibelübersetzungen beiziehen.[13].

Der Vergleich wird leichter, wenn vorher eine synoptische Zusammenschau, die die verschiedenen Kinderbibelversionen nebeneinander setzt, erstellt und für die Teilnehmer kopiert ist.

> Hier z.B. die Speisung der 5000 nach Markus 6,30–44: W. WIESE: Biblische Geschichten … S.75–82 gegen ANNE DE VRIES.[13a]

10.2.1.3 Beispiel: Vergleich zwischen den Evangelien

Vergleich einer Erzählung/eines Textes, der in allen *drei synoptischen Evangelien* enthalten ist wie z.B.:

- der wunderbare Fischzug Lukas 5,1–11/Mattäus 4,18–22/Markus 1,16–20/Johannes 21,1–11

- die Kreuzigungserzählung Markus 15,33–40 par[13b]

Daß eine biblische Erzählung uns in unterschiedlicher Erzählgestalt begegnet, ist kein „neuer" Tatbestand. Wir treffen auf ihn bei der

---

[12] s. dazu Kap.6.5 Überschriften S.98ff.
[13] s. dazu auch Kap.7.2+3.
[13a] Vgl. dazu R. TSCHIRCH: Wo bist du, Gott? GTB 648. 1986 S.45ff.
[13b] Empfehlenswert ist hierzu die Verwendung einer entsprechenden Bibel-Ausgabe wie z.B. CARL HEINZ PEISKER: Zürcher Evangelien-Synopse. Kassel: J.G. Oncken Verlag (1962).

Lektüre in der Bibel, z.B. in der jeweils unterschiedlichen Wiedergabe einer Jesusgeschichte in den Evangelien. Auch hier machen die Unterschiede Sinn: Sie repräsentieren jeweils ein anderes Verständnis einer Geschichte.

10.2.1.4   Beispiel: Eine eigene Nacherzählung entwickeln

Arbeit an einer Bibelgeschichte (etwa nach dem Göttinger Stufenmodell) und Umwandlung in eine *Nacherzählung*, die in einer Kinderbibel-Ausgabe Platz finden könnte. Anschließend Vergleich mit der Wiedergabe der gleichen Geschichte in einer heutigen Kinderbibel.
Fragen zur „Arbeit" am Text:

> Was freut mich an dieser Geschichte, was finde ich gut darin?

> Was ärgert mich an ihr, was lehne ich ab?

> Was verstehe ich nicht in der Geschichte? Wozu brauche ich nähere Erklärungen und Informationen?

> Was für Bilder, Erinnerungen, Gedanken ruft die Geschichte in mir wach?

Daß die Bibel dem Leser in seiner Lebensgeschichte oftmals als ein religiöses, „heiliges" Buch begegnete und damit für ihn sehr hoch gehängt erschien, machte weithin für ihn unmöglich, was sonst ganz selbstverständlich in der Auseinandersetzung mit Gelesenem geschieht: Daß sich auch negative Gefühle melden. Der Leser ärgert sich, findet eine Geschichte langweilig, abstoßend, fragwürdig. Solche negativen Gefühle und Urteile schienen sich gegenüber einem „heiligen" Buch von selbst zu verbieten und mußten unterdrückt werden. Aber das Unterdrückte ist damit nicht unwirksam geworden, sondern meldete sich in anderer Weise wieder zu Wort – als Gleichgültigkeit, als „Bibelmüdigkeit" z.B. Diesen negativen Eindrücken gegenüber Texten aus der Bibel wieder auf die Spur zu kommen, würde helfen, eine neue innere Beziehung zu diesem Buch aufzubauen.

10.2.1.5   Beispiel: Illustration

Welcher Moment/ welche Momente in einer Geschichte sollen *illustriert* werden und warum?

Die Wahl, welcher Moment in der Geschichte zur Illustration bestimmt wird, beruht natürlich auch auf einem bestimmten Urteil darüber: Was ist das sinntragende Zentrum des Textes? Dasselbe gilt auch, wenn man die Geschichte in Szenen aufgliedert und ihnen Bilder zuordnet.

Zur Ergänzung kann man hier ev. Dia-Reihen einsetzen: Was uns die Bibel erzählt. Elementarbibel.

10.2.1.6   Beispiel: Jesusbilder

Vergleich von *Jesusbildern* in Kinderbibeln: Das theophane und das menschliche Jesusbild[14]
Bilder zur Bibel anschauen: Chagall, Nolde, Salvadore Dali, Beckmann u.a.
Hier ist besonders wichtig die Frage: Was stört mich, stößt mich ab an dem Bild? Oft wird erst an diesem „Widerstand" bewußt, daß der Betrachter schon ein Jesusbild verinnerlicht hat. Das macht sich erst bemerkbar, wenn er auf eine Jesusdarstellung trifft, die seinem „Geschmack" widerspricht.

10.2.1.7   Beispiel: Auswahl

Auswahl. Leitende Fragen dazu könnten etwa sein:
Welche Texte in der Bibel halte ich für so wichtig, daß sie meiner Meinung nach auf jeden Fall in einer Bibelausgabe für Kinder Aufnahme finden müssen?
Und umgekehrt: Welche Texte aus der Bibel würde ich auf keinen Fall in eine Kinderbibel aufnehmen?
Es sollte versucht werden, für die jeweiligen Entscheidungen Begründungen zu formulieren und zu diskutieren.[15]

10.2.1.8   Beispiel: Kinderbibelausstellung

Planung einer *Kinderbibel-Ausstellung* in der Gemeinde: Welche Bibeln sollen in die Ausstellung aufgenommen werden? Wie soll ein Katalog ge-

---

[14]   s. dazu Kap. 5.5 S.67ff dazu auch HILDE ROSENAU 1993.
[15]   s. Kap. 9 S.176ff.

staltet werden? Wie soll die Ausstellung in der Öffentlichkeit angekündigt werden?
Eine solche Ausstellung könnte/sollte auch praktisch durchgeführt werden. Hier bietet sich eine Zusammenarbeit mit der landeskirchlichen Bücherei-arbeit[16] oder mit einer evangelischen Buchhandlung oder Gemeindebücherei am Ort an.

10.2.1.9 Beispiel: Bibel-Comic texten

Eine biblische Erzählung aus einer *Comic-Bibel texten*:

> Dazu müßten in der Kopie einer solchen Comic-Ausgabe die Texte vorher (z.B. mit Tipp-Ex) getilgt sein.

10.2.1.10 Beispiel: Brief an Kinderbibelautor

Gemeinsam einen *Brief an den Autor/ die Autorin* einer Kinderbibel entwerfen: Was mir an Ihrer Kinderbibel besonders gefallen hat. Und was ich an Ihrer Kinderbibel kritisch sehe.
Eventuell eine/n AutorIn zu einer Lesung mit Diskussion einladen.

---

[16] Amt für Gemeindedienst. Medienzentrale. Buch- und Büchereiarbeit: Archivstr.3 30169 Hannover und entsprechende Einrichtungen in anderen Landeskirchen.

Nachwort

> Diese seine [Chagalls] Bibel ist zu einem Menschheitsbuch geworden, in dem jeder seine eigenen Ahnungen, Sehnsüchte, seine Hoffnungen und Enttäuschungen wiederfindet; sie ist für ihn ein Buch, aus dem ihn gleicherweise das Antlitz Gottes wie das Gesicht des Menschen anblickt. Es ist die Bibel des 20. Jahrhunderts …
> Alfons Rosenberg über Marc Chagall[1]

Ist die Bibel ein Buch für Kinder? Diese Frage stand am Anfang der Arbeit.[2] Alle Mühe und Fantasie, alles Engagement von AutorInnen, das in die Kinderbibel gesteckt wurde, zeigt, wie sehr die Bibel – nun im bunten Kleid der Kinderbibel – auch und gerade ein Buch für Erwachsene ist, ein Buch, das immer wieder viele von neuem anreizt zu lesen, zu verstehen, zu erzählen, schriftstellerisch produktiv zu gestalten. Es mag darin ein Stück von der gleichen Faszination stecken, die sich in anderer Weise in dem Schaffen eines Künstlers wie MARC CHAGALL ausdrückt.

Diese Faszination lebt wohl davon – wie ALFONS ROSENBERG über MARC CHAGALL sagt –, daß uns aus diesem Buch und seinen Geschichten „gleicherweise das Antlitz Gottes wie das Gesicht des Menschen anblickt", daß darin „jeder seine eigenen Ahnungen, Sehnsüchte, seine Hoffnungen und Enttäuschungen wiederfindet". Kinder tun das in ihrer eigenen Weise, wie wir gesehen haben. Doch sie bleiben nicht Kinder, sie lassen die Kinderstube hinter sich. Sie beginnen zu zweifeln und die Bibel mag vielen unter ihnen nicht mehr das heilige Buch sein, als das es ihnen in Kindertagen erschien. Um so wichtiger wäre zu wünschen, daß ihre ersten Begegnungen mit diesem Buch der Anfang eines Weges sind, auf dem die Bibel für sie ein „schönes" Buch (STEFAN ZWEIG) wird oder – wie es wieder Rosenberg über CHAGALL sagt – „ein Buch der Freude". Mag sein, daß es auf diesem Wege für den einen oder anderen auch wieder ein heiliges Buch werden kann.

---

[1] In HANS JÜRGEN SCHULTZ: Sie werden lachen, die Bibel. Erfahrungen mit dem Buch der Völker. München: Deutscher Taschenbuch Verlag 1975 S.226.
[2] s.o. Kap.1 S.13.

Literatur

Im Text wurden Zitate nachgewiesen mit Seitenangabe, wenn nötig, unter Hinzufügung des Verfassernamens und gegebenenfalls des Erscheinungsjahres. Unter den Kinderbibel-Ausgaben sind besonders empfehlenswerte Titel durch Fettdruck hervorgehoben.

Kinderbibel-Ausgaben

Biblische (und religiöse) Bilderbücher

BILDERGESCHICHTEN AUS DER BIBEL. Zeichnungen von Heinz Giebeler. Stuttgart: Deutsche Bibelgesellschaft. 1991 Darunter z.B.: Menschen begegnen Jesus

FUSSENEGGER, GERTRUD: Jona. Bilder von Annegert Fuchshuber. München: Annette Betz Verlag 1986

GEMMEL, STEFAN: Der Rabe in der Arche. Ill. von Ursula Verburg. Kevelaer: Verlag Butzon und Bercker. 1993 (Sehr ausgeschmückte Sintfluterzählung aus der Sicht des von Noah geretteten Raben Lotus)

GRUND, JOSEF CARL: Noah und die Arche des Herrn. Bilder von Helga Schuster. Augsburg: Brigg Verlag 1983

HUTTON, WARWICK: Wie Jona in den großen Fisch kam. Ill. von Warwick Hutton. (Aus dem Amerikanischen) Stuttgart: Kreuz Verlag 1993 (Nur Jona 1 und 2)

KORT, KEES DE: Was uns die Bibel erzählt. Bilderbuchreihe z.B.: Jesus ist geboren; Jesus und der Sturm; Bartimäus; Jesus ist auferstanden; Der barmherzige Samariter; Der verlorene Sohn; Gott erschafft die Welt; Abraham; Josef; Der Auszug aus Ägypten u.a.m. Stuttgart: Deutsche Bibelgesellschaft

—: Meine Bilderbibel. Die schönsten Geschichten der Bibel. Stuttgart: Deutsche Bibelgesellschaft.

MAIER-F., EMIL: Bilder der Bibel. Stuttgart: Katholisches Bibelwerk. Darunter z.B.: Vom verzeihenden Vater; Vom reichen Fischfang; Jesus macht Zachäus froh; Jesus wird geboren; Jesus geht mit uns; Bartimäus kann wieder sehen; Ein Prophet für die Armen. Stuttgart: Katholisches Bibelwerk

—: Bilderbuch-Bibel. Stuttgart: Katholisches Bibelwerk 1993

MASAHIRO, KASUYA: Der große Turm. Hamburg: Wittig Verlag 1977

—: Schöpfung. Hamburg: Wittig Verlag 1982

—: Die Arche Noah. Hamburg: Wittig Verlag 1977

MIYOSHI, SEKIYA: Jona. Hamburg: Wittig Verlag 1978

OBERDIECK, BERNHARD und Jurij Brêzan: Die Geschichte von der Arche Noah. Ravensburg: Otto Maier Verlag 1992

ROST, DIETMAR und Joseph Machalke: Jesus hat uns lieb. Das Neue Testament für Kinder. Bd 1–7. Bilder von Jenny Dalenoord. Hamburg: Agentur des Rauhen Hauses. Z.B. Jesus kommt auf die Welt; Jesus und seine Freunde; Jesus hilft den Menschen; Jesus erzählt vom Vater u.a.m.

SCHINDLER, REGINE: Deine Schöpfung – meine Welt. Bilder von Heyduck-Huth, Hilde. Lahr: Kaufmann 1982

—: ... und Sara lacht. Eine biblische Geschichte neu erzählt. Bilder von Eleonore Schmid. Lahr: Kaufmann.1984

—: Der verlorene Sohn. Bilder von Eleonore Schmid. Lahr: Kaufmann. 1994

WALTER, SILJA: Die Weihnachtsgeschichte. Bilder von Susana Polac. Augsburg: Brigg Verlag 1983

WIEMER, RUDOLF OTTO: Jona und der große Fisch, Bilder von Reinhard Herrmann. Gütersloh: Gütersloher Verlagshaus Gerd Mohn 1975

Kinderbibeln

ALEXANDER, PAT: Die kleine Kinderbibel. Ill. von Lyndon Evans. Gießen: Brunnen Verlag 1992

BECK, ELEONORE: Meine Bilderbibel. Das große Buch von Gott und den Menschen. Ill. von Paul König. Konstanz: Friedrich Bahn Verlag 1990. Die frühere Ausgabe dieser Kinderbibel war illustriert von Bert Bouman: 1976

BENEKER, WILHELM: Gott und sein Volk. Das Alte Testament für Kinder. Bilder von Jenny Dalenoord. Hamburg: Agentur des Rauhen Hauses 1976

—: Die Jesusgeschichte. Das Neue Testament für Kinder. Bilder von Jenny Dalenoord. Hamburg: Agentur des Rauhen Hauses 1972

BLOCK, DETLEV: Die große bunte Kinderbibel. Illustrationen von Gisela Röder. Bindlach: Loewes Verlag 1993

—: Leselöwen Bibelgeschichten Altes Testament. Bindlach: Loewes Verlag 1988

—: Leselöwen Bibelgeschichten Neues Testament. Bindlach: Loewes Verlag 1987

BLYTON, ENID: Bevor ich schlafen gehe. Biblische Geschichten und Gebete für Kinder. Gütersloh: Gütersloher Verlagshaus Gerd Mohn 1982

DICKENS, CHARLES: Das Leben unseres Herrn Jesus Christus. Von Charles Dickens geschrieben für seine Kinder. (1849) Mit Zeichnungen von Gunter Böhmer. Frankfurt/Main: Insel Verlag 1989

DIE NEUE SCHULBIBEL für Schüler von 9–12 Jahren. Hg. von W.Brüschweiler u.a. 14.Aufl. Lahr: Verlag Ernst Kaufmann 1991

EYKMAN, KAREL: Die Bibel erzählt. Illustrationen von Karel Bouman. Gütersloh: Gütersloher Verlagshaus Gerd Mohn 1988

HARI, ALBERT und CHARLES SINGER: Das große Jesusbuch. Christus im Alltag begegnen. Stuttgart: Christliches Verlagshaus 1993

HARTENSTEIN, MARKUS: Meine erste Bibel. Ein Bilder-, Mal- und Lesebuch. Bilder von Roland Fürstenhöfer. Stuttgart: Quell Verlag 1982

HOFFMANN, FRIEDRICH: Bilderbibel. Ill. von Frère Eric de Saussure. Lahr: Ernst Kaufmann Verlag 1974

KEIL, EDDA und HORST: Breit aus die Flügel beide. Gute-Nacht-Geschichten aus der Bibel. Stuttgart: Deutsche Bibelgesellschaft

LAUBI, WERNER: Kinderbibel. Illustriert von Annegert Fuchshuber. Lahr: Verlag Ernst Kaufmann. 1992

NEUHAUS, VOLKER und ACHIM HERMES: Die Bibel für Kinder. Geschichten aus dem Alten und Neuen Testament. Bilder von Gisela Kullowatz. Chur: Isis Verlag 1993

NIEDEN, ECKART ZUR: Kommt, wir sind eingeladen. Kinderbibel. Neues Testament. Illustrationen von INGRID und DIETER SCHUBERT. Wuppertal: R.Brockhaus Verlag 1993

—: Was der Regenbogen verspricht. Kinderbibel. Altes Testament. Wuppertal: R. Brockhaus Verlag 1994

DIE NEUE PATMOS KINDERBIBEL. Erzählt von Josè Maria Rovira Belloso. Deutsch von Hans Hoffmann. Mit Bildern von Carmen Solé Vendrell. Düsseldorf: Patmos 1990

OTTO, GERT: Die Bibel der Kinder. Mit Ill. von Kindern Stuttgart: RADIUS-Verlag 1980

PERRY, ALAN und LINDA: Meine erste Kinderbibel. (Aus dem Englischen) Wuppertal: Oncken Verlag 1993

PILLING, ANN: Abends, wenn ich schlafen geh. Geschichten aus der Bibel. Aus dem Englischen. Köln: Buch + Zeit Verlag 1993

PIOCH, WILFRIED: Die Neue Kinderbibel. Mit Kindern von Gott reden. Illustriert von Eva Bruchmann. Hamburg: Agentur des Rauhen Hauses. 1989

POKRANDT, ANNELIESE: Elementarbibel. Illustrationen von Reinhard Herrmann. 8 Bände. Lahr: Kaufmann. 1973–1993 (Zu verschiedenen Teilbänden gibt es einen Kommentarband: Bibelwissenschaftliche und methodische Erläuterungen)

QUADFLIEG, JOSEF: Die Bibel für Kinder ausgewählt und erläutert. Ill. von Rita Frind. Düsseldorf: Patmos Verlag 1994

ROST, DIETMAR und JOSEPH MACHALKE: Jesus hat uns lieb. Das Neue Testament für Kinder. Mit Bildern von Jenny Dalenoord 7 Bände. Hamburg: Agentur des Rauhen Hauses. 1985ff

STEINWEDE, DIETRICH: Kommt und schaut die Taten Gottes. Die Bibel in Auswahl erzählt. Mit Bildern aus dem ersten Jahrtausend christlicher Kunst. Göttingen: Vandenhoeck und Ruprecht. 1982

STUTSCHINSKY, ABRASCHA: Die Bibel für Kinder erzählt. Köln: Scriba Verlag 1984

VRIES, ANNE DE: Die Kinderbibel. Illustrationen von Hermine Schäfer. Konstanz: Friedrich Bahn Verlag 1963

—: Die Kinderbibel. Durchges. Neuausgabe. Illustrationen von Herm.F.Schäfer. Konstanz:Friedrich Bahn Verlag 1992

WETH, IRMGARD: Neukirchner Kinder-Bibel. Illustrationen von Kees de Kort. Neukirchen-Vluyn: Kalenderverlag des Erziehungsvereins. 1. Aufl. 1988 bzw. 5.Aufl. 1991

WILLER, INGRID und ELMAR GRUBER: Meine Bibel Teil 1: Zwanzig Geschichten aus Israel. Teil 2: Geschichten von Jesus. Illustrationen von JOHN HAYSOM u.a. (Englische Originalausgabe: The Lion Story Bible). Freiburg: Verlag Herder 1992

WITTMANN, EMMA: Kommt und seht. Bilderbibel für Kinder. Ill. v. Reihard Hermann. Gütersloh: Gütersloher Verlagshaus Gerd Mohn 1974

Bibelcomics

DER MESSIAS. Comic-Serie zum Neuen Testament. Text: Norbert Scholl. Zeichnungen: Julius Senders. Stuttgart: Deutsche Bibelgesellschaft Z.B.: Jeschi erregt Aufsehen, Unruhe in der Provinz, in schlechter Gesellschaft u.a.m.

Die Bibel im Bild. 15 Bände. (Aus dem Amerikanischen) Stuttgart: Deutsche Bibelstiftung

PFEFFER, RÜDIGER : Jesus der Galiläer 1 und 2. Stuttgart: Deutsche Bibelgesellschaft. 1992 und 1993

KOHL, DIETER und FRIEDEL STEINMANN: Die Geschichte vom verlorenen Sohn und welche Rolle sein alter Herr dabei spielt. Wuppertal: Aussaat Verlag 1981

—: Jona: Eine Alte Geschichte. Wuppertal: Aussaat Verlag 1978

—: Noah. Noch eine alte Geschichte. Wuppertal: Aussaat Verlag 1978

Sachbücher zur Bibel

BAXTER, NICOLA: Bibelatlas für Kinder. Aus dem Englischen. Augsburg: Pattloch Verlag 1991

CONOLLY, PETER: Das Leben zur Zeit des Jesus von Nazareth. Deutsch von Thomas M.Höpfner. Hamburg: Tessloff Verlag 1991

MEYER, IVO und JOSEF F.SPIEGEL: Wir entdecken die Bibel, ihre Menschen, ihre Umwelt, ihre Botschaft. Freiburg: Herder 1982

STEINWEDE, DIETRICH: Sachbilderbücher zur Bibel. Lahr: Verlag Ernst Kaufmann. Z.B.: Von der Schöpfung. Von Gott. Paulus aus Tarsus. Jesus aus Nazareth, Weihnachten mit Lukas, Wunder, Petrus u.a.

Yamauchi, Edwin: Die Welt der ersten Christen. Kultur, Religion und Politik im ersten Jahrhundert. Aus dem Englischen. Wuppertal und Zürich: R.Brockhaus 1990

Biblische Erzählbücher

COLLMAR, LARS: Die wunderbaren Abenteuer des kleinen Johannes Larsson in der Welt der Bibel. Aus dem Schwedischen („Evangelium enligt <=nach, gemäß> Johannes Larsson" 1985. Verbum Verlag) übersetzt von Ulrich Homann. Stuttgart: Kreuz Verlag 1989

LAURI, WERNER: Geschichten zur Bibel. Bände 1–4. Lahr: Ernst Kaufmann Verlag 1988

NEIDHART, WALTER und HANS EGGENBERGER: Erzählbuch zur Bibel. 2 Bände. 1987 bzw. 1989 Lahr: Verlag Ernst Kaufmann

SCHINDLER, REGINE: Wer ist dieser Jesus? Begegnungen mit dem Mann aus Nazareth. Bilder von Hilde Heyduck-Huth. Lahr: Verlag Ernst Kaufmann 1988

STRUBE, HANS HEINRICH: Geschichten des Alten Testaments für Kinder erzählt. Düsseldorf: Patmos Verlag 1986

—: Geschichten des Neuen Testaments, für Kinder erzählt. Düsseldorf: Patmos Verlag 1988

TSCHIRCH, REINMAR: Erzähl mir doch von Jesus. Spannende Geschichten aus dem Leben des Lukas und wie er dazu kam, sein Evangelium zu schreiben. Illustrationen von Jule Ehlers-Juhle. Gütersloh: Gütersloher Verlagshaus September 1992

WULLSCHLEGER, OTTO: Neue Jesusgeschichte. Erzählentwürfe und Übungen für die Grundschule. Frankfurt/Main: Diesterweg Verlag 1977

ZINK, JÖRG: Der Morgen weiß mehr als der Abend. Bibel für Kinder. Illustrationen von Hans Deininger. Stuttgart: Kreuz Verlag 1989

Anderes: Ironisierend-karikierende Ausgaben (Übertragung in Jugendlichensprache, Comicgags, Anachronismen)

DENGER, FRED: Der große Boss. Das Alte Testament. Unverschämt fromm neu erzählt. Frankfurt/Main: Eichborn Verlag 1989

HEINE, HELME: Samstag im Paradies. Köln: Middelhauve Verlag 1985

KORTH, MICHAEL: Der Junior Chef. Das Neue Testament. Lammfromm neu erzählt. Frankfurt/Main: Eichborn Verlag 1989

KORTH, MICHAEL und KLAUS PITTER: Schnell-Bibel für eilige Christen. Frankfurt/Main: Eichborn Verlag 1990 (Altes Testament)

Kommentierte Kataloge

LOHSE, ROSWITHA: Kinderbibeln auf dem Prüfstand. Ein Überblick für Eltern und Erzieher. 2. erweiterte Auflage. Stuttgart: Deutsche Bibelgesellschaft. 1987 (Sehr vorsichtig in der Kritik)

ROSENAU, HILDE und HANS-GERD FRITZSCHE (Hg): Empfehlenswerte Kinder- und Jugendbibeln. Ein kleiner Leitfaden. Ganderkesee: Arbeitsgemeinschaft Nord-West der Deutschen Bibelgesellschaft 1993 (29 Bibelausgaben und Bücher für Kinder zur Bibel)

SCHINDLER, REGINE u.a. (Hg): Neuere Kinderbibeln. Beschreibung – Kritik – Empfehlungen. 5. erweiterte Auflage. Zürich: Schweizerisches Jugendbuch-Institut 1989 (kritisch)

Wissenschaftliche Forschung

Zur Geschichte der Kinderbibel

HEBEL, JOHANN PETER: Biblische Geschichten (1824) Nachwort von Iso Camartin. Zürich: Manesse Verlag 1992

HÜBNER, JOHANN: Zweymal zwey und funffzig Auserlesene Biblische Historien Aus dem Alten und Neuen Testamente, Der Jugend zum Besten abgefasset. Nachdruck der Ausgabe Leipzig 1731. Mit einer Einleitung und einem theologie- und illustrationsgeschichtlichen Anhang herausgegeben von Rainer Lachmann und Christine Reents. Hildesheim: Georg Olms Verlag 1986

PETER-PERRET, SYBILLE: Biblische Geschichten für die Jugend erzählt. Eine Studie zur religiösen Kinder- und Jugendliteratur des 18. Jahrhunderts. Essen: Westarp Wissenschaften 1990

REENTS, CHRISTINE: Die Bibel als Schul- und Hausbuch für Kinder. Werkanalyse und Wirkungsgeschichte einer frühen Schul- und Kinderbibel im evangelischen Raum: Johann Hübner, Zweymal zwey und funffzig Auserlesene Biblische Historien, der Jugend zum Besten abgefasset ... Leipzig 1714 bis Leipzig 1874 und Schwelm 1902. Göttingen: Vandenhoeck und Ruprecht. 1984

SALZMANN, CHRISTIAN GOTTHILF: Über die wirksamsten Mittel, Kindern Religion beizubringen. Leipzig 1780. Auszugsweise Wiedergabe in: Klassiker des Protestantismus: Das Zeitalter der Aufklärung hg. von Wolfgang Philipp. Wuppertal: R. Brockhaus Verlag 1988

SCHNORR VON CAROLSFELD, JULIUS: Die Bibel in Bildern. 240 Darstellungen, erfunden und auf Holz gezeichnet. Leipzig: Georg Wigand's Verlag [1860] mit Erklärungen von Prof. Bruno Lindner zur Teilausgabe [1853] und Dr. Heinrich Merz

—: Die Bibel in Bildern. 2. Auflage Zürich: Theologischer Verlag 1988 [Nachdruck der Ausgabe von 1860]

Zu Bibel/Kinderbibel allgemein:

BALDERMANN, INGO: Die Bibel – Buch des Lernens. Göttingen: Vandenhoeck und Ruprecht 1980

BOTTIGHEIMER, RUTH B.: Religion for the Young in Bible Story Collections (Kinderbibeln) in: Fabula. Zeitschrift für Erzählforschung. Berlin/New York: Walter de Gruyter. 32. Band Heft 1/2/3 1991 S.19–32

—: An Alternative Eve in Johann Hübner's Children's Bible – in: Children's Literature Association Quarterly. Summer 1991 Volume 16 Number 2 S.73–78

CORDES, ROSWITHA (Hg): Die Bibel als Kinderbuch. Mit Beiträgen von R. Bottigheimer, Chr. Reents, J.F. Spiegel, M. Spiegel, R. Tschirch. Schwerte: Katholische Akademie Dokumentationen 21 1991 (Dokumentation der XVII. Schwerter Kinderbuchtagung zum Thema)

DAIBER, KARL-FRITZ und INGRID LUKATIS: Bibelfrömmigkeit als Gestalt gelebter Religion. Bielefeld: Luther-Verlag 1991

DODERER, KLAUS und HELMUT MÜLLER (Hg): Das Bilderbuch. Weinheim und Basel: Beltz Verlag 1973 S.2–16

HORSTMANN, JOHANNES (Hg): Religiöse Comics. Zum pastoralen Einsatz von „Bibel-Comics" und von „allgemeinen religiösen Comics". Schwerte: Katholische Akademie Dokumentationen 3 1981

JAHR, HANNELORE: Jesus als Comic-Held. Provokation oder Einladung. Vortrag anläßlich der Vollversammlung der Deutschen Bibelgesellschaft in Hofgeismar 10.–12.5.1993 (liegt als vervielfältigtes Manuskript vor)

KEMPKES, WOLFGANG: Bibel-Comics: Gattungsüberblick und Erfahrungen aus ihrem Einsatz. In Horstmann, Johannes (Hg): Religiöse Comics 1981 S. 33–100

KRIECHBAUM, FRIEDEL: Artikel „Biblische Geschichte" und „Kinderbibel" in: Doderer, Klaus: Lexikon der Kinder- und Jugendliteratur Weinheim und Basel: Beltz Verlag 1984 Bd 1 S.149–154 und Bd 2. S.170f.

LANGER, WOLFGANG (Hg): Handbuch der Bibelarbeit. München: Kösel 1987

OTTO, GERT: Die Bibel und die Kinder. Fragen christlicher Erziehung. In: Hans Jürgen Schultz: Kontexte Band 1. Stuttgart: Kreuz Verlag 1965 S.69–76

REENTS, CHRISTINE: Artikel „Kinderbibel" in: Theologische Realenzyklopädie Bd 18. Berlin: de Gruyter 1989 S.176–182

STEINWEDE, DIETRICH: Kind und Bibel. In: Handbuch der Religionspädagogik Band 3. Gütersloh: Gütersloher Verlagshaus Gerd Mohn. 1975 S.232–250

TSCHIRCH, REINMAR: Kinderbibeln kritisch gelesen. Vergleich verschiedener Kinderbibelerzählungen. – In: Cordes, Roswitha: Die Bibel als Kinderbuch. Schwerte 1991 S.27–41

TSCHIRCH, REINMAR: Die Schöpfungserzählungen in Kinderbibeln. Eine kritische theologische Analyse neuerer Kinderbibelausgaben. – In: Straeck, Burkhard: Gib uns Augen, daß wir staunend seh'n. Religionspädagogische Fragestellungen und Praxismodelle. Rissen. E.B.-Verlag 1992. S. 278–289

WERMKE, JUTTA (Hg): Kerygma in Comic-Form. München: Wilhelm Fink Verlag. 1979

Bild in der Bibel

ALTHAUS, PAUL: Die Illustration der Bibel als theologisches Problem – in: Althaus, Paul: Um die Wahrheit des Evangeliums

BLUM, STEFANIE: Die Bibel im Bilderbuch. Eine Untersuchung aktueller Publikationen anhand bibliothekarischer Auswahlkriterien. Dipl.-Arbeit: Fachhochschule Hamburg – Fachbereich Bibliothekswesen. Mai 1989

BOTTIGHEIMER, RUTH B.: Biblische Thematik in Wort und Bild – in: Cordes, Roswitha (Hg): Die Bibel als Kinderbuch 1991 S.111– 138

CAMPENHAUSEN, HANS VON: Zwingli und Luther zur Bilderfrage – in: Das Gottesbild im Abendland. Witten/Berlin 1957, S. 139–166.

EILERT, HARMS: Die Sprache der Bilder und die Kirche des Wortes. In: Derselbe: „Offenbarung und Glaube. Tübingen: J.C.B.Mohr. 1992 S.221–245

HAERTER, BERTHOLD W.: Ein Künstler als Protestant. Julius Schnorr von Carolsfeld zeichnete um des Glaubens willen. Lutherische Monatshefte Nr.2/93 S.35–38

HARASIMOWICZ, JAN: ‚Scriptura sui ipsius interpres'. Protestantische Bild-Wort-Sprache des 16. und 17.Jahrhunderts. – In: Harms, Wolfgang (Hg): Text und Bild, Bild und Text. DFG-Symposium 1988. Stuttgart 1990

JOHANNSEN, FRIEDRICH (Hg): Religion im Bild. Visuelle Medien im Religionsunterricht. Göttingen: Vandenhoeck und Ruprecht 1981

JOHANNSEN, FRIEDRICH: Du sollst dir kein Bildnis machen… Auf der Suche nach theologischen und didaktischen Kriterien für den Bildgebrauch im Religionsunterricht – in: Johannsen, Friedrich (Hg): Religion im Bild. Visuelle Medien im Religionsunterricht. Göttingen: 1981 S.13–31

KIRSCHBAUM, ENGELBERT (Hg): Lexikon der christlichen Ikonographie 8 Bde. Freiburg: Herder 1968–76

LANGE, GÜNTER in: VOSS-EISER, MECHTILD (Hg): Religion im Kinder- und Jugendbuch Nr.2 Hardebek: Eulenhof-Verlag Ehrhardt Heinold 1981 S.126–130

LOEWENICH, WALTHER VON: Artikel Bilder VI – in: TRE 6,546–557.

NOLDE, EMIL: Mein Leben. Köln: DuMont Buchverlag 1979

PEIL, DIETMAR: Beobachtungen zum Verhältnis von Text und Bild in der Fabelillustration des Mittelalters und der frühen Neuzeit. – In: Harms, Wolfgang (Hg): Text und Bild, Bild und Text. DFG-Symposion 1988. Stuttgart: J.B.Metzlersche Verlagsbuchhandlung 1990 S.150–167

SCHMIDT PHILIPP: Die Illustration der Lutherbibel 1522–1700. Basel: Reinhardt 1962

ROSENAU, HILDE: Wandel der Jesusbilder in Kinderbibeln – in: Lernort Gemeinde. Beiträge zur Gemeindepädagogik aus dem ev.Zentrum Rissen Heft 2/1987 S.3–16

—: Jesus-Bilder in Kinderbibeln. Ein Diavortrag mit 31 Bildbeispielen. Ganderkesee: Arbeitsgemeinschaft Nord-West e.V. der Deutschen Bibelgesellschaft 1993

REENTS, CHRISTINE: Jesusbilder in Kinderbibeln und katechetischer Gebrauchsliteratur – in: Cordes, Roswitha (Hg): Die Bibel als Kinderbuch Schwerte 1991 S.43–73

RIES, HANS: Artikel „Illustration" – in: Klaus Doderer (Hg): Lexikon der Kinder- und Jugendliteratur. Ergänzungs- und Registerband. Weinheim und Basel: Beltz Verlag 1984 S.296–308

SCHILLER, GERTRUD: Ikonographie der christlichen Kunst Bd 1–4.2 und Reg.Beiheft. Gütersloh: Mohn 1966–1980

TILLICH, PAUL: Die Kunst und das Unbedingt-Wirkliche. Ges.Werke IX: Die religiöse Substanz der Kultur. Stuttgart: Evangelisches Verlagswerk S.356–368

WICHELHAUS, MANFRED und ALEX STOCK: Bildtheologie und Bilddidaktik. Studien zur religiösen Bildwelt. Düsseldorf: Patmos Verlag 1981

WILLEMS, GOTTFRIED: Kunst und Literatur als Gegenstand einer Theorie der Wort-Bild-Beziehungen. In Harms, Wolfgang (Hg): Text und Bild, Bild und Text. DFG-Symposion 1988 Stuttgart: J.B.Metzlersche Verlagsbuchhandlung 1990 S.414–429

Biblisches Erzählen

BALDERMANN, INGO: Der biblische Unterricht. Braunschweig: Georg Westermann Verlag 1969

—: Wer hört mein Weinen? Neukirchen-Vlyun: Neukirchner Verlag 1986

—: Gottes Reich – Hoffnung für Kinder. Entdeckungen mit Kindern in den Evangelien. Neukirchen-Vluyn: Neukirchner Verlag 1991

BICHSEL, PETER: Der Leser. Das Erzählen. Frankfurter Poetik-Vorlesungen. Darmstadt: Hermann Luchterhand Verlag 1982

ERZÄHLEN. Förderprogramm für den Kindergarten Heft 8 Münster: Comenius Institut 1980

NEIDHART, WALTER und HANS EGGENBERGER (Hg): Erzählbuch zur Bibel. Theorie und Beispiele. Lahr: Verlag Ernst Kaufmann 1975

NEIDHART, WALTER: Erzählung biblischer Geschichten und die Erschließung religiöser Sprache. In: Handbuch der Praktischen Theologie Band 2. Gütersloh: Gütersloher Verlagshaus Gerd Mohn. 1981 S.241–249

SANDERS, WILLY und KLAUS WEGENAST (Hg): Erzählen für Kinder – Erzählen von Gott. Stuttgart: Verlag W.Kohlhammer. 1983

STEINWEDE, DIETRICH: Werkstatt Erzählen. Anleitung zum Erzählen biblischer Geschichten. Münster: Comenius Institut 1974

WULLSCHLEGER, OTTO: Anschauliche Christologie. Empirische und theologische Aspekte der Erzählbarkeit der Jesusgeschichte in der Grundschule. Frankfurt/Main: Verlag Diesterweg 1977

Zur religiösen Sozialisation

BUSCHBECK, BERNHARD und WOLF-ECKART FAILING: Religiöse Elementarerziehung. Gütersloh: Gütersloher Verlagshaus Gerd Mohn 1976
FRAAS, HANS-JÜRGEN: Religiöse Erziehung im Kindesalter. Göttingen: Vandenhoeck & Ruprecht. 1978
GROM, BERNHARD: Religionspädagogische Psychologie. Düsseldorf: Patmos Verlag 1981S. 292
HANDBUCH DER RELIGIONSPÄDAGOGIK 3 Bände. Gütersloh: Gütersloher Verlagshaus Gerd Mohn 1973ff
JEHLE, FRANK: Augen für das Unsichtbare. Grundfragen und Ziele religiöser Erziehung. Zürich: Benziger Verlag 1981
METTE, NORBERT: Voraussetzungen christlicher Elementarerziehung. Vorbereitende Studien zu einer Religionspädagogik des Kleinkindalters. Düsseldorf: Patmos Verlag 1983
NIPKOW, KARL ERNST: Erwachsenwerden ohne Gott? Gotteserfahrung im Lebenslauf. München: Chr. Kaiser Verlag 1987

Anderes

BRUNO BETTELHEIM: Kinder brauchen Märchen. Stuttgart: Deutsche Verlagsanstalt 1977
ENDO, SHUSAKO: Schweigen. Roman. Aus dem Japanischen von Ruth Linhart. Graz: Verlag Styria. 1977
DUNDE, SIEGFRIED RUDOLF (Hg): Vater im Himmel – Seine Söhne auf Erden. Männer und Religion. Reinbek bei Hamburg: Rowohlt Taschenbuch Verlag 1986
HARDACH-PINKE, IRENE und GERD HARDACH (Hg): Kinderalltag. Deutsche Kindheiten in Selbstzeugnissen 1700–1900. Reinbek bei Hamburg: Rowohlt Taschenbuch Verlag 1981
HEYM, STEFAN: Der König David Bericht. Frankfurt/Main: Fischer Taschenbuch Verlag 1994
KÜGELGEN, WILHELM VON: Jugenderinnerungen eines alten Mannes (1870). Zürich: Manesse Verlag 1993
REHMANN, RUTH: Der Mann auf der Kanzel. Fragen an einen Vater. München: Deutscher Taschenbuch Verlag 1981
WEISS, PETER: Abschied von den Eltern. Frankfurt/Main: Suhrkamp Verlag 1961

212

Populartheologische Literatur zu „Kinderbibel"

KLINK, JOHANNA: Der kleine Mensch und das große Buch. Ist die Bibel ein Buch für Kinder? Düsseldorf: Patmos Verlag 1978

— : Kind und Leben. Düsseldorf: Patmos Verlag 1972

SCHINDLER, REGINE: Die Schöpfungsgeschichte in Kinderbibeln – in: Unsere Welt – Schöpfung Gottes. Anregungen für die Praxis und Fortbildung von Erziehern. Heft 2 der Reihe: Förderprogramm für den Kindergarten. Münster: Comenius-Institut 1976 S.125–146

TSCHIRCH, REINMAR: Gott für Kinder. Religiöse Erziehung – Vorschläge und Beispiele. Gütersloh: GTB Siebenstern 5083 1993 10.Auflage S.46–79. 91–97

—: Artikel „Bibel/Kinderbibel" und „Biblische Geschichten erzählen" – in: Gebhard, Ulrich und Friedrich Johannsen (Hg): „Glaubst du eigentlich an Gott?" Kind und Religion. Ein Ratgeber für Eltern und Erzieher. Gütersloh: Gütersloher Verlagshaus Gerd Mohn. 1989 S. 52–59

URBACH, GUNNAR (Hg): Biblische Geschichten Kindern erzählen. GTB Kindergottesdienst. Gütersloh: GTB/Siebenstern 640. 1981

WIESE, WALTER U.A. (Hg.): Biblische Geschichten im Kindergarten- und Grundschulalter. Lahr: Verlag Ernst Kaufmann 1972

Liste der besprochenen Kinderbibel-Ausgaben

BENEKER, WILHELM: Die Jesusgeschichte. Das Neue Testament für Kinder. Bilder von Jenny Dalenoord. Hamburg: Agentur des Rauhen Hauses 1972
S. 85ff, 109–118, 121–124

BLOCK, DETLEV: Die große bunte Kinderbibel. Illustrationen von Gisela Röder. Bindlach: Loewes Verlag 1993
S. 138f

BLYTON, ENID: Bevor ich schlafen gehe. Biblische Geschichten und Gebete für Kinder. Gütersloh: Gütersloher Verlagshaus Gerd Mohn 1982
S. 81ff, 109–118, 160

COLLMAR, LARS: Die wunderbaren Abenteuer des kleinen Johannes Larsson in der Welt der Bibel. Aus dem Schwedischen („Evangelium enlight <= nach, gemäß> Johannes Larsson" 1985. Verbum Verlag) übersetzt von Ulrich Homann. Stuttgart: Kreuz Verlag 1989
S. 31

EYKMAN, KAREL: Die Bibel erzählt. Illustrationen von Karel Bouman. Gütersloh: Gütersloher Verlagshaus Gerd Mohn 1988
S. 141f, 181

LAUBI, WERNER: Kinderbibel. Illustriert von Annegert Fuchshuber. Lahr: Verlag Ernst Kaufmann 1992
S. 29, 70f, 152f

PFEFFER, RÜDIGER: Jesus der Galiläer 1 und 2. Stuttgart: Deutsche Bibelgesellschaft 1992 und 1993
S. 30, 75–78

PIOCH, WILFRIED: Die Neue Kinderbibel. Mit Kindern von Gott reden. Illustriert von Eva Bruchmann. Hamburg: Agentur des Rauhen Hauses 1989
S. 96–98, 135ff

POKRANDT, ANNELIESE: Elementarbibel. Illustrationen von Reinhard Herrmann. 8 Bände. Lahr: Kaufmann. 1973–1993
S. 29, 74, 87–91, 122–124

SCHINDLER, REGINE: Deine Schöpfung – meine Welt. Bilder von Heyduck-Huth, Hilde. Lahr: Kaufmann 1982
S. 139

VRIES, ANNE DE: Die Kinderbibel. Illustrationen von Hermine Schäfer. Konstanz: Friedrich Bahn Verlag 1963 / Durchges. Neuausgabe 1992
S. 106–108, 122–125, 149f, 152, 158ff, 162ff

WETH, IRMGARD: Neukirchner Kinder-Bibel. Illustrationen von Kees de Kort. Neukirchen-Vluyn: Kalenderverlag des Erziehungsvereins. 1. Aufl. 1988 bzw. 5. Aufl. 1991
S. 91f, 134f

WITTMANN, EMMA: Kommt und seht. Bilderbibel für Kinder. Ill. von Reinhard Hermann. Gütersloh: Gütersloher Verlagshaus Gerd Mohn 1974
S. 141f, 157f

ZINK, JÖRG: Der Morgen weiß mehr als der Abend. Bibel für Kinder. Illustrationen von Hans Deininger. Stuttgart: Kreuz Verlag 1989
S. 30f, 67f, 93–95, 127f, 177f

Index

Sachindex

215

216

Personenindex

ALEXANDER, PAT 65, 116
ANSELM VON CANTERBURY 164

BALDERMANN, INGO 80, 84, 148, 156, 161f, 180, 185f, 191, 193
BARTH, KARL 59
BECK, ELEONORE 65, 105ff, 133, 166f
BENEKER, WILHELM 65, 85–87, 94, 109–117, 120–125, 129f, 133, 184f, 187
BETTELHEIM, BRUNO 22, 98, 129, 174
BICHSEL, PETER 20f
BLOCH, ERNST 13, 19, 38
BLOCK, DETLEV 44, 138f
BLYTON, ENID 81–83, 101, 109–119, 147, 160, 177, 182
BOTTIGHEIMER, RUTH B. 186
BOUMAN, BERT 62, 65, 70 (s. auch KAREL EYKMAN)
BUSCHBECK, BERNHARD 17

CAMUS, ALBERT 108
CAROLL, LEWIS 54
CHAGALL, MARC 75, 201, 203
COLLMAR, LARS 31
CONOLLY, PETER 32

DALENOORD, JENNY 65, 70 (s. auch WILHELM BENEKER)

EGGENBERGER, HANS 31
ENDO, SHUSAKO 56f
EYKMAN, KAREL 62, 106, 118, 142f, 146, 153, 177, 181, 187, 197

FAILING, WOLF-ECKART 17
FRAAS, HANS-JÜRGEN 17, 51, 179
FUCHSHUBER, ANNEGERT 29, 62, 66, 70f, 130 (s. auch WERNER LAUBI)
FUSSENEGGER, GERTRUD 17

GOMBRICH, E.H. 58
GRIMMELSHAUSEN, HANS JAKOB CHRISTOFFELS VON 57f
GROM, BERNHARD 20, 72
GÜTTGEMANNS, ERHARD 187

HEBEL, JOHANN PETER 40–46, 99, 119, 170

HERMS, EILERT 61
HERRMANN, REINHARD 29, 66, 69, 73f, 106, 130
HEYDUCK-HUTH, HILDE 62, 70, 139
HEYM, STEFAN 186
HOFMANN, FRIEDRICH 65, 74, 85
HÜBNER, JOHANN 33–40, 63, 118f, 170f, 172

JEHLE, FRANK 17, 32, 174

KEIL, EDDA und HORST 147
KEMPKES, WOLFGANG 76
KLEE, PAUL 54, 68
KLINK, JOHANNA 13, 22, 129
KORT, KEES DE 69, 194 (s. auch IRMGARD WETH)
KRIECHBAUM, FRIEDEL 18
KÜGELGEN, WILHELM VON 24f, 54
KÜLLING, SAMUEL 149f

LANGE, GÜNTER 75
LAUBI, WERNER 29, 31, 62, 65, 66, 71, 116f, 152f, 166f, 189, 194 (s. auch ANNEGERT FUCHSHUBER)
LOHSE, ROSWITHA 32
LUTHER, MARTIN 36, 49, 59, 69, 72, 137, 148, 153, 161

MAIER-F., EMIL 28, 63
MIYOSHI, SEKIYA 66

NEIDHART, WALTER 17, 31
NIEDEN, ECKART ZUR 81, 117, 140
NIPKOW, KARL ERNST 26
NOLDE, EMIL 70

OTTO, GERT 63, 143, 151, 179, 189, 196

PETER-PERRET, SYBILLE 16, 186
PFEFFER, RÜDIGER 30, 75–78
PIOCH, WILFRIED 63, 85, 100, 109, 117, 133, 135–137, 156f, 166, 172, 184, 187
POKRANDT, ANNELIESE 29, 52, 63, 66, 69, 74, 85, 87–91, 120–125, 133, 165, 189, 195 (s. auch REINHARD HERRMANN)